Pullover
stricken
Mosaik Verlag

Idee, Konzeption, Text- und Bildredaktion:
Hilschmann, München

Redaktion:
Ute Jäger, Roswitha Beckmann, Heidrun Schaaf

Gestaltung:
Hubert K. Hepfinger, München

Einbandgestaltung: Heidrun Nawrot
Einbandfoto: Afra GmbH (Pingouin-Wolle)
Abbildungen Innenteil: siehe Fotonachweis Seite 191

Satz: Fotosatz Skazel GmbH, München
Gesamtherstellung Mohndruck, Graphische Betriebe GmbH, Gütersloh
Printed in Germany ·

ISBN 3-570-00987-4

Inhalt

Die dicken Warmen

Die Strapazierfähigen

Die sportlich Lässigen

Die Eleganten

Die Evergreens

Die kühlen Leichten

Bevor Sie sich ins Pullover-Strickvergnügen stürzen, beachten Sie bitte ein paar grundsätzliche Dinge:

Nehmen Sie möglichst die beim jeweiligen Modell vorgeschlagene Wolle in der angegebenen Menge, dann können Sie sicher sein, daß Sie weder zuviel noch zuwenig eingekauft haben. Lesen Sie vor Strickbeginn die Arbeitsanleitung genau durch, und fertigen Sie unbedingt eine Maschenprobe an. Wenn Sie sich dann noch eine Schnittvorlage in Originalgröße gezeichnet haben, kann es losgeh'n.

Folgende Abkürzungen werden bei den Arbeitsanleitungen verwendet:

M = Masche
R = Reihe
Rd = Runde
* = Wiederholungszeichen

Die dicken Warmen

Auffallen mit Ausgefallenem

Damenpullover mit Kapuze

Größe 38/40

Material

Lana Grossa Wolle, Qualität Bristol, ca. 600 g. 250 g in Gelb Nr. 156, je 50 g in Orange Nr. 8018, Lila Nr. 158 und Dunkelbeige Nr. 153, je 50 g in Grau Nr. 160 und Grün Nr. 44, 100 g in Festa Nr. 1813. 1 Paar Schnellstricknadeln Nr. 4 und 4½.

Grundmuster

Glatt links = Hinreihe linke M, Rückreihe rechte M.

Streifenfolge

12 R gelb, 1 R orange, 1 R gelb, 1 R orange, 1 R gelb, 1 R orange, 1 R gelb, 7 R orange, 1 R festa, 7 R orange, 11 R dunkelbeige, 1 R grau, 1 R dunkelbeige, 1 R grau, 1 R dunkelbeige, 1 R grau, 1 R dunkelbeige, 1 R grau, 1 R dunkelbeige, 1 R grau, 1 R dunkelbeige, 8 R nach Diagramm (S. 186) stricken, dabei auf die Maschenenteilung achten, 6 R lila, 1 R festa, 6 R lila, 1 R dunkelbeige, 1 R lila, 1 R dunkelbeige, 1 R lila, 1 R dunkelbeige, 1 R lila, 9 R dunkelbeige, 4 R orange, 1 R gelb, 1 R orange, 1 R gelb, 1 R orange, 1 R gelb, 1 R orange, 8 R gelb.

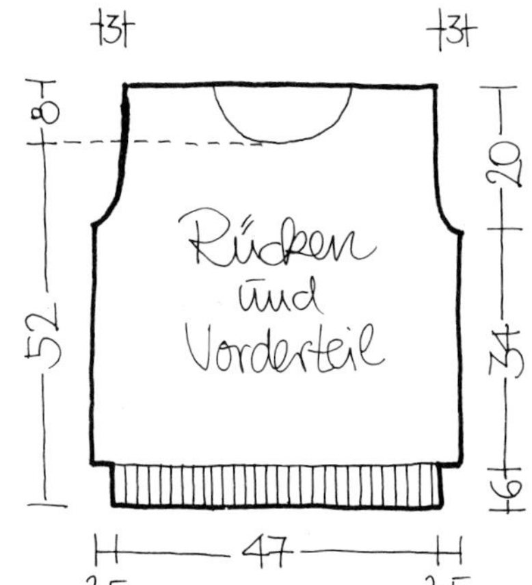

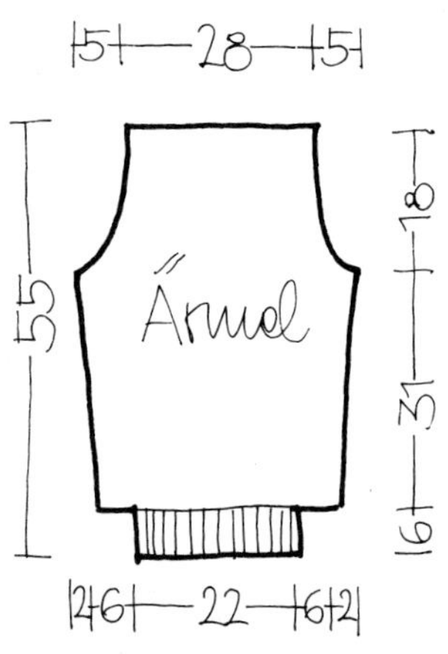

Bündchenmuster

Abwechselnd 1 M rechts, 1 M links.

Maschenprobe

Nadeln Nr. 4½: 13 M und 20 R = 10x10 cm.
Linke Seite ist Außenseite!

Arbeitsanleitung

Rücken

60 M mit Nadeln Nr. 4 in Gelb anschlagen und 6 cm im Bündchenmuster stricken. In der 1. R nach dem Bund gleichmäßig verteilt 6 M aufnehmen. Mit Nadeln Nr. 4½ im Grundmuster und Streifenfolge fortlaufend weiterarbeiten. In 40 cm Gesamtlänge für die Armausschnitte beidseitig 1x1 M, in jeder 6. R 3x1 M abnehmen. In 60 cm Gesamtlänge = Ende der Streifenfolge alle M abketten.

Vorderteil

Wie Rückenteil stricken, jedoch in 52 cm Gesamtlänge für den vorderen Halsausschnitt die mittleren 12 M gerade abketten. Das Teil getrennt weiterarbeiten, dabei für die Halsrundung in jeder 2. R 1x2, 1x1 M abnehmen. In 60 cm Gesamtlänge alle M gerade abketten. 2. Halsausschnitthälfte gegengleich fertigstellen.

Ärmel

28 M mit Nadeln Nr. 4 in Gelb anschlagen und 6 cm im Bündchenmuster stricken. In der 1. R nach dem Bund gleichmäßig verteilt 16 M zunehmen = 44 M. Mit Nadeln Nr. 4½ im Grundmuster und Streifenfolge weiterarbeiten (auf Diagramm Ärmel achten!), dabei beidseitig in jeder 20. R 2x1 M zunehmen. In 37 cm Gesamtlänge für den Armausschnitt beidseitig in jeder 6. R 3x1 M abnehmen. In 55 cm Gesamtlänge alle M abketten. 2. Ärmel gegengleich stricken.

Ausarbeitung

Nähte schließen, Ärmel einnähen. Halsausschnitt und Ärmel auf eine Weite von 57 cm einhalten. Jetzt aus dem Halsausschnitt für den Schalkragen mit Nadeln Nr. 4½ ca. 68 M in Gelb neu anschlagen und 30 cm kraus rechts (Hinreihe rechts, Rückreihe rechts) stricken, dabei nach 20 cm in Orange, nach 27 cm in Dunkelbeige weiterstricken. In 30 cm Schalkragenlänge alle M abketten.

Unentbehrlich...

Rollkragenpulli, Mütze, Schal, Fäustlinge, Muff

Größen: 36/38, 40/42 und 44/46

Bei unterschiedlichen Angaben: Größen 40/42 und 44/46 in Klammern.

Material

Berger du Nord-Wolle, Qualität Kid Mohair Nr. 5 Chiné und Uni, in den angegebenen Mengen in Ardoise (Chiné), in Bleu und Neige (Uni). Je 1 Paar Stricknadeln Nr. 5 und 5½.

Grundmuster

Nadeln Nr. 5½: Glatt rechts = Hinreihe rechte M, Rückreihe linke M.

Jacquardmuster

Nadeln Nr. 5½: Glatt rechts, siehe Abbildung S. 186.

Bündchenmuster

Nadeln Nr. 5: Abwechselnd 1 M rechts, 1 M links.

Nadeln Nr. 5: Abwechselnd 1 M rechts, 2 M links.

Maschenprobe

13 M und 18 R = 10 x 10 cm.

Rollkragenpullover

Material

ca. 350 g in Ardoise, 200 g in Bleu und 50 g in Neige.

Rücken

61 (67/73) M in Bleu aufnehmen und 6 cm lang 1 M rechts, 1 M links stricken, dann glatt rechts weiterarbeiten und dabei, in der 1. R, 1 M hinzufügen = 62 (68/74) M. Bei Erreichen einer Strickhöhe von 28 cm den Jacquardstreifen stricken, dann in Ardoise weiterarbeiten. Nach einer Arbeitshöhe von 42 cm an jeder Seite für die Armlöcher alle 2 R 3 M, 2 M, 1 (2/2) x 1 M abnehmen. Bei einer Gesamtstrickhöhe von 63 (64/64) cm die Schultern abschrägen und dafür, an jeder Seite, alle 2 R 2 x 5 und 1 x 4 M (2 x 5 und 1 x 6 M/2 x 6 und 1 x 7 M) abnehmen. Gleichzeitig die 16 mittleren M abketten und jede Seite getrennt fertigstellen, dabei am Halsausschnitt 3 M abnehmen.

Vorderteil

Die gleiche Anzahl M wie am Rückenteil aufnehmen und genauso stricken.

Halsausschnitt: Bei Erreichen einer Strickhöhe von 58 (59/59) cm die 6 mittleren M abketten und jede Seite getrennt fertigstellen, dabei am Halsausschnitt alle 2 R 3 M, 2 x 2 M, 1 M abnehmen.

Ärmel

31 (33/33) M in Ardoise aufnehmen und 6 cm lang 1 M rechts, 1 M links stricken, dann glatt rechts weiterarbeiten und dabei, in der 1. R, 5 (5/7) x verteilt zunehmen = 36 (38/40) M. Danach an jeder Seite alle 8 R 7 x 1 M zunehmen. Bei Erreichen einer Strickhöhe von 41 (41/42) cm an jeder Seite alle 2 R 2 x 2 M, 7 (8/9) x 1 M, 2 x 3 M, 1 x 4 M abnehmen, dann die restlichen 8 M auf einmal abketten.

Fertigstellung

Vorder- und Rückenteil mit einer Schulternaht verbinden. Um den Halsausschnitt herum, in Ardoise, wieder 63 M aufnehmen und 18 cm lang 1 M rechts, 1 M links stricken, dann locker abketten. Die zweite Schulternaht schließen, anschließend die Kragennaht, diese in halber Höhe auf der anderen Seite fertigstellen, da der Kragen nach außen umgeschlagen werden soll. Die Seiten- und Ärmelnähte schließen und die Ärmel einsetzen.

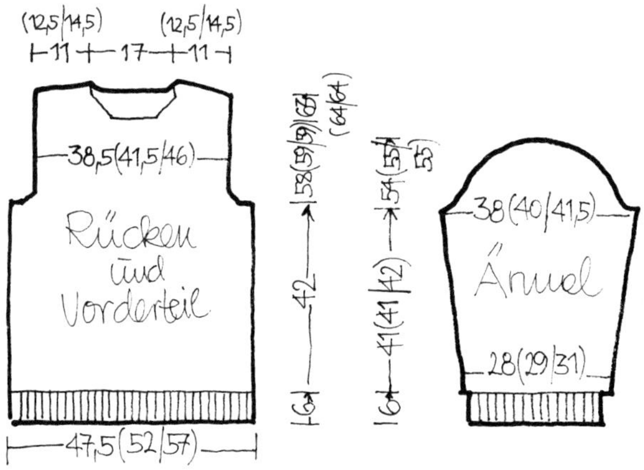

Mütze

Material

100 g in Bleu und eine kleine Menge in Neige.

69 M aufnehmen und 15 cm lang 1 M rechts, 2 M links stricken, dann glatt rechts weiterarbeiten. Bei Erreichen einer Strickhöhe von 20 cm wie folgt weiterarbeiten: *2 M zusammenstricken, 1 M, 2 M, zusammenstrikken, 12 M*, 6 M. Nun diese Abnahmen, genau überein-

ander, alle 2 R wiederholen. Sobald nur noch 20 M übrig sind, immer 2 M zusammenstricken, dann den Faden durch die restlichen M ziehen und befestigen. Die M in Neige sticken: *1 M Neige, 5 M Bleu*, alle 5 R versetzt arbeiten. Die Mützennaht schließen und dabei, in halber Höhe, die Seite wechseln, da die Hälfte der Rippen umgeschlagen werden sollen. Eine 30 cm lange Schnur anfertigen (aus 2 Fäden doppelt genommener und geflochtener Wolle) und an der Mützenmitte oben befestigen und an jedem Ende einen kleinen Pompon anbringen.

Schal

Material

150 g in Ardoise, 50 g in Bleu, 50 g in Neige.

In Bleu 35 M aufnehmen und 5 cm lang 1 M rechts, 1 M links stricken, dann glatt rechts weiterarbeiten, außer die 4 M an jeder Seite, die immer 1 M rechts, 1 M links gestrickt werden. Nach der 1. R glatt rechts das Jacquardmuster beginnen, dann in Ardoise weiterarbeiten. Bei Erreichen einer Strickhöhe von 135 cm wieder einen Streifen Jacquardmuster, aber gegengleich, stricken, dann 1 R glatt rechts in Bleu, dann 5 cm 1 M rechts, 1 M links und abketten.

Fausthandschuhe

Material

100 g in Bleu, eine kleine Menge in Neige.

31 M aufnehmen und 12 cm lang 1 M rechts, 2 M links stricken, dann glatt rechts weiterarbeiten. In der 3. R glatt rechts den Daumen bilden: 14 M stricken, 1 x 1 M zunehmen, 1 x 3 M zunehmen, 14 M stricken. Nun diese Aufnahmen, genau übereinander, alle 2 R wiederholen, bis 11 M für den Daumen vorhanden sind. Nun die 14 M an jeder Seite stehenlassen und mit den M des Daumens weiterarbeiten. In der 7. R wie folgt stricken: 1 M, 2 M zusammenstricken, 2 M, 2 M zusammenstricken, 1 M, 2 M zusammenstricken, 1 M. Nun 1 R auf den restlichen M stricken, dann den Faden durchziehen und befestigen. Die stehengelassenen M wieder aufnehmen und 1 M am Daumenansatz aufnehmen = 29 M. 5 cm lang gerade mit diesen 29 M stricken, dann wie folgt weiterarbeiten: 1 M, 2 M zusammenstricken, 9 M, 2 M zusammenstricken, 1 M, 2 M zusammenstricken, 9 M, 2 M zusammenstricken, 1 M. Nun diese Abnahmen, genau übereinander, alle 2 R wiederholen. Sobald noch 12 M übrig sind, den Faden durchziehen und befestigen. Die Daumen- und die Handschuhnaht schließen. Auf den Handrücken im Maschenstich in Neige ein V aufsticken und einige Pünktchen im Lanzenstich.

Muff

Material

100 g in Bleu, 50 g in Neige, 50 g in Ardoise.

In Bleu 62 M aufnehmen und 10 cm lang 1 M rechts, 2 M links stricken, dann glatt rechts in Ardoise weiterarbeiten. Bei Erreichen einer Strickhöhe von 16 cm die Rhombenmuster Neige und Bleu stricken (siehe hierzu die Abbildung), dann wieder 6 cm lang glatt rechts in Ardoise arbeiten, 10 cm 1 M rechts, 2 M links in Bleu stricken, dann abketten. Die Pünktchen in Neige stikken. Den Muff rundschließen, dabei an jeder Seite in der Hälfte der Höhe des Rippenstücks die Seite wechseln, da dieser Teil des Muffs nach außen umgeschlagen werden soll. Eine Schnur von ca. 120 cm Länge in Bleu anfertigen. Diese durch den Muff innen führen und rundschließen.

Der Männlich-Markante

Sportlicher Herrenpullover

Größe 50/52

Material

Wagenfelder Wolle, Qualität Lima, 600 g in beliebiger Farbe. Je eine 40 und 60 cm lange Rundstricknadel Nr. 3½, 1 Hilfsnadel.

Grundmuster

Zopfmuster und Perlmuster, siehe Diagramm.

Bündchenmuster

Abwechselnd 1 M rechts, 1 M links.

Maschenprobe

Nadeln Nr. 3½: 20 M und 24 R = 10 x 10 cm.

Arbeitsanleitung

Der Pullover wird von oben nahtlos in Runden gestrickt. Für den Rollkragen mit der kürzeren Nadel 96 M anschlagen und 12–15 cm im Bündchenmuster stricken, dann für Raglan und Muster wie folgt (s. Zeichnung) einteilen:

Die Raglan-M werden rechts gestrickt und markiert. Beidseitig dieser M wird in jeder 2. Rd je 1 M zugenommen = 8 M mehr pro Zunahme-Rd. Die Perlmusterstreifen, die an den Raglan stoßen, werden bis auf 6 M Breite erweitert, dann wird dem Muster entsprechend (2 M links, Zopf, 2 M links usw.) weitergestrickt. Sobald nötig, auf die längere Rundnadel übergehen.

Es wird so lange zugenommen, bis zwischen den Ärmelteilen die gewünschte Oberweite erreicht ist. Bei unserem Modell sind dann an Vorder- und Rückenteil je 6 Zöpfe und 7 Perlmusterstreifen vorhanden. Danach kann der Pullover zur Rd geschlossen werden, indem die Ärmel stillgelegt werden, wobei je 1 Raglan-M zum Rumpf und 1 M zum Ärmel zählt. Rumpf zur Rd schließen und mustergetreu weiterstricken, wobei die beiden zusammentreffenden Raglan-M links gestrickt werden, so daß an der Seite des Pullovers 2 linke M zwischen 2 Perlmusterstreifen laufen. Es sind dann für den Rumpf 208 M vorhanden.

Für größere Weiten können nach Beendigung des letzten Perlmusterstreifens je 8 M zwischen Vorderteil und Rücken neu angeschlagen werden, so daß an beiden Seiten des Pullovers ein Zopf, flankiert von je 2 Links-M, verläuft.

36 cm ab Teilung ein ca. 8 cm langes Bündchen anstricken, dafür in der Rd nach Musterende auf 200 M abnehmen, beim engeren Modell auf 190 M. Locker abketten.

Mit der kurzen Rundnadel die Ärmel stricken. Falls am Rumpf 8 M neu angeschlagen wurden, muß es auch an den Ärmeln geschehen.

Die 1. und letzte M der Rd werden als „Seitennaht" rechts gestrickt und beidseitig davon in jeder 8. Rd 1 M abgenommen, wobei sich das Muster entsprechend verschmälert.
In ca. 40 cm Länge auf 40 M abnehmen und 8 cm Bündchen stricken, abketten.
Die kleine Öffnung unter den Armen zunähen.

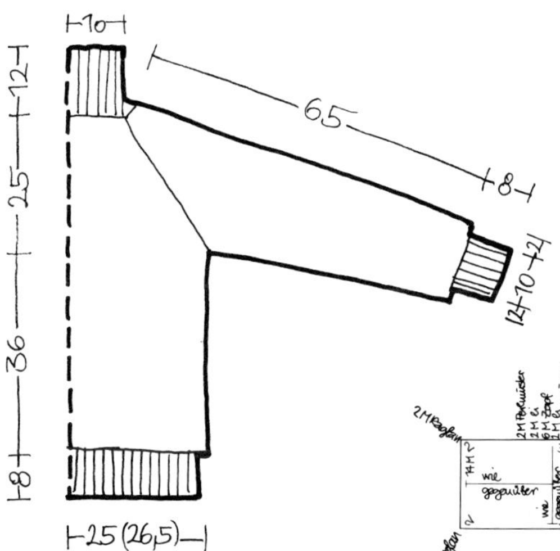

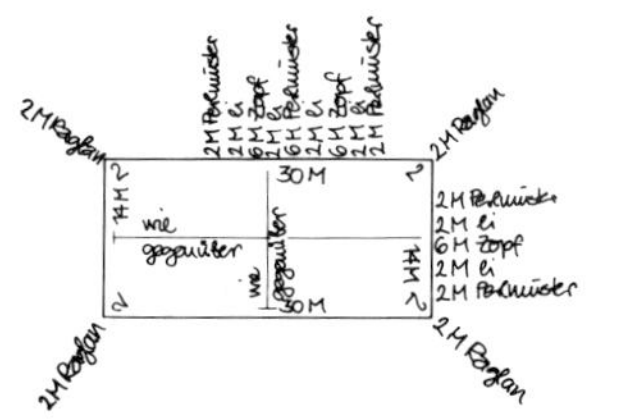

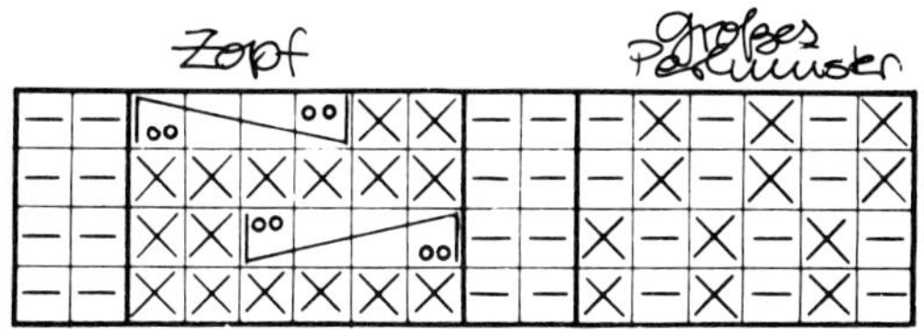

= 2 M nach rechts verkreuzen: 2 M auf Hilfsnadel hinter die Arbeit legen, die nächsten M re, dann die Hilfsnadeln re stricken
= 2 M nach links verkreuzen: 2 M auf Hilfsnadel vor die Arbeit legen, die nächsten M re, dann die Hilfsnadeln re stricken
x = re M
– = li M

Aus Streichelwolle

Bunter Damenpullover

Größen 40/42, 36/38 und 44/46

Bei unterschiedlichen Angaben: Größen 36/38 und 44/46 in Klammern.

Material

Berger du Nord-Wolle, Qualität Kid Mohair, je ca. 200 g in Pétrole und Olive, 150 g in Anémone, je 100 g in Océan, Chaudron, Maïs. Je 1 Paar Stricknadeln Nr. 5 und 5½.

Grundmuster

Nadeln Nr. 5½: Glatt rechts und im doppelten Perlmuster, siehe Abbildung Seite 19 (immer das Perlmuster mit 1 R einfaches Perlmuster auf der linken Seite der Strickarbeiten beginnen).

Bündchenmuster

Nadeln Nr. 5: Abwechselnd 2 M rechts, 2 M links.

Maschenprobe

Immer 2 Fäden Kid Mohair zusammenstricken!

Nadeln Nr. 5½: 16 M und 22 R = 10 x 10 cm.

Arbeitsanleitung

Rücken

In Anémone und Olive 76 (72/84) M aufnehmen und 6 cm lang 2 M rechts, 2 M links stricken, dann laut Abbildung weiterarbeiten und dabei in der 1. R 6 x verteilt zunehmen = 82 (78/90) M. Bei Erreichen einer Strickhöhe von 39 cm an jeder Seite für die Armlöcher 5 (4/6) M abnehmen. Nach einer Arbeitshöhe von 61 (60/62) cm die Schultern abschrägen und dafür an jeder Seite alle 2 R 2 x 7 M und 1 x 9 M (2 x 7 und 1 x 8 M, 2 x 8 und 1 x 10 M) abnehmen. Gleichzeitig bei der 2.

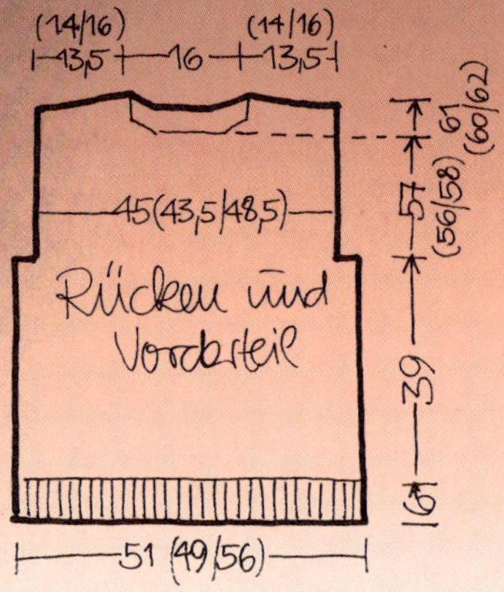

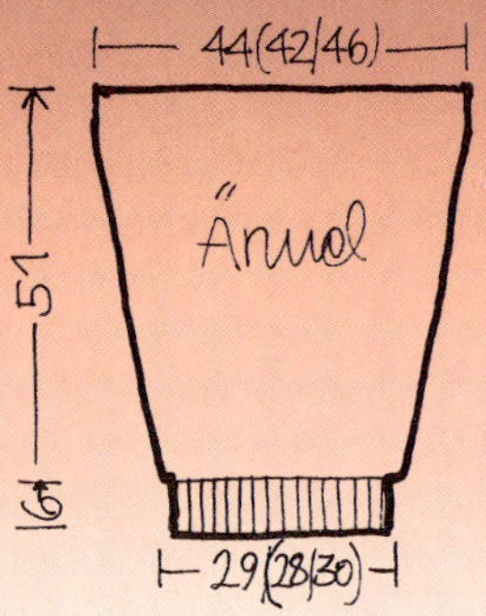

Abnahme (an den Schultern) die 20 mittleren M abketten und jede Seite getrennt fertigstellen, dabei am Halsausschnitt 3 M abnehmen.

Vorderteil

Die gleiche Anzahl M wie am Rückenteil aufnehmen und genauso stricken. Halsausschnitt: Nach einer Arbeitshöhe von 57 (56/58) cm die mittleren 6 M abketten und jede Seite getrennt fertigstellen, dabei am Halsausschnitt 3 M, 3 x 2 M und 1 M abnehmen.

Ärmel

In Anémone und Olive 40 (39/41) M aufnehmen und 6 cm lang 2 M rechts, 2 M links stricken, dann laut Abbildung weiterarbeiten und dabei in der 1. R 7 (6/7) x verteilt zunehmen = 47 (45/48) M. Danach an jeder Seite abwechselnd alle 6 und 8 R 12 x 1 M (alle 8 R 11 x 1 M, alle 6 R 13 x 1 M) zunehmen. Bei Erreichen einer Strickhöhe von 51 cm die 71 (67/74) M auf einmal abketten.

Fertigstellung

Vorder- und Rückenteil mit einer Schulternaht verbinden. Um den Halsausschnitt herum, in Maïs und Océan, wieder 64 M aufnehmen und 2,5 cm lang 2 M rechts, 2 M links stricken, dann abketten. Die zweite Schulternaht schließen. Die Ärmel ganz gerade in die Armlöcher setzen, dann die Seiten- und die Unterarmnähte schließen.

Damenpullover mit Schachbrettmuster

Größen 38/40, 42 und 44/46

Bei unterschiedlichen Angaben: Größen 42 und 44/46 in Klammern.

Material

Berger du Nord-Wolle, Qualität Kid Mohair Nr. 5 Uni und Chiné, ca. 250 g in der Farbe Nr. 8322 (Chiné), 200 g in Plomb, 100 g in Orage, 100 g in Noisette, 50 g in Grège, 50 g in Noir (Uni).
Je 1 Paar Stricknadeln Nr. 4½ und 5.

Grundmuster

Nadeln Nr. 5: Glatt rechts im Jacquardmuster, siehe Abbildung Seite 19.

Bündchenmuster

Nadeln Nr. 4½:
2 M rechts, 2 M links.

Maschenprobe

Nadeln Nr. 5: 14 M und 20 R = 10x10 cm.

Arbeitsanleitung

Rücken

In Chiné 70 (74/78) M aufnehmen und 6 cm lang 2 M rechts, 2 M links stricken, dann glatt rechts im Jacquardmuster weiterarbeiten (für die Größen 42 und 44/46 die M zusätzlich an jeder Seite des Musters zunehmen). Bei Erreichen einer Strickhöhe von 42 cm an jeder Seite für die Armlöcher 4 (5/6) M abnehmen. Nach einer Arbeitshöhe von 63 (64/65) cm die Schultern abschrägen, an beiden Seiten jede 2. R 2x6 und 1x7 M (2x7 und 1x6 M/3x7 M) abnehmen. Die restlichen M für den Halsausschnitt auf einmal abketten.

Vorderteil

In Chiné die gleiche Anzahl M wie am Rückenteil aufnehmen und genauso stricken. Halsausschnitt: Bei Erreichen einer Strickhöhe von 58 (59/60) cm die 8 mittleren M abketten und jede Seite getrennt fertigstellen, dabei am Halsausschnitt jede 2. R 3 M, 2 M, 3x1 M abnehmen.

Ärmel

In Chiné 38 (38/40) M aufnehmen und 6 cm lang 2 M rechts, 2 M links stricken, dann glatt rechts im Jacquardmuster weiterarbeiten und dabei laut Abbildung stricken und in der 1. R 5 (5/4) x verteilt zunehmen = 43 (43/44) M. Danach an jeder Seite abwechselnd alle 8 und 10 R 8x1 M zunehmen (9x1 M alle 8 R, 10x1 M alle 10 R zunehmen). Nach dem Jacquardmuster glatt rechts in Plomb weiterarbeiten. Bei einer Gesamtstrickhöhe von 47 (48/49) cm alle M auf einmal abketten.

Fertigstellung

Vorder- und Rückenteil mit einer Schulternaht verbinden. In Chiné um den Halsausschnitt herum wieder 70 M aufnehmen und 20 cm lang 2 M rechts, 2 M links stricken, dann locker abketten. Die zweite Schulternaht und die Kragennaht schließen und dabei, in halber Höhe, die Seite wechseln, da der Kragen nach außen umgeschlagen werden soll. Die Ärmel ganz gerade in die Armlöcher setzen, dann die Unterarm- und die Seitennähte schließen.

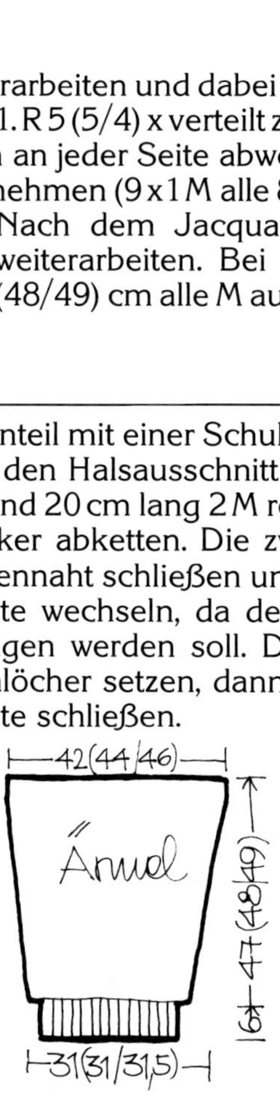

Pullover Seite 16:

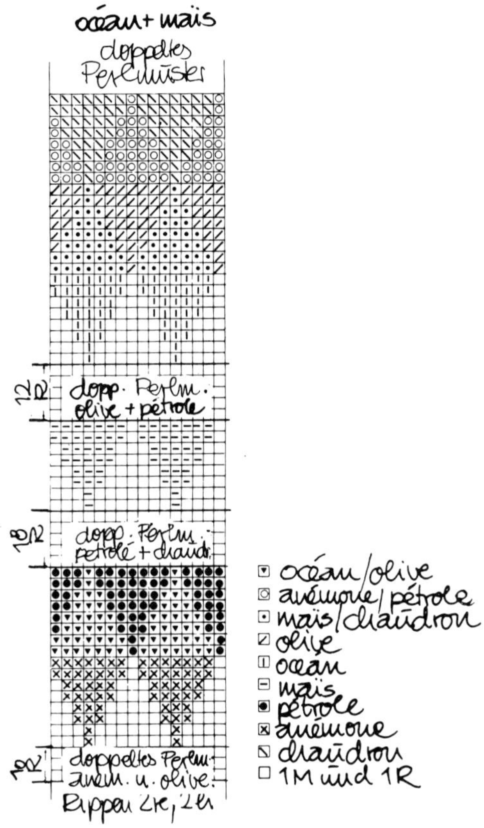

Pullover Seite 17:

Ärmel

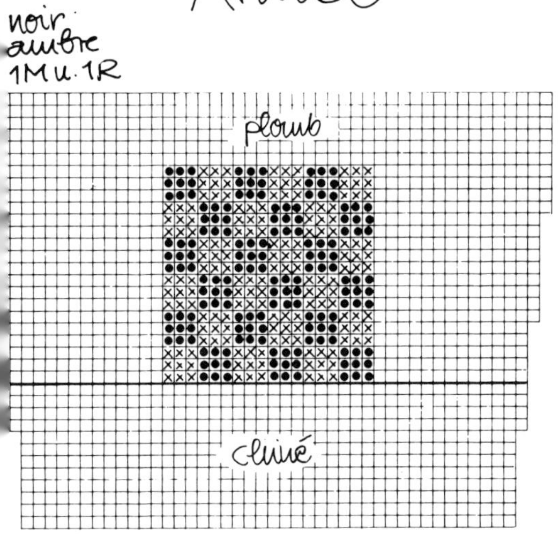

Rippen 2re, 2li

12 R Rippen stricken, dann (in der Mitte) dieses Motiv stricken

Pullover Seite 17:

Rücken und Vorderteil

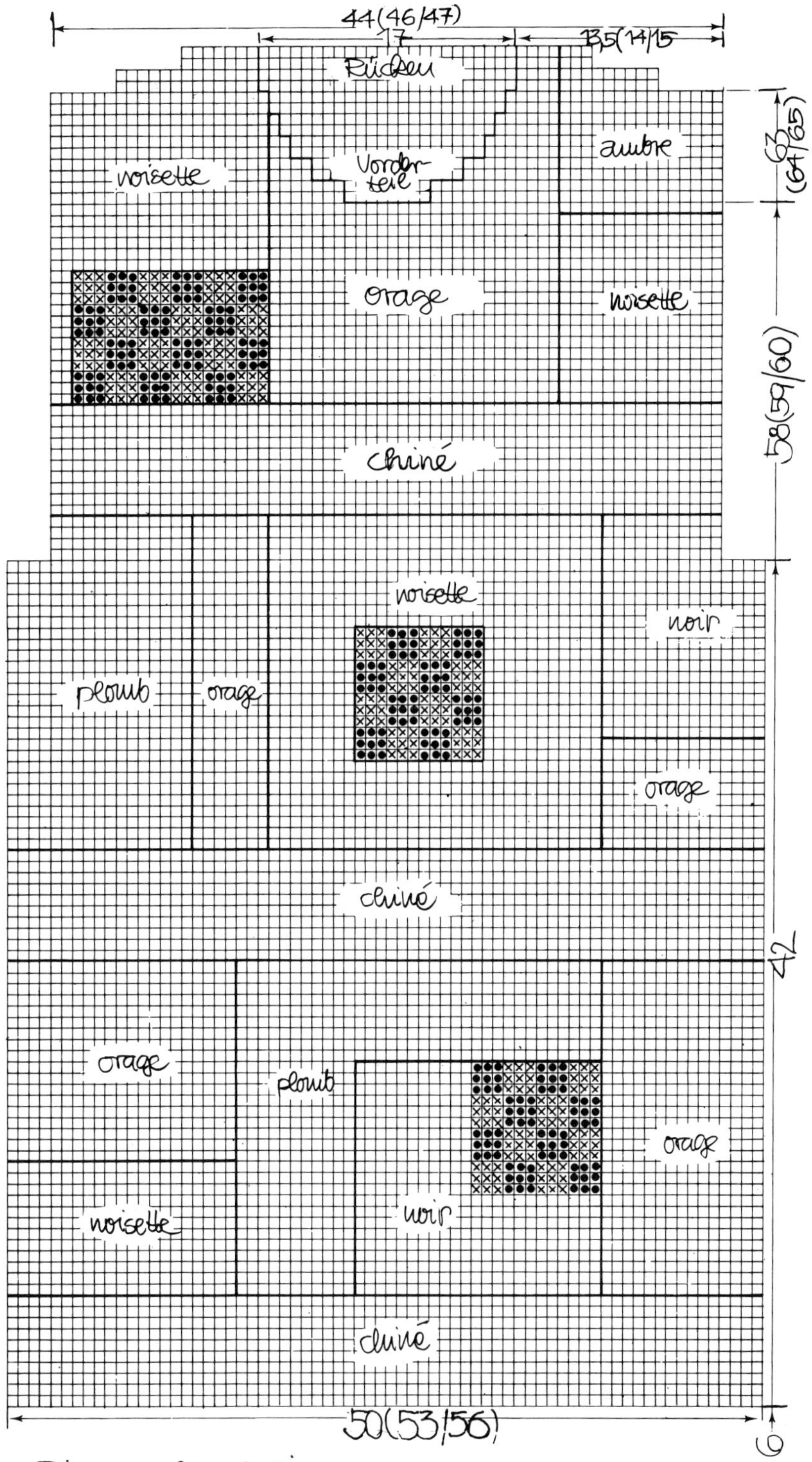

Rippen 2re, 2li

Mohair in schmeichelnden Farben

Damenpullover mit Einstrickmuster

Größe 38

Material

Lana Grossa Wolle, Qualität Baby-Mohair, ca. 200 g. Je 80 g in Türkis Nr. 839, Lila Nr. 849 und Gelb Nr. 834, 10 g in Rosa Nr. 815. Je 1 Paar Schnellstricknadeln Nr. 3 und 3½.

Grundmuster

Glatt rechts = Hinreihe rechte M, Rückreihe linke M.

Einstrickmuster

siehe Diagramm Seite 186.

Bündchenmuster

Abwechselnd 1 M rechts, 1 M links.

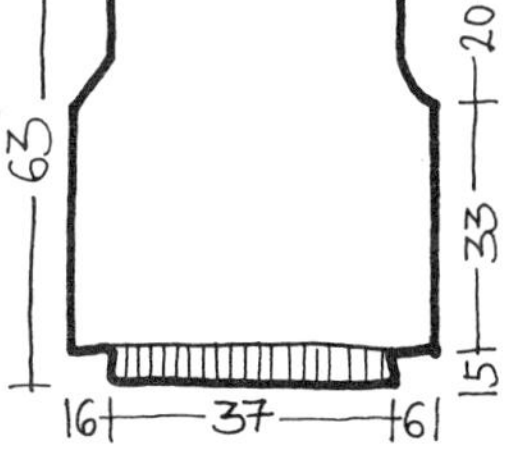

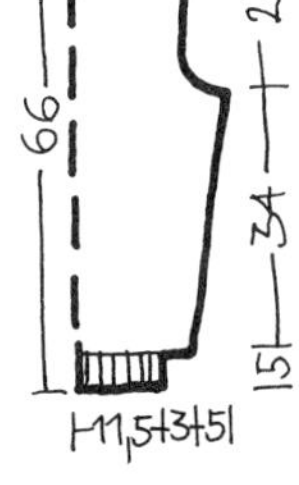

Maschenprobe

Nadeln Nr. 3½: 19 M und 27 R = 10 x 10 cm.

Arbeitsanleitung

Rücken

Mit Nadeln Nr. 3 in Türkis 70 M anschlagen und 5 cm im Bündchenmuster arbeiten, dann gleichmäßig verteilt noch 21 M mit Nadeln Nr. 3½ zunehmen. Im Grundmuster und Diagramm die Arbeit fertigstellen.

Vorderteil

Gegengleich wie Rückenteil nach Diagramm stricken, jedoch mit dem größeren Halsausschnitt.

Ärmel

Mit Nadeln Nr. 3 in Türkis 44 M anschlagen und 5 cm im Bündchenmuster arbeiten, dann gleichmäßig verteilt noch 11 M mit Nadeln Nr. 3½ zunehmen. Im Grundmuster nach Diagramm Ärmel fertigstellen. 2. Ärmel gegengleich stricken, jedoch bis zu den Zacken in Lila uni arbeiten, die Zacken in Gelb stricken.

Ausarbeitung

Nähte schließen. Ärmel oben ankrausen und so einsetzen, daß das Zackenmuster aneinander paßt. Für das Halsausschnittbündchen mit Nadeln Nr. 3 ca. 86 M in Gelb auffassen und 3 cm im Bündchenmuster arbeiten. Alle M abketten.

Wie gemalt

Kinderpulli mit Winterlandschaft

Größe 164–176

Material

Esslinger Wolle, Qualität Geisha, 200 g in Weiß Nr. 01 und 150 g in Dunkelblau Nr. 10. Reste in Rosé, Hellbraun, Dunkelbraun, Taupe, Grün, Grau, Dunkelgrün, Pink, Dunkelrot, Hellbau, Dunkelgelb, Gelb, Beige und Lila.
Je 1 Paar Schnellstricknadeln Nr. 3 und 4.

Grundmuster

Glatt rechts = Hinreihe rechte M, Rückreihe linke M.

Einstrickmuster

Glatt rechts: s. Zeichnungen. Beim Einstricken der farbigen Motive mit mehreren Knäueln arbeiten, dabei beim Farbwechsel die Fäden verkreuzen, damit keine Löcher entstehen. Kleinere Motive können auch später aufgestickt werden.

Bündchenmuster

Abwechselnd 1 M rechts, 1 M links.

Maschenprobe

Mit Nadeln Nr. 4: 21 M und 26 R = 10 x 10 cm.

Arbeitsanleitung

Rücken

107 M in Weiß mit Nadeln Nr. 3 anschlagen und im Bündchenmuster 7 cm stricken, dann mit Nadeln Nr. 4 im Grundmuster 78 R in Weiß, 22 R nach Zeichnung (Rücken) und 40 R in Dunkelblau stricken, dabei nach 50,5 cm ab Bündchen für den Halsausschnitt die mittleren 27 M abketten und beidseitig noch 2 x 3 M abketten. Nach 53 cm ab Bündchen für die Schultern die restlichen 34 M abketten.

Vorderteil

107 M in Weiß mit Nadeln Nr. 3 anschlagen, im Bündchenmuster 7 cm stricken, weiter im Grundmuster 140 R mit Nadeln Nr. 4 nach Zeichnung arbeiten. Nach 47 cm ab Bündchen die mittleren 11 M abketten und beidseitig in jeder 2. R noch 2 x 3, 3 x 2 und 2 x 1 M abketten. Nach 53 cm ab Bündchen für die Schultern die restlichen 34 M abketten.

Ärmel

47 M in Weiß mit Nadeln Nr. 3 anschlagen und im Bündchenmuster 10 cm stricken, weiter im Grundmuster mit Nadeln Nr. 4, dabei in der 1. R verteilt 12 M zunehmen und beidseitig noch 15 x 1 M in jeder 6. R zunehmen. Nach 39 cm ab Bündchen die M auf einem Hilfsfaden stillegen.

Fertigstellung

Die in Dunkelblau gestrickten Flächen nach Abbildung mit weißen M (im M-Stich) besticken. Schulternähte schließen. Die offenen M der Ärmel im Steppstich aufnähen. Seiten- und Ärmelnähte schließen. Für die Halsausschnittblende in Dunkelblau 113 M mit Nadeln Nr. 3 anschlagen, 3 cm im Bündchenmuster stricken, dann die offenen M im Steppstich auf den Halsausschnitt nähen. Blendennaht schließen.

schreiber mit Wasse
tip pencils with water-colou
ons à pointe fibre pour dess
con colori d'acquerello pe
res acuarelables con pincel

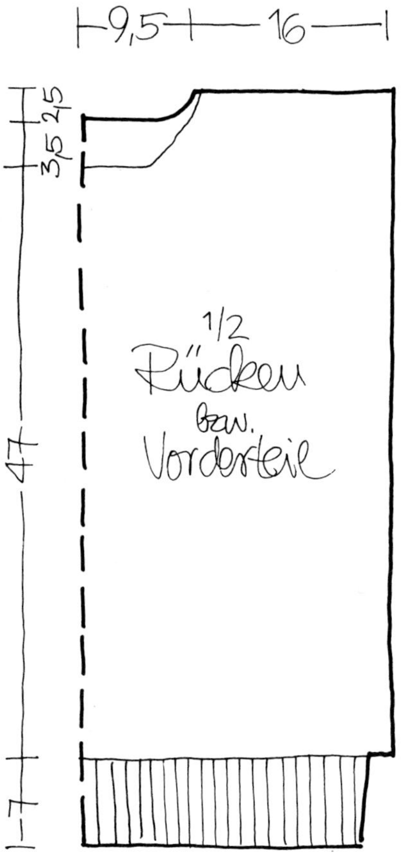

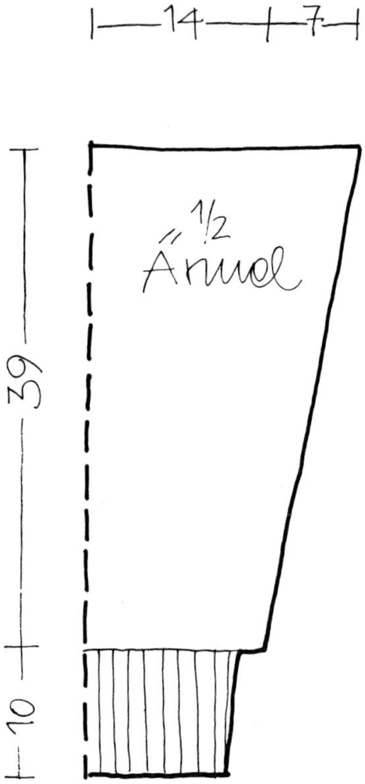

Rücken

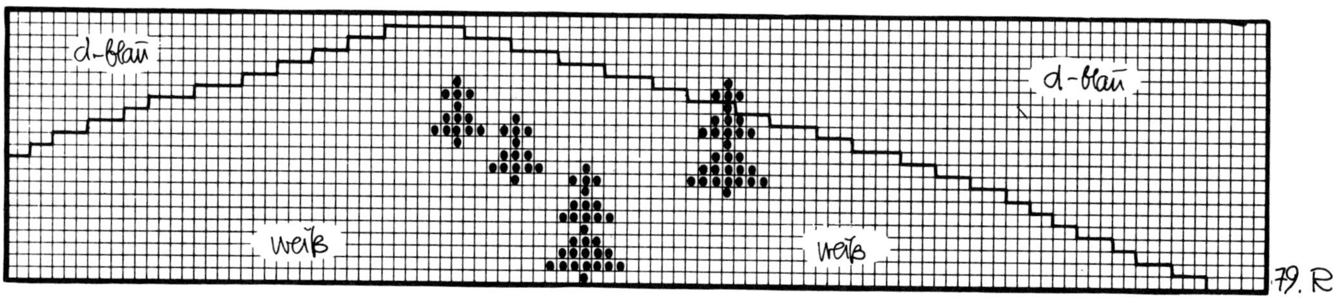

Ärmel

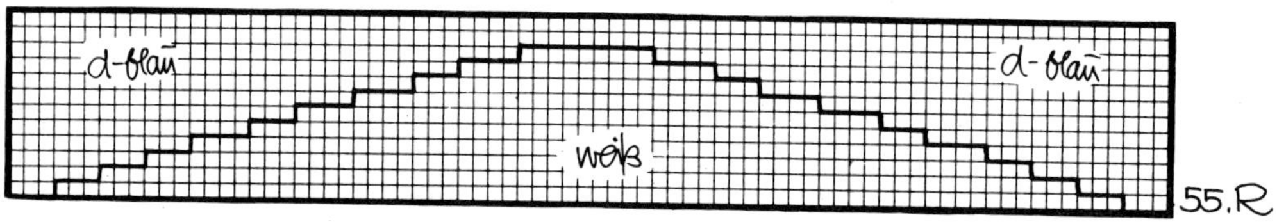

Es sind jeweils Hin- und Rück-R gezeichnet.

⊠ Rosé	☑ H.-Braun	◫ D.-Braun
⊟ Taupe	● D.-grün	▼ Grau

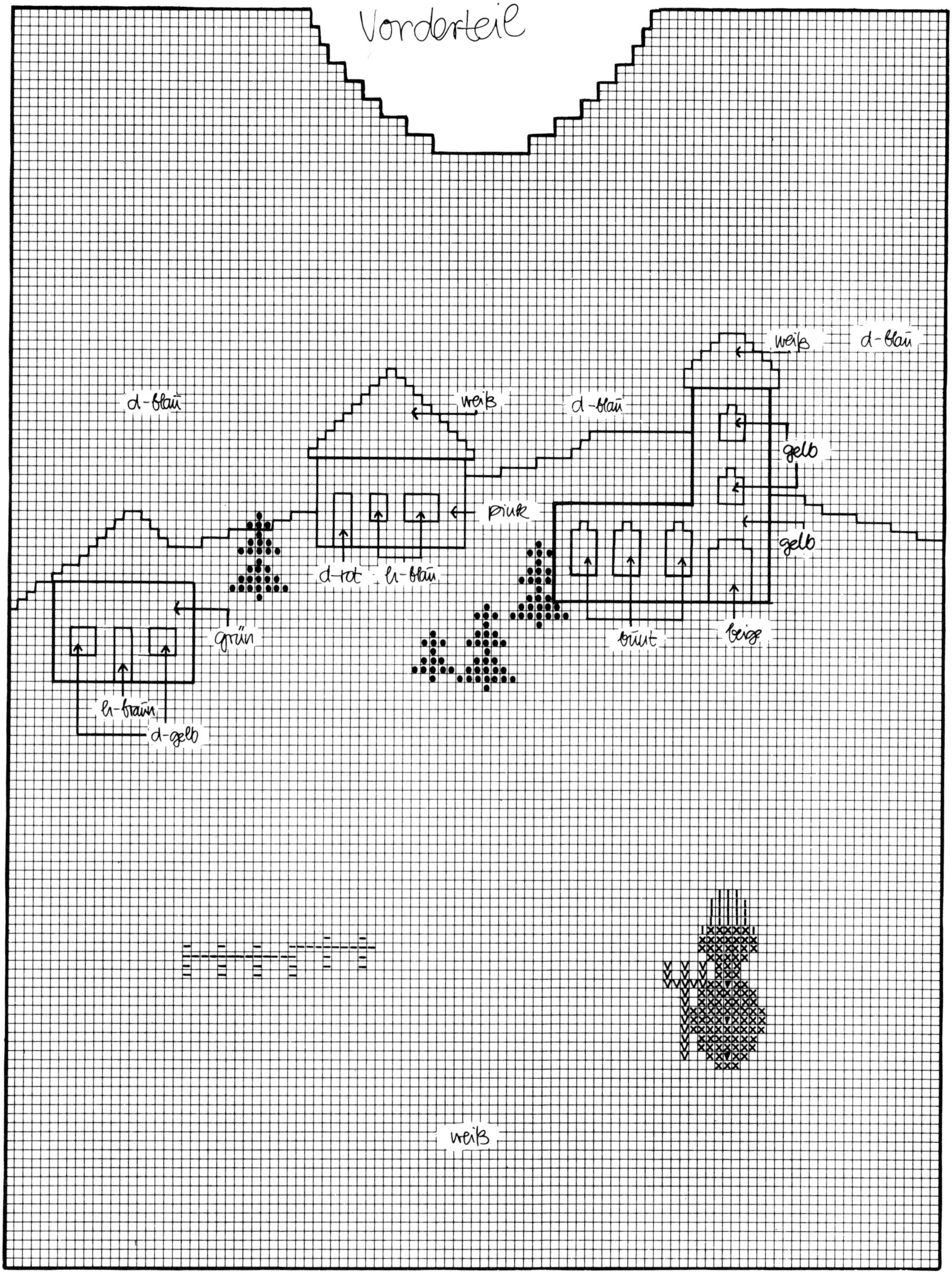
Vorderteil
weiß
d-blau
d-blau
weiß
d-blau
gelb
pink
gelb
d-rot
h-blau
grün
bunt
beige
h-braun
d-gelb
weiß

In einem Stück gestrickt

Damenpulli mit Streifen

Größen 38 und 40/42

Bei unterschiedlichen Angaben: Größe 40/42 in Klammern.

Material

Lana Grossa Wolle, Qualität Nuvoletta, ca. 300 (350) g. 200 g in Pink Nr. 662, je 50 g in Violett Nr. 664, Rosa Nr. 663, Blau Nr. 665 und Türkis Nr. 667. Je 1 Paar Schnellstricknadeln Nr. 2½ und 3½, 1 Rundstricknadel Nr. 2½.

Grundmuster

Nadeln Nr. 3½: Glatt rechts = Hinreihe rechte M, Rückreihe linke M. Mit verschiedenen Knäueln stricken, dabei die Fäden auf der Rückseite immer kreuzen.

Streifenfolge

* je 4 R in Rosa, Blau, Rosa, Türkis. Ab * wiederholen.

Bündchenmuster

Nadeln Nr. 2½: Abwechselnd 1 M rechts, 1 M links.

Maschenprobe

Nadeln Nr. 3½: 20 M und 30 R = 10 x 10 cm.

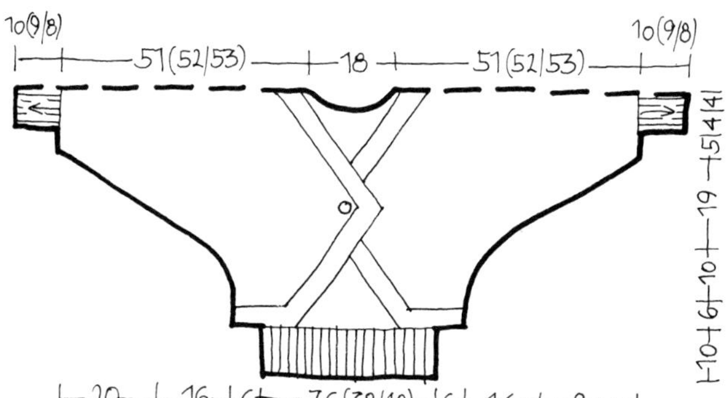

Arbeitsanleitung

Pullover

In einem Stück über die Schulter hinweg gestrickt. Mit dem Vorderteil beginnend 90 (94/98) M mit Nadeln Nr. 2½ in Rosa anschlagen und im Bündchenmuster nach der Streifenfolge 10 cm stricken, dabei mit 3 R in Rosa beginnen. In 10 cm Höhe in der Rückreihe linke M stricken, dabei verteilt 4 M zunehmen = 94 (98/102) M. Mit Nadeln Nr. 3½ im Grundmuster gerade hochstricken, dabei über die ersten 26 (28/30) M violett stricken, über die mittleren 42 M weiter die Streifenfolge arbeiten, die restlichen 26 (28/30) M wieder in Violett. In jeder Hinreihe – beidseitig zur Streifenfolge hin – je 1 M mehr in Violett arbeiten. Nach 12 R in Violett weiter wie folgt: 22 (24/26) M in Pink, 10 M in Violett, 30 M nach der Streifenfolge, 10 M in Violett, 22 (24/26) M in Pink. In jeder Hinreihe die pinkfarbenen und die violetten M beidseitig um je 1 M nach innen versetzen. Sind alle M der Streifenfolge aufgebraucht, die Mittelmasche weiter in Violett arbeiten (siehe Mittelmotiv S. 187). Sind noch 10 M in Violett vorhanden, diese 9 x nach rechts versetzen. Die obere Hälfte des Vorderteils nun gegengleich einstricken, d.h. 9 x nach links versetzen, die violetten M erweitern, dann die Streifenfolge erweitern.
Gleichzeitig in 16 cm Höhe beidseitig für die Ärmelschrägen 1 x 1 M zunehmen, dann in jeder 6. R 2 x 1 M, weiter in jeder 2. R noch 9 x 1 M, dann 30 x 2 M. Über 238 (242/246) M weiter gerade hochstricken. In 54 cm Höhe für den Halsausschnitt die mittleren 10 M in 1 R abketten, beidseitig davon in jeder 2. R noch 1 x 4, 1 x 3, 2 x 2, 2 x 1 M. In 58 cm Höhe ist die Schulterlinie mit je 101 (103/105) M erreicht.

Rücken

Von oben nach unten gegengleich anstricken, d.h. Zunahmen werden Abnahmen und umgekehrt. Die Streifenfolge ebenfalls mit beidseitig je 10 M in Violett verkleinern. Sind nur noch violette M vorhanden, diese zur Spitze hin verkleinern, bis nur noch 2 M in Violett vorhanden sind. Weiter über alle M in Pink stricken. Die letzten 12 R vor dem Bündchen wieder in Violett stricken, das Bündchen nach der Streifenfolge wie beim Vorderteil.

Fertigstellung

Aus den Ärmelkanten je 50 g in Pink aufnehmen und im Bündchenmuster 10 (9/8) cm stricken. Aus dem gesamten Halsausschnitt 120 M in Türkis mit der Rundnadel Nr. 2½ aufnehmen und in Runden im Bündchenmuster 2 cm stricken. Die Seitennähte schließen.

Der Favorit vom Titelbild

Damenpulli mit geometrischen Motiven

Größen 36/38 und 40/42

Bei unterschiedlichen Angaben: Größe 40/42 in Klammern.

Material

Pingouin Wolle, Qualität Typhon, 500 g in Feu Nr. 09, je 50 g in Bavière Nr. 20, Pépite Nr. 08 und Bohême Nr. 07. Je 1 Paar Stricknadeln Nr. 5½ und 7.

Grundmuster

Glatt rechts = Hinreihe rechte M, Rückreihe linke M.

Bündchenmuster

Abwechselnd 1 M rechts, 1 M links.

Maschenprobe

Glatt rechts mit Nadeln Nr. 7: 12 M und 15 R = 10 x 10 cm.

Arbeitsanleitung

Rücken

Mit Nadeln Nr. 5½ in Feu 61 (65) M anschlagen und 8 cm im Bündchenmuster stricken. Dann mit Nadeln Nr. 7 glatt rechts weiterarbeiten, dabei in der 1. R 1 M zunehmen. Man erhält 62 (66) M. Nach 35 (36) cm Gesamthöhe für die Raglanschrägungen beiderseits in jeder 2. R 4 x 2 M und 13 (15) x 1 M abketten. Die restlichen 20 M auf einmal abketten.

Vorderteil

Wie beim Rückenteil beginnen. Nach 35 (36) cm Gesamthöhe für die Raglanschrägungen beiderseits in jeder 2. R 4 x 2 M und 12 (14) x 1 M abketten. Gleichzeitig nach 53 (55) cm Gesamthöhe für den Halsausschnitt die 8 mittleren M abketten und jede Seite getrennt beenden, dabei an der Halsausschnittkante in jeder 2. R 3 x 2 M abketten. Die restliche M abketten. Die 2. Seite gegengleich beenden.

Rechter Ärmel

Mit Nadeln Nr. 5½ in Feu 30 M anschlagen und 5 cm im Bündchenmuster stricken. Danach mit Nadeln Nr. 7 glatt rechts weiterarbeiten, dabei in der 1. R 7 (9) M verteilt zunehmen. Man erhält 37 (39) M. Beiderseits jede 6. R 7 (8) x 1 M zunehmen. Gleichzeitig nach 16 (17) cm Gesamthöhe wie folgt stricken: 7 R in Bavière, 9 R in Feu und 7 R in Bohême. Man erhält 51 (55) M und 39 (40) cm Gesamthöhe. In Feu fortfahren, dabei an der linken (rückwärtigen) Kante die gleichen Raglanabnahmen wie beim Rückenteil und gleichzeitig an der rechten (vorderen) Kante die gleichen Raglanabnahmen wie beim Vorderteil durchführen. Ab der 10. Abnahme von 1 M an der rechten Kante die 8 ersten M in Pépite stricken. In der folgenden R 7 M mehr nach links in Pépite über den M in Feu arbeiten und in der nächsten R alle M in Pépite stricken. Nach der letzten Abnahme an der rechten Kante an dieser alle 2 R 2 x 5 M abketten.

Linker Ärmel

Mit Nadeln Nr. 5½ in Feu 30 M anschlagen und 5 cm im Bündchenmuster stricken. Dann mit Nadeln Nr. 7 glatt rechts weiterarbeiten, dabei in der 1. R 7 (9) M verteilt zunehmen. Beiderseits jede 6. R 7 (8) x 1 M zunehmen. Gleichzeitig für die Rauten in der 3. glatt rechts gestrickten R, die mittlere M in Bavière stricken. Dann beiderseits dieser M alle 2 R 1 M mehr in Bavière über den M in Feu stricken. Wenn man 13 M in Bavière erhält, alle 2 R beiderseits 1 M mehr in Feu über den M in Bavière arbeiten.

Die Fäden bei jedem Farbwechsel verkreuzen und für jede Farbe ein separates Knäuel verwenden, damit die Fäden in Feu nicht auf der Rückseite mitgeführt werden müssen.

2 R in Feu über alle M stricken und über der Raute in Bavière eine weitere Raute in Bohême arbeiten, danach 1 Raute in Pépite. Gleichzeitig nach 39 (40) cm Gesamthöhe an der rechten (rückwärtigen) Kante die gleichen Raglanabnahmen wie beim Rückenteil vornehmen und an der linken (vorderen) Kante die gleichen Raglanabnahmen wie beim Vorderteil durchführen, dann jede 2. R 2 x 5 M abketten.

Fertigstellung

Raglannähte bis auf die rückwärtige Raglannaht schließen.

Für die Halsausschnittblende in Feu mit Nadeln Nr. 5½ rund um den Halsausschnitt 62 M auffassen, 4 R im Bündchenmuster stricken und abketten. Die noch offene Raglannaht und die Halsausschnittblende schließen. Ärmel- und Seitennähte schließen.

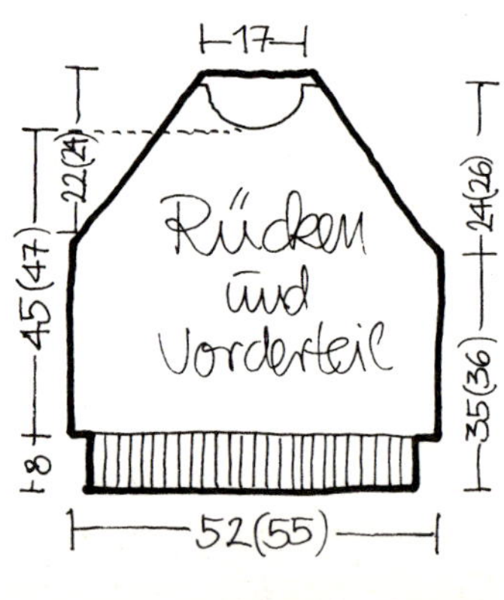

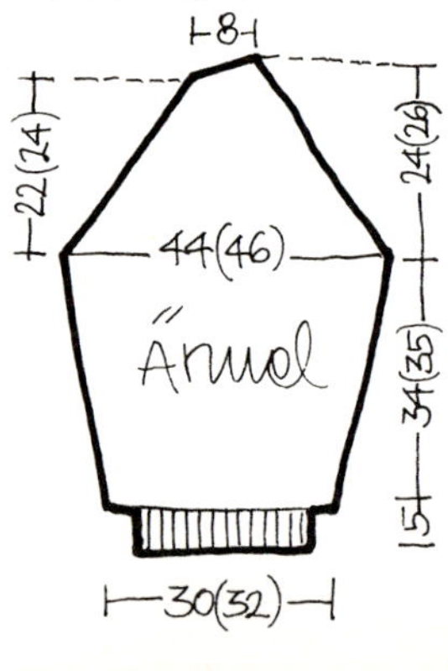

Wenig Mühe – viel Effekt

Beiger Damenpulli mit Passe

Größe 38–42

Material

Pingouin Wolle, Qualität Typhon, 700 g in Sable Nr. 12, 100 g in Souris Nr. 11, je 50 g in Lichen Nr. 13 und Ecru Nr. 05. Je 1 Paar Stricknadeln Nr. 5½ und 7; Synthetikfüllung.

Grundmuster

Glatt rechts = Hinreihe rechte M, Rückreihe linke M.

Glatt links = Hinreihe linke M, Rückreihe rechte M.

Bündchenmuster

Abwechselnd 1 M rechts, 1 M links.

Maschenprobe

Glatt rechts mit Nadeln Nr. 7: 12 M und 15 R = 10 x 10 cm.

Arbeitsanleitung

Rücken

Mit Nadeln Nr. 5½ in Sable 64 M anschlagen und 7 cm im Bündchenmuster stricken. Dann mit Nadeln Nr. 7 glatt rechts weiterarbeiten. Nach 40 cm Gesamthöhe für die Armausschnitte beiderseits jede 2. R abketten: 2 x 2 M, 4 x 1 M; dann die 48 restlichen M stillegen.

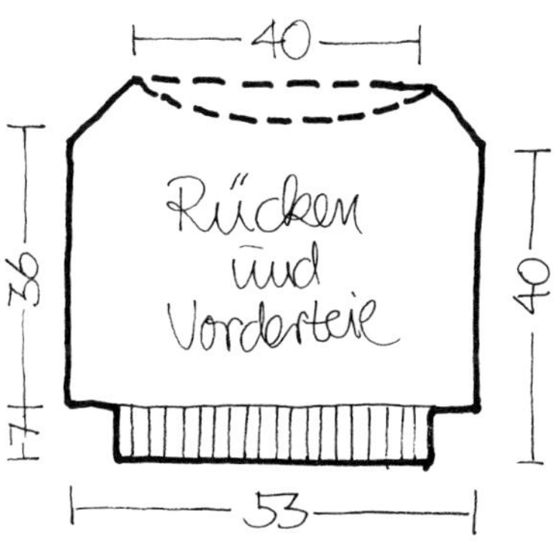

Vorderteil

Wie beim Rückenteil beginnen. Nach 40 cm Gesamthöhe für die Armausschnitte die gleichen Abnahmen wie beim Rückenteil durchführen. Gleichzeitig nach 43 cm Gesamthöhe die mittleren 10 M stillegen und jede Seite getrennt beenden, dabei an den Innenkanten jede 2. R 1 x 7 M und 2 x 6 M stillegen (= 48 M).

Ärmel

Mit Nadeln Nr. 5½ in Sable 38 M anschlagen und 7 cm im Bündchenmuster stricken. Danach mit Nadeln Nr. 7 glatt rechts weiterarbeiten, dabei beiderseits jede 6. R 8 x 1 M zunehmen = 54 M. Nach 40 cm Gesamthöhe für die Armausschnitte beiderseits in jeder 2. R abketten: 2 x 2 M, 4 x 1 M; die 38 restlichen M stillegen.

Passe

Mit Nadeln Nr. 7 in Souris die stillgelegten M eines Ärmels wieder aufnehmen, dabei die letzte M abketten, im Anschluß daran die M des Vorderteils wieder aufnehmen, dabei beiderseits 1 M abketten, die M des anderen Ärmels, dabei beiderseits 1 M abketten und die M des Rückenteils, dabei die 1 M abketten (die M an jeder Kante ist für die Naht vorgesehen). Man erhält 166 M.
Wie folgt stricken: 8 R glatt links, dann 2 R glatt rechts, dabei in der 1. glatt rechts gestrickten R 26 M verteilt abnehmen (= 140 M); in Lichen: 8 R glatt links, 2 R glatt rechts, dabei in der 1. glatt rechts gestrickten R 45 Abnahmen verteilt vornehmen (= 95 M); in Sable 8 R glatt links stricken, dann 2 R glatt rechts, dabei in der 1. glatt rechts gestrickten R 25 Abnahmen verteilt vornehmen (= 70 M); in Ecru 16 R glatt links arbeiten, dabei in der 8. R 10 Abnahmen verteilt durchführen (= 60 M). Locker abketten.

Fertigstellung

Ärmel- und Seitennähte schließen. Die Armausschnittnähte unter der Passe und die linke Ärmel-Rückenteilnaht schließen. Die Streifen in Souris, Lichen und Sable auf der Rückseite mit Vorstichen leicht zusammenziehen (in jeden Streifen etwas Füllung einlegen und die 3 Streifen auf ca. 10 cm zusammenziehen). Den Streifen am Halsausschnitt zur Hälfte nach innen umlegen und über der 1. R in Ecru festnähen.

Sanfte Tweedfarben für kühle Tage

Damenpulli mit Umschlagkragen

Größen 38/40, 42 und 44/46
Bei unterschiedlichen Angaben: Größen 42 und 44/46 im Klammern.

Material

Berger du Nord-Wolle, Qualitäten Eclat und Signorine, ca. 550 (550/600) g in Sable (Eclat) und 50 g in Ambre (Signorine). Je 1 Paar Stricknadeln Nr. 4½ und 5½.

Grundmuster

Glatt rechts = Hinreihe rechte M, Rückreihe linke M (Nadeln Nr. 5½).

Doppeltes Perlmuster = 1. R: 1 Rand-M, * 1 M rechts, 1 M links, ab * fortlaufend wiederholen, 1 Rand-M. 2. R: Die Maschen stricken, wie sie in der Vorreihe erscheinen. 3. R: 1 Rand-M, * 1 M links, 1 M rechts, ab * wiederholen, 1 Rand-M. 4. R: Die Maschen stricken, wie sie in der Vorreihe erscheinen. Die 1.–4. R fortlaufend wiederholen (Nadeln Nr. 5½).

Phantasiemuster = 6 R glatt rechts, 34 (36/38) R 4 M glatt rechts, 12 M doppeltes Perlmuster, in glatt rechts enden (Nadeln Nr. 5½).

Bündchenmuster

Abwechselnd 1 M rechts, 1 M links (Nadeln Nr. 4½).

Abwechselnd 2 M rechts, 1 M links (Nadeln Nr. 4½).

Maschenprobe

Glatt rechts mit Nadeln Nr. 5½: 14 M und 20 R = 10 x 10 cm.

Arbeitsanleitung

Rücken

In Sable 69 (73/77) M aufnehmen und 10 cm lang 1 M rechts, 1 M links stricken, dann glatt rechts weiterarbeiten und dabei in der 1. R 1 M hinzufügen = 70 (74/78) M. Bei Erreichen einer Strickhöhe von 35 (36/37) cm an jeder Seite für die Armlöcher in jeder 2. R 3 M, 2 M, 2 (3/3) x 1 M abnehmen. Nach einer Arbeitshöhe von 55 (57/59) cm die Schultern abschrägen, an beiden Seiten in jeder 2. R 2 x 5 (5/6) M und 1 x 6 (7/7) M abnehmen. Gleichzeitig die 18 mittleren M abketten, jede Seite getrennt fertigstellen und dabei am Halsausschnitt 3 M abnehmen.

Vorderteil

In Sable 69 (73/77) M aufnehmen und 10 cm lang 1 M rechts, 1 M links stricken, dann im Phantasiemuster weiterarbeiten und dabei in der 1. R 1 M hinzufügen (in der 7. R mit 5 (7/9) M glatt rechts beginnen und enden). Bei Erreichen einer Strickhöhe von 35 (36/37) cm an jeder Seite für die Armlöcher wie am Rückenteil abnehmen. Nach einer Arbeitshöhe von 49 (51/53) cm die 8 mittleren M abketten und jede Seite getrennt fertigstellen, dabei am Halsausschnitt in jeder 2. R 3 M, 2 x 2 M und 1 M abnehmen. Bei einer Gesamtstrickhöhe von 55 (57/59) cm die Schulter abschrägen und dabei wie am Rückenteil arbeiten.

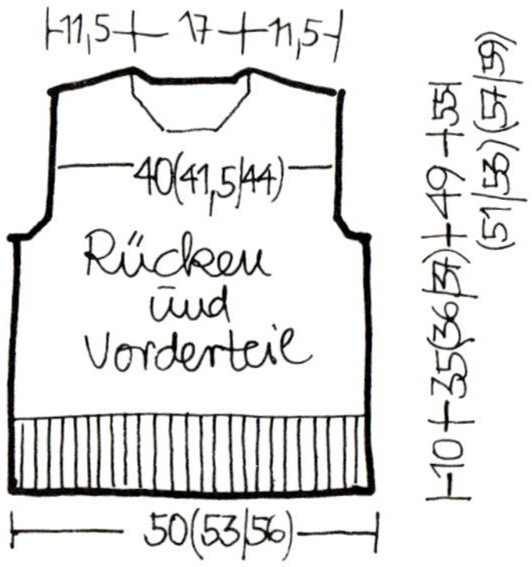

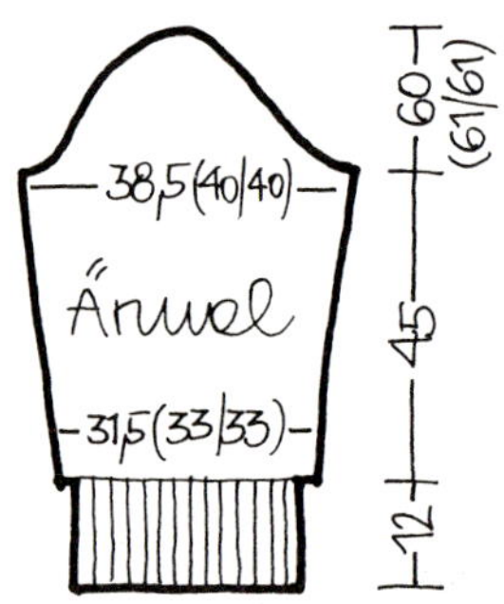

Ärmel

In Sable 33 (35/35) M aufnehmen und 12 cm lang 1 M rechts, 1 M links stricken, dann glatt rechts weiterarbeiten und dabei in der 1. R 11 x verteilt zunehmen = 44 (46/46) M. Danach an jeder Seite alle 10 R 5 x 1 M zunehmen. Bei Erreichen einer Strickhöhe von 45 cm an beiden Seiten in jeder 2. R 3 M, 2 M, 11 (12) x 1 M, 2 x 2 M abnehmen und die restlichen 14 M auf einmal abketten.

Fertigstellung

Vorder- und Rückenteil mit einer Schulternaht verbinden. Um den Halsausschnitt herum, in der Qualität Signorine, mit dreifach genommenem Faden 75 M wieder aufnehmen, 4 cm 1 M rechts, 1 M links stricken, dann 1 rechte M in jeder rechten M zunehmen, dann 2 M rechts, 1 M links stricken. Nach 11 cm Arbeitshöhe alle M locker abketten. Die zweite Schulternaht und die Kragennaht schließen, dabei nach 4 cm Höhe die Seite wechseln, da der Kragen nach außen umgeschlagen werden soll. Die Seitennähte ziehen. Die Ärmel schließen und anbringen.

Die Strapazier-fähigen

Unverwüstlich: Ein Pulli aus Alpaca

Damenpulli in modischen Farben

Größe 38

Material

Naturwolle Fritzsch, Qualität Alpaca, 200 g in Petrol Nr. 16, 100 g in Hellblau Nr. 24, 100 g in Dunkelblau Nr. 23 und 50 g in Gelb Nr. 26. 1 Paar Stricknadeln Nr. 3.

Grundmuster

Glatt rechts = Hinreihe rechte M, Rückreihe linke M.

Bündchenmuster

Abwechselnd 1 M rechts, 1 M links.

Maschenprobe

Mit Nadeln Nr. 3: 25 M und 35 R = 10 x 10 cm.

Arbeitsanleitung

Vorder- und Rückenteil

Für das Vorderteil werden 40 M in Petrol und 40 M in Hellblau angeschlagen und im Bündchenmuster 5 cm (20 R) hochgestrickt. Dabei muß beim Farbwechsel in der Pullover-Mitte der jeweilige Faden verkreuzt werden.
Nach dem Bündchen die M auf die doppelte Anzahl (160 M) erhöhen und bis zur Höhe von 34 cm (126 R) im Grundmuster stricken.
Für den Armansatz werden in jeder R beidseitig 3, 2, 2, 2, 11 M abgekettet. Gleichzeitig wird anstatt hellblau für die folgenden 8 R gelb gestrickt. Nach den 8 R folgt Dunkelblau, das bis zum Halsausschnitt 11½ cm (40 R) hochgestrickt wird.
Für den Halsausschnitt werden von der Mitte ausgehend beidseitig jede 2. R 10, 4, 2, 2, 2, 1, 1, 1 M abgekettet. Die verbleibenden Schultermaschen abketten.
Das Rückenteil wird in seitenvertauschter Farbfolge genauso gestrickt.

Ärmel

44 M in Dunkelblau anschlagen und im Bündchenmuster 10 cm (38 R) hochstricken. Nach dem Bündchen im Grundmuster im Wechsel jede 2. M verdoppeln bzw. verdreifachen, so daß insgesamt 110 M auf der Nadel sind.
Bis zur Gesamthöhe von 44 cm (Bündchenmuster = 10 cm / Grundmuster = 34 cm) hochstricken. Alle M abketten. Den 2. Ärmel in Petrol genauso stricken.

Halsausschnittblende

50 M in Petrol und 50 M in Dunkelblau anschlagen. 15 R im Bündchenmuster stricken, die M abketten.

Fertigstellung

Alle Teile leicht dämpfen, die Halsausschnittblende in Form bügeln. Alle Nähte schließen. Ärmel und Halsausschnittblende einsetzen.

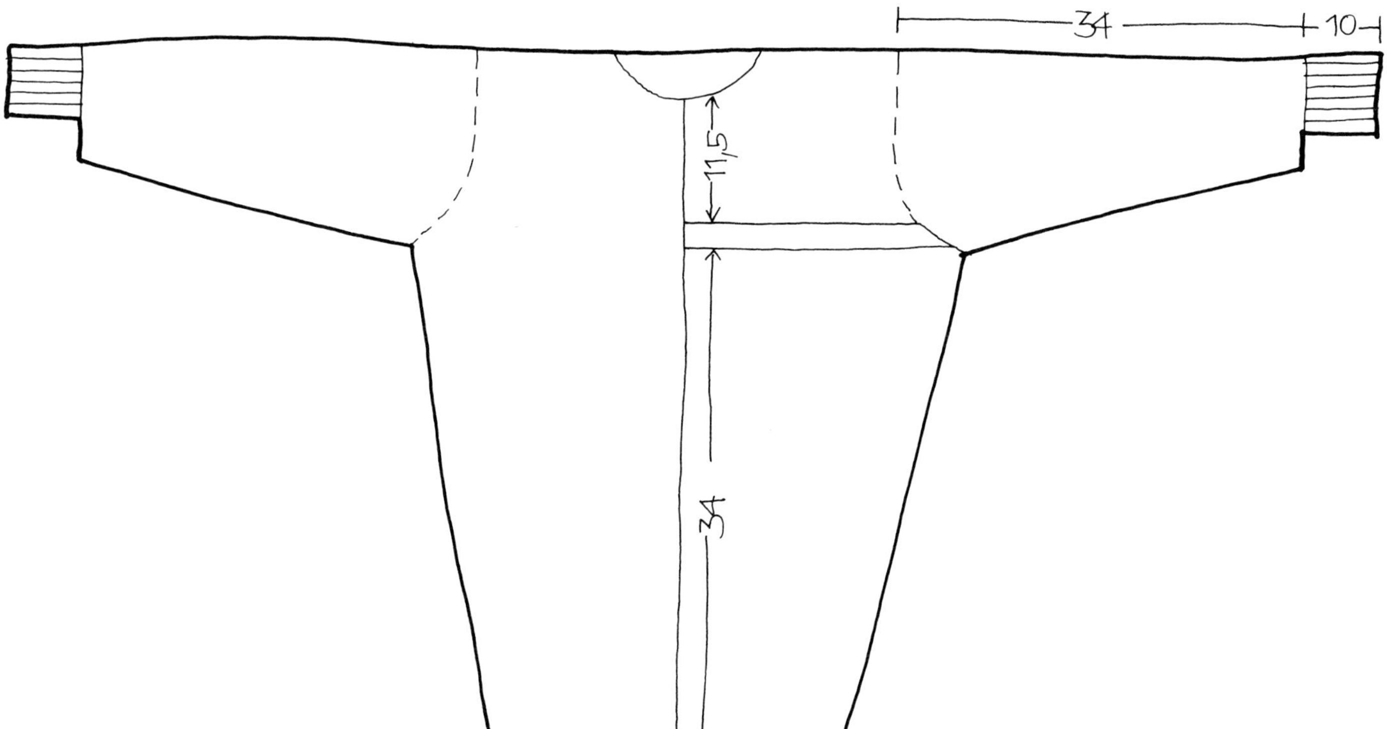
34
10
11,5
34
5

Zwei Klassiker

Herrenpulli mit Rhomben

Größen 48 und 50/52

Bei unterschiedlichen Angaben: Größe 50/52 in Klammern. Obere Weite 102 (108) cm, ganze Länge 71 (73) cm.

Material

Schaffhauser Wolle, Qualität Shetland for men, 330 (ca. 360) g in Blaumeliert Nr. 55, 15 g in Senfgelb Nr. 37 und 10 g in Hellblau Nr. 88. Je 1 Paar Stricknadeln Nr. 3 und 3½, 1 Nadelspiel Nr. 3.

Strickmuster I

Abwechselnd 1 M rechts, 1 M links.

Strickmuster II

Glatt rechts = Hinreihe rechte M, Rückreihe linke M.

Strickmuster III

Rhombenmuster glatt rechts in Senfgelb.

Die Rhombe beginnt mit einer einzelnen senfgelben M.
Auf der Rückseite die M immer deckend in der Farbe abstricken. Stets auf der Vorderseite das Muster beidseitig um 1 M verbreitern, bis es 25 M in Senfgelb sind, dann wieder auf der Vorderseite stets um 1 M verschmälern, bis 1 M in Senfgelb übrig ist.

Maschenprobe

Mit Nadeln Nr. 3½ im Strickmuster II: 12 M = 5 cm Breite.

Arbeitsanleitung

Rücken

Dieser wird uni blaumeliert gestrickt. Mit Nadeln Nr. 3 124 (132) M anschlagen. 8 cm hoch im Strickmuster I stricken, dabei in der letzten R innerhalb der Rand-M 1 M verschränkt aufnehmen = 125 (133) M. Nun mit Nadeln Nr. 3½ glatt rechts weiterarbeiten.
Die Seitennähte bleiben gerade. Bei 45 (46) cm ab Anschlag für den Armausschnitt beidseitig stets am Anfang der R 2 x 2 M abketten.
Weiter für die Raglanschrägung stets auf der Vorderseite abnehmen wie folgt (am Anfang der R: 1 = die 4. und 5. M rechts zusammenstricken, 2 = die 4., 5. und 6. M rechts zusammenstricken, am Ende der R: 1 = mit der 5. und 4. letzten M 1 überzogenes Abnehmen arbeiten, 2 = mit der 6., 5. und 4. letzten M 1 doppeltes überzogenes Abnehmen arbeiten): 41 x 1 (1, 2, 1, 2 und 39 x 1) M.
Die restlichen 35 M gerade abketten.

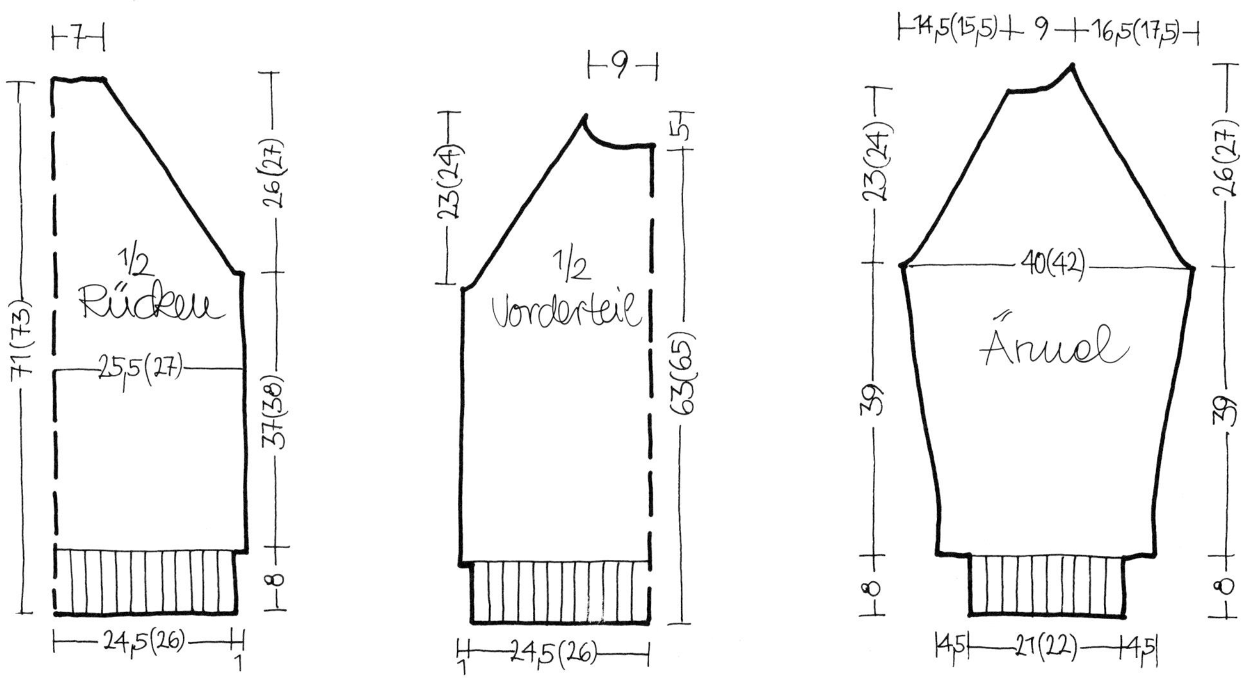

Vorderteil

Das Bündchen wie beim Rückenteil arbeiten. Auf der folgenden Vorderseite mit dem Rhombenmuster beginnen, dazu mit 3 verschiedenen Knäueln arbeiten = 2 meliertfarbene und 1 senfgelber. Beim Farbwechsel die Fäden jeweils miteinander verkreuzen. Bei der 1. und 2. R werden die ersten und letzten je 62 (66) M in Blaumeliert (= je ein separater Knäuel) und die Mittel-M in Senfgelb gestrickt. Bei der 3. und 4. R sind je 61 (65) M blaumeliert und die mittleren 3 M senfgelb. Die Rhombe laut Beschreibung verbreitern und wieder verschmälern, bis auf der Vorder- und Rückseite nur noch eine einzelne senfgelbe M ist, dann sofort wieder verbreitern. Das Rhombenmuster bis zuoberst arbeiten. Weiter wie beim Rückenteil stricken, jedoch fallen die obersten 10 R = 5 Raglanabnahmen weg. Gleichzeitig, wenn noch 61 M auf der Nadel sind, für den Halsausschnitt die mittleren 9 M abketten, dann beidseitig davon noch 5, 4, 2, 2, 1, 0, 1 M abketten. Die restlichen je 3 M gerade abketten.

Linker Ärmel

Mit Nadeln Nr. 3 in Blaumeliert 54 (56) M anschlagen. 8 cm hoch im Strickmuster I stricken, dabei in der letzten R = Rückseite verteilt 19 M aufnehmen = 73 (75) M. Auf der folgenden Vorderseite mit Nadeln Nr. 3½ in gleicher Weise wie beim Vorderteil in der Mitte der Arbeit das Rhombenmuster beginnen, jedoch nur eine einzelne Rhombe stricken, dann über alle M uni blaumeliert glatt rechts weiterarbeiten. Gleichzeitig bei 7 cm ab Bündchen beidseitig 1 M aufnehmen und dies beidseitig 3 x alle 2 cm und 9 x alle 2,5 cm (13 x im Wechsel 1 x nach 2 cm und 1 x nach 2,5 cm) wiederholen = 99 (103) M. Bei 47 cm ab Anschlag für den Armausschnitt beidseitig stets am Anfang der R 2 x 2 M abketten. Weiter für die Raglanschrägung stets auf der Vorderseite abnehmen wie folgt, dabei die Abnahme in gleicher Weise wie beim Rückenteil ausführen: 6 x 1, 6 x 1, 6 x 1, 6 x 1, 6 x 1, 1 x 1 (6 x 1, 6 x 1, 6 x 1, 6 x 1, 6 x 1, 3 x 1) M. Weiter für den Halsausschnitt bei der linken Kante stets auf der Rückseite am Anfang der R 8, 5, 4, 2, 2 M abketten und gleichzeitig bei der rechten Kante noch 5 x 1 Raglanabnahme ausführen. Die restlichen 3 M gerade abketten.

Rechter Ärmel

Gegengleich, jedoch uni blaumeliert arbeiten, d.h. die Rhombe fällt weg.

Ausarbeitung

Beim Vorderteil in Hellblau diagonal M-Stiche jeweils über 1 M in der Breite und 2 M in der Höhe arbeiten. Die Streifen bis zur Seitennaht und bei der Raglanschrägung bis und mit den Raglanabnahmen arbeiten. Jeder Streifen von der Rhombenmitte her einteilen, d.h. dies ist die Kreuzungsstelle. Beim linken Ärmel ebenfalls in Hellblau M-Stiche in gleicher Weise arbeiten. Diese wiederum von der Rhombenmitte her einteilen. Jeweils diagonal nach unten bis zum Ärmelbündchen arbeiten, je 1 M nach oben stechen, bis der letzte Stich über der äußersten senfgelben M liegt, die Rhombe weiter verschmälern, bis ein einzelner hellblauer M-Stich bleibt. Nähte schließen, Ärmel einsetzen. In Blaumeliert und dem Nadelspiel Nr. 3 oben aus dem Rückenteil 29 M, über den Ärmeln je 21 M und aus dem Vorderteil 51 M auffassen. 8 cm hoch im Strickmuster I stricken, locker abketten und die Hälfte des Bündchens auf die Rückseite säumen.

Damenpulli mit Zopfmuster

Größen 38 und 40/42

Bei unterschiedlichen Angaben: Größe 40/42 in Klammern. Obere Weite 96 (102) cm, ganze Länge 60 (62) cm.

Material

Schaffhauser Wolle, Qualität Shetland for men, 370 (ca. 410) g in Senfgelb Nr. 37. Je 1 Paar Stricknadeln Nr. 3 und 3½.

Strickmuster I

Abwechselnd 1 M rechts, 1 M links.

Strickmuster II

Glatt rechts = Hinreihe rechte M, Rückreihe linke M.

Strickmuster III

Zopfmuster, siehe Strickschrift Seite 41.

Maschenprobe

Mit Nadeln Nr. 3½ im Strickmuster II: 11½ M = 5 cm Breite.

Arbeitsanleitung

Rücken

108 (114) M mit Nadeln Nr. 3 anschlagen und 8 cm hoch im Strickmuster I stricken, dann mit Nadeln Nr. 3½ wie folgt weiterarbeiten: Rand-M, über die ersten 15 (18) M verteilt 2 M aufnehmen und diese 17 (20) M glatt rechts, über die nächsten 26 M verteilt 10 M aufnehmen und über diese 36 M 1 Zopfstreifen III, über die folgenden 24 M verteilt 4 M aufnehmen und diese 28 M glatt rechts, über die nächsten 26 M verteilt 10 M aufnehmen und über diese 36 M 1 Zopfstreifen III, über die restlichen 15 (18) M verteilt 2 M aufnehmen und diese 17 (20) M glatt rechts, Rand-M = total 136 (142) M. Die Seitennähte bleiben gerade. Bei 40 (41) cm ab Anschlag für den Armausschnitt beidseitig stets am Anfang der R 5 (6), 3, 3, 2, 1, 1, 1, 0, 1 M abketten = 102 (106) M. Bei 14 (15) cm ab Armausschnittbeginn für die Achselschrägung beidseitig stets am Anfang der R 9, 9, 9, 4, 3, 2, 2, 1, 1, 1 (9, 9, 9, 5, 3, 2, 2, 2, 1, 1) M abketten. Die restlichen 20 M gerade abketten.

Vorderteil

Wie Rückenteil arbeiten, jedoch, wenn bis zur Achselschrägung noch 12 R fehlen, für den Halsausschnitt die mittleren 10 M abketten, dann beidseitig davon noch 5, 3, 3, 2, 2, 1, 0, 1 M abketten. Bei 14 (15) cm ab Armausschnittbeginn für die Achselschrägung beidseitig von der äußeren Kante her in jeder 2. R 3 x 7, 1 x 8 (1 x 7, 3 x 8) M abketten.

Rechter Ärmel

50 (52) M mit Nadeln Nr. 3 anschlagen und 8 cm hoch im Muster I stricken, dann mit Nadeln Nr. 3½ wie folgt weiterarbeiten: Rand-M, über die ersten 11 (12) M verteilt 8 M aufnehmen und diese 19 (20) M glatt rechts, über die nächsten 26 M verteilt 10 M aufnehmen und über diese 36 M 1 Zopfstreifen III, über die letzten 11 (12) M verteilt 8 M aufnehmen und diese 19 (20) M glatt rechts, Rand-M = total 76 (78) M.
Bei 9 (8) cm ab Bündchen beidseitig 1 M aufnehmen und dies beidseitig 7 (9) x alle 3 (2,5) cm wiederholen = 92 (98) M. Bei 41 cm ab Anschlag für die Armkugel beidseitig stets am Anfang der R abketten wie folgt: 4, 2, 2, 1, 1, 1, 1, 0, 1, 1, 1, 1, 0, 1, 1, 1, 1, 0, 1, 1, 1, 2, 2 (4, 2, 2, 1, 1, 1, 1, 1, 1, 0, 1, 1, 1, 1, 1, 1, 0, 1, 1, 1, 1, 1, 1, 2, 2) M.
Über die restlichen 38 M 9,5 (10,5) cm hoch im Zopfmuster III weiterfahren, dann für den Halsausschnitt stets auf der Vorderseite am Anfang der R 11, 6, 5, 4, 3, 2, 2, 1, 1 M abketten, dann die restlichen 3 M gerade abketten.

Linker Ärmel

Gegengleich arbeiten.

Kragen

50 M mit Nadeln Nr. 3½ anschlagen und wie folgt gerade stricken: Rand-M, 20 M glatt rechts, über die folgenden 20 M einen Zopfstreifen III, 8 M glatt rechts, Rand-M. Bei 48 cm ab Anschlag nach einer 11. und 12., 23. und 24. Muster-R, den Anschlag lösen und die M mit M-Stich gegeneinander nähen.

Ausarbeitung

Nähte schließen, Ärmel einsetzen. Die Längskanten der Achselpatten an die Achselschrägungen nähen. Den Kragen um den Halsausschnitt nähen, dabei darauf achten, daß zuerst die linke Seite nach außen zeigt und der Zopfstreifen bei der oberen Kante ist. Den Kragen 1 x nach außen umlegen.

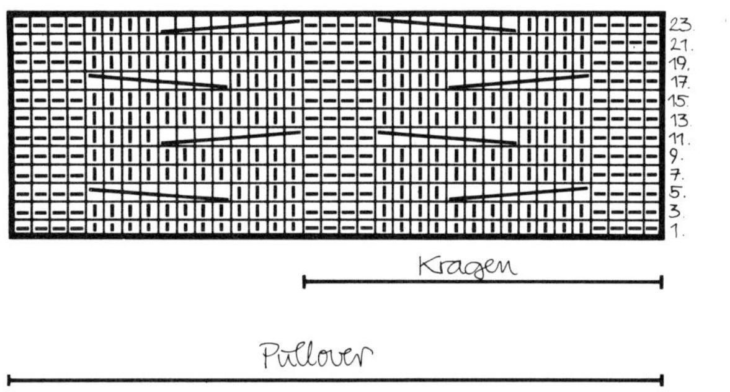

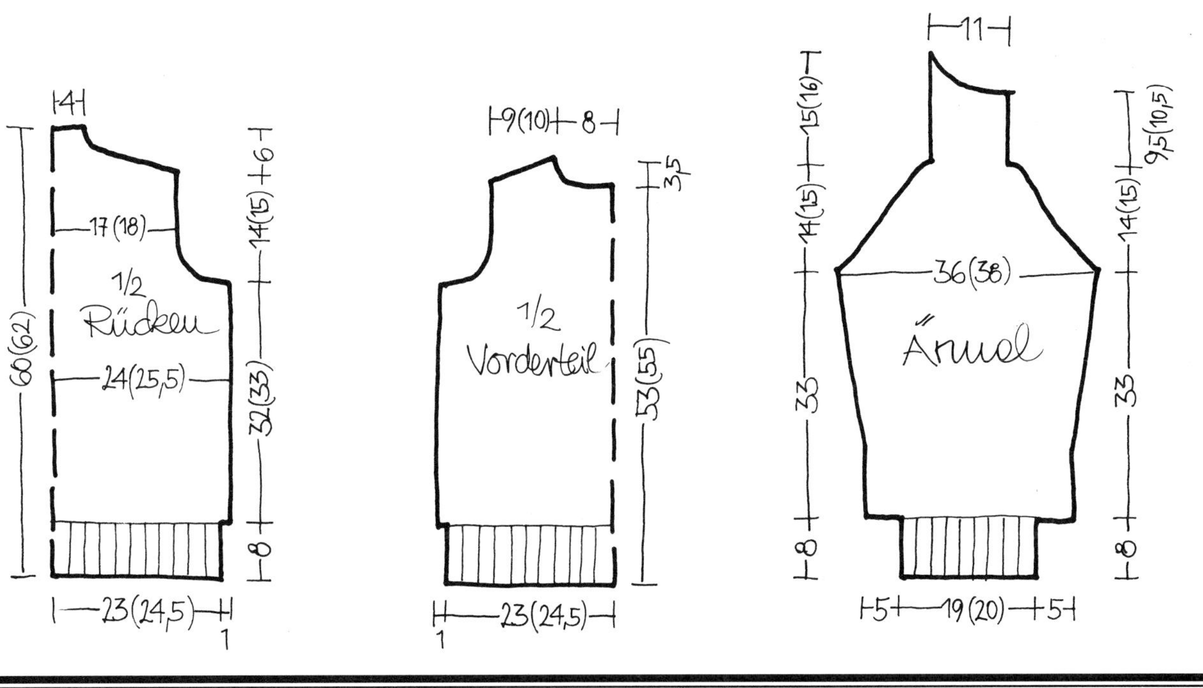

Hut ab vor Könnern

Tweedpulli für Damen

Größen 38/40 und 42/44

Bei unterschiedlichen Angaben: Größe 42/44 in Klammern. Oberweite 88/90 (92/96) cm.

Material

Wolle Anny Blatt, Qualitäten Tweed'Anny und Sport Anny. 600 (650) g in Meleze Nr. 1777 (Tweed'Anny), je 100 g in Chaudron Nr. 1354, Encre Nr. 1821 und Foret Nr. 1825 (Sport Anny). Je 1 Paar Stricknadeln Nr. 4½ und 6, 1 Häkelnadel Nr. 6.

Strickmuster

Bündchenmuster I mit Nadeln Nr. 4½: Abwechselnd 1 M rechts, 1 M links.

Bündchenmuster II mit Nadeln Nr. 6: Abwechselnd 1 M rechts, 2 M links.

Glatt links mit Nadeln Nr. 6: Hinreihe linke M, Rückreihe rechte M.

Maschenprobe

Mit Nadeln Nr. 6: 12 M und 15 R = 10 x 10 cm.

Arbeitsanleitung

Rücken

Anschlag 58 (62) M in Meleze mit Nadeln Nr. 6. Im Bündchenmuster II stricken. Nach 3 cm glatt links gerade weiterarbeiten. Bei einer Gesamthöhe von 40 (41) cm beidseitig für die Armausschnitte in jeder 2. R 1 x 4 und 2 x 1 M abketten. Über die restlichen 46 (50) M gerade weiterarbeiten. Bei einer Gesamthöhe von 57 (58) cm in Encre im Bündchenmuster I mit Nadeln Nr. 4½ weiterarbeiten, in der 1. R 23 M gleichmäßig verteilt zunehmen = 69 (73) M. 3 cm stricken, danach in Foret 3 cm stricken, die M abketten.

Vorderteil

Das Vorderteil wird in 2 Teilen gearbeitet.
1. Teil: Anschlag 58 (62) M in Meleze. 3 cm im Bündchenmuster II stricken. Glatt links weiterarbeiten. Bei einer Gesamthöhe von 14 cm beidseitig für die Taschen in jeder 2. R 10 (11) x 2 M abketten. Die restlichen 18 M auf 1 Hilfsnadel stillegen.

2. Teil: Anschlag 58 (62) M in Meleze. Glatt links stricken. Nach 16 cm die mittleren 18 M abketten, anstelle dieser M die 18 stillgelegten M des 1. Teils in die Arbeit einfügen. Über alle M gerade weiterarbeiten. Bei einer Gesamthöhe von 28 cm für die Armausschnitte wie beim Rückenteil abnehmen. Bei einer Gesamthöhe von 45 (46) cm das Bündchenmuster wie beim Rükkenteil stricken, jedoch zunächst in Foret und danach in Encre stricken. Nach 2 R des Bündchenmusters in Foret für den Halsausschnitt die mittleren 11 M abketten. Am Halsausschnittrand in jeder 2. R noch 2 x 3, 1 x 2 und 2 x 1 M abketten.

Ärmel

Anschlag 30 (32) M in Meleze. 4 cm im Bündchenmuster II stricken. Glatt links weiterarbeiten. Beidseitig in jeder 7. R 8 x 1 M zunehmen = 46 (48) M. Bei einer Gesamthöhe von 45 cm die Armkugel wie folgt arbeiten: Beidseitig in jeder 2. R 1 x 4, 1 x 2, 7 x 1 und 1 x 3 M abketten. Die restlichen 14 (16) M gerade abketten.

Blenden

Für die Ärmel in Foret 45 M anschlagen und 6 R im Bündchenmuster I stricken. Die M abketten, 2 gleiche Blenden arbeiten.

Für die Taschen in Encre 45 M anschlagen und 6 R im Bündchenmuster I stricken. Die M abketten. 2 Blenden arbeiten.

Für die Passe in Chaudron 85 M auffassen und 6 R im Bündchenmuster I stricken. Die M abketten. 2 Blenden arbeiten.

Fertigstellung

Taschenblenden ansetzen. Innentaschen mit unsichtbaren Stichen auf der Rückseite ansetzen. Seitennähte schließen. Schulternähte schließen. Die Blenden 11 cm vom unteren Ärmelrand entfernt ansetzen. Ärmelnähte schließen, Ärmel einsetzen. Die Blenden in Chaudron wie aus dem Foto ersichtlich ansetzen.

Mit der Häkelnadel in Hin- und Rück-R feste M um den Halsausschnitt häkeln.

38(42)
17
Rücken
63 (64)
57(58)
40(41)
13
48(52)
38(42)
17
Vorderteil
15
51(52)
45(46)
28
16
48(52)
15
27(28)
14
13
48(52)
39(40)
12
Ärmel
58
45
4
26(27)

Den Indianern abgeschaut

Damenpulli mit Einstrickmuster

Größen 40 und 44

Bei unterschiedlichen Angaben: Größe 44 in Klammern.

Material

Woll-Service-Wolle, Qualität Torino 4fach. 300 (350) g in Hellgrün Nr. 1902. 100 g in Khaki Nr. 190, je 50 g in Petrol Nr. 1910, Rot Nr. 942, Rosa Nr. 380, Gelb Nr. 1916, Blau Nr. 7504 und Türkis Nr. 420. Je 1 Paar Stricknadeln Nr. 3 und 4.

Grundmuster

Nadeln Nr. 4: Glatt rechts = Hinreihe rechte M, Rückreihe linke M.

Einstrickmuster

Gegeben ist 1 Rapport in der Breite. Die Rand-M sind nicht eingezeichnet.

Muster I und II: siehe Strickschrift Seite 187.
Muster III: (Mitte des Modells) insgesamt 26 (28) R hoch wie 15. und 16. R stricken.
Muster IV: wie Muster I.
Muster V: wie Muster II.

Bündchenmuster

Nadeln Nr. 3: Abwechselnd 1 M rechts, 1 M links.

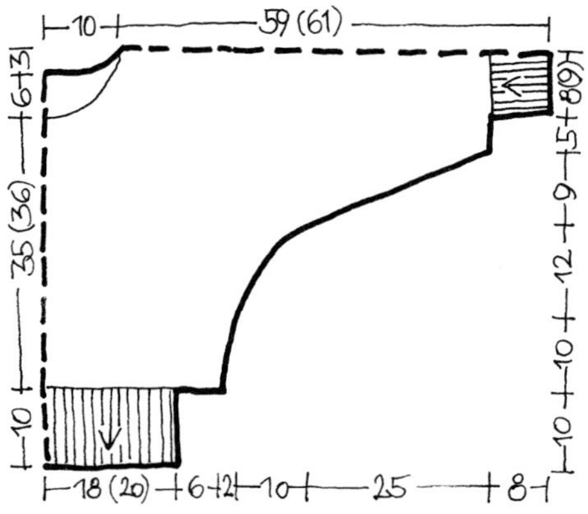

Maschenprobe

Mit Nadeln Nr. 4: 23 M und 27 R = 10 x 10 cm.

Arbeitsanleitung

Pullover quer stricken. Beim linken Ärmel beginnend 45 (51) M in Hellgrün anschlagen und 8 cm im Bündchenmuster, dann im Grundmuster stricken, dabei in der 1. R 15 (16) x jede 3. M verdoppeln = 60 (67) M. Weiter beidseitig in jeder 4. R 12 x 1 M, in jeder 2. R 14 x 1, 6 x 2, 4 x 3, 2 x 11 M zunehmen = 204 (211) M. Zugleich mit der 10. Zunahme ab 23 cm Höhe Muster 1 arbeiten, weiter 16 (18) R hellgrün, danach Muster II, 16 (18) R hellgrün, dann Muster III stricken.
In 59 (61) cm Höhe mit Beginn von Muster III für den Halsausschnitt die Arbeit in der Mitte (durch Abketten) der Mittel-M teilen = je 102 (105) M. Mit der rechten Hälfte den Rücken arbeiten und am neuen linken Rand für den Ausschnitt in jeder 2. R 2 x 2, 3 x 1 M abnehmen = 95 (98) M. Ab 69 (71) cm Höhe = hintere Mitte den Ausschnitt gegengleich beenden und in 79 (81) cm Höhe nach Ende von Muster III die M stillegen.
Die stillgelegten M aufnehmen und den Ausschnitt vom Vorderteil arbeiten. Dafür am neuen rechten Rand in jeder 2. R 2 x 5, 1 x 4, 2 x 2, 3 x 1 M abnehmen = 81 (84) M. Ab 69 (71) cm Höhe = vordere Mitte den Halsausschnitt gegengleich beenden und in 79 (81) cm Höhe diese M mit den Rücken-M (dazwischen 1 Mittel-M neu anschlagen) wieder zusammenfügen. Den Pulli gegengleich beenden, dabei Muster IV und V entsprechend einstricken, danach hellgrün beenden. Anschließend aus den unteren Rändern 100 (110) M in Hellgrün aufnehmen und 10 cm im Bündchenmuster stricken, locker abketten.
Halsblende quer stricken. Für 4 cm Breite 9 M in Khaki anschlagen und im Grundmuster abwechselnd 4 R khaki und 4 R rot etwa 52 cm hoch stricken. Dann die M der 1. und letzten R im Maschenstich verbinden.

Fertigstellung

Den Pulli spannen, mit feuchten Tüchern bedecken und trocknen lassen. Die Nähte schließen. Die Blende doppelt aufnähen.

Farbige Felder auf kühlem Grund

Weißer Damenpulli mit Quadraten

Größen 34/36, 38/40 und 42/44

Bei unterschiedlichen Angaben: Größen 38/40 und 42/44 in Klammern. Oberweite des Modells 90 (95/101) cm, ganze Länge 63 (65/67) cm.

Material

Wollscheune-Garn, Qualität Lapplandia oder Polar. 700 (800/900) g in Weiß (Lapplandia Nr. 202 oder Polar Nr. 701), je 100 g in Rot (Lapplandia Nr. 214 oder Polar Nr. 715), Türkis (Lapplandia Nr. 226 oder Polar Nr. 713), Gelb (Lapplandia Nr. 218 oder Polar Nr. 709). Je 1 Paar Stricknadeln Nr. 5 und 6, 1 Häkelnadel Nr. 4½.

Perlmuster

R 1: 1 M rechts, 1 M links.

R 2: rechts über links stricken und links über rechts. Diese 2 R wiederholen.

Bündchenmuster

Abwechselnd 1 M rechts, 1 M links.

Maschenprobe

Mit Nadeln Nr. 6 im Perlmuster: 14 M = 10 cm. Genau kontrollieren. Wenn nötig, gröbere oder feinere Nadeln verwenden.

Arbeitsanleitung

Rücken

Mit Nadeln Nr. 5 in der Grundfarbe 57 (61/65) M anschlagen, im Bündchenmuster 6 cm stricken. Auf Nadeln Nr. 6 übergehen, Perlmuster stricken. In der 1. R 8 M gleichmäßig verteilt zunehmen = 65 (69/73) M. Wenn die Arbeit 43 (44/45) cm mißt, an jeder Seite für das Armloch 2, 1, 1 M abketten. Wenn das Armloch 20 (21/22) cm mißt, die mittleren 25 (27/29) M abketten. Jede Seite für sich stricken und weitere 2, 2 M am Hals abketten. Übrige M für die Schulter abketten.

Vorderteil

Ebenso stricken wie den Rücken, bis die Arbeit 38 (39/40) cm mißt, weiter nach Diagramm (S. 187). Nun von der Linksseite der Arbeit beginnen. Grundfarbe weiter im Perlmuster stricken. Die musterfarbigen Vierecke glatt stricken, die Fäden bei Farbwechsel verkreuzen, mit mehreren Knäueln arbeiten. Für das Armloch an jeder Seite abketten, gleiche Maße und M-Zahl wie beim Rücken. Beim Weiterstricken die abgeketteten M beim Diagramm abziehen. Wenn das Diagramm fertig ist, mit Grundfarbe im Perlmuster weiterstricken. Wenn das Armloch 19 (20/21) cm mißt, die mittleren 15 (17/19) M abketten. Jede Seite für sich stricken und weitere 3, 3, 3 M am Hals abketten.

Ärmel

Mit Nadeln Nr. 5 in der Grundfarbe 37 (37/39) M anschlagen, 12 cm im Bündchenmuster stricken. Auf Nadeln Nr. 6 übergehen, Perlmuster stricken und über die 1. R hin 4 M zunehmen. Danach auf jeder Seite innerhalb der äußersten M in jeder 8. R 8 (9/9) x 1 M zunehmen. Wenn der Ärmel 49 (50/51) cm mißt, an der Seite 2, 2, 2 M abketten. Danach sämtliche M abketten.

Ausarbeitung

Die Teile zwischen feuchten Tüchern spannen und trocknen lassen. Schulternähte schließen. Die Teile Kante auf Kante legen und mit M-Stich zusammennähen. Ärmel einnähen, dabei Ärmelmitte an Schulternaht legen. Ärmel und Seitennähte ebenso zusammennähen.

Gehäkelte Kante um den Halsausschnitt: * 1 feste M, 1 feste M, 3 Luft-M, 1 feste M in die gleiche M * fortlaufend wiederholen.

Warum nicht mal längsgestreift?

Damenpullover in Grüntönen

Größe 38

Material

Woll-Service-Wolle, Qualitäten Graziella und Stefano. Je 100 g in Türkisgrün Nr. 634 und Petrol Nr. 691, je 50 g in Dunkelgrün Nr. 680 und Blaßgrün Nr. 690 (Graziella) und 50 g in Dunkelblau Nr. 308 (Stefano). 1 Paar Stricknadeln Nr. 4½ und 5, 1 Rundstricknadel Nr. 4½.

Grundmuster

Glatt rechts = Hinreihe rechte M, Rückreihe linke M.

Musterfolge

2 R dunkelgrün glatt rechts,
4 R türkisgrün glatt rechts,
1 R blaßgrün links,
4 R türkisgrün glatt rechts,
4 R petrol glatt rechts,
1 R dunkelblau links,
4 R petrol glatt rechts.

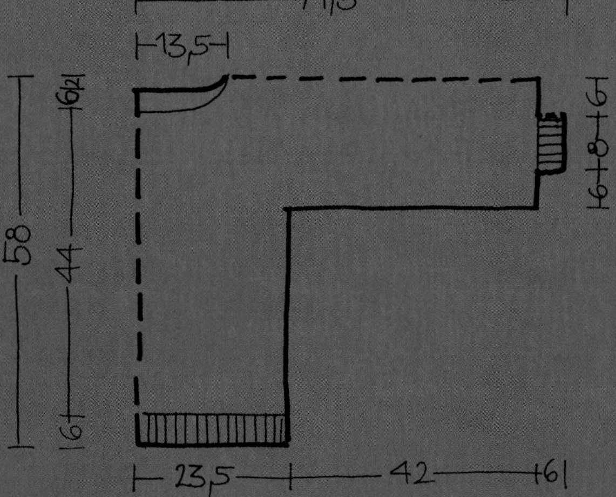

Bündchenmuster

Abwechselnd 1 M rechts, 1 M links.

Maschenprobe

Mit Nadeln Nr. 5: 14 M und 24 R = 10 x 10 cm.

Der Pulli wird sehr lose gestrickt!

Arbeitsanleitung

Der Pullover wird in einem Stück gestrickt. Für den Ärmel in Petrol 30 M anschlagen und 6 cm mit Nadeln Nr. 4½ im Bündchenmuster stricken. Im Grundmuster und der Musterfolge mit Nadeln Nr. 5 weiterstricken und sofort innerhalb der 1. R gleichmäßig verteilt 33 M zunehmen (= 63 M). Bis 48 cm hochstricken. Dann für das Vorder- und Rückenteil beidseitig je 50 M dazu anschlagen. Über die ganze Breite in Muster- bzw. Streifenfolge weiterarbeiten. In 60 cm Höhe die Arbeit in der Mitte teilen und für den rückwärtigen Halsausschnitt 2 x 1 M abnehmen. Bis zu einer Gesamthöhe von 70 cm stricken (= rückwärtige Mitte). Nun für das Vorderteil 2 x 2 und 3 x 1 M abnehmen. Bis 70 cm hochstricken und dann Pulli gegengleich mit Zu- und Abnahmen fertigstellen.

Ausarbeitung

Die Teile spannen, mit feuchten Tüchern bedecken und gut trocknen lassen. Mit der Rundnadel aus dem Halsausschnitt die M auffassen und 4 cm 1 M rechts, 1 M links im Wechsel stricken. Alle M gleichmäßig abketten. Seitennähte schließen. Aus der Unterkante mit Nadeln Nr. 4½ die M auffassen und 6 cm 1 M rechts, 1 M links im Wechsel stricken. Die M lose abketten.

Schön zu bunten Röcken

Folklore-Pullis für Damen

Linkes Modell (nächste Doppelseite)
Größe: 36/38
Oberweite des Modells 88 cm, ganze Länge 66 cm.

Material

Schaffhauser Wolle, Qualitäten Salvatore und Sacha-Luxe. Ca. 600 g in Weiß Nr. 119 (Salvatore) ca. 280 g in Weiß-Gold Nr. 31 (Sacha-Luxe). Je 1 Paar Stricknadeln Nr. 5½ und 6, 1 Nadelspiel Nr. 5½.

Strickmuster I

Vorderseite = fortlaufend 1 M rechts verschränkt, 1 M links. Rückseite = deckend stricken, dabei die rechten M normal rechts abstricken.

Strickmuster II

Rhombenmuster, siehe Strickschrift Seite 187.

Strickmuster III

Zopfmuster, siehe Strickschrift Seite 187.

Maschenprobe

Genau einhalten! (falls nötig, Nadeln wechseln). Mit Nadeln Nr. 5½: Im Strickmuster II 6½ M mit je 1 Faden Qualität Salvatore und Sacha-Luxe = 5 cm Breite.

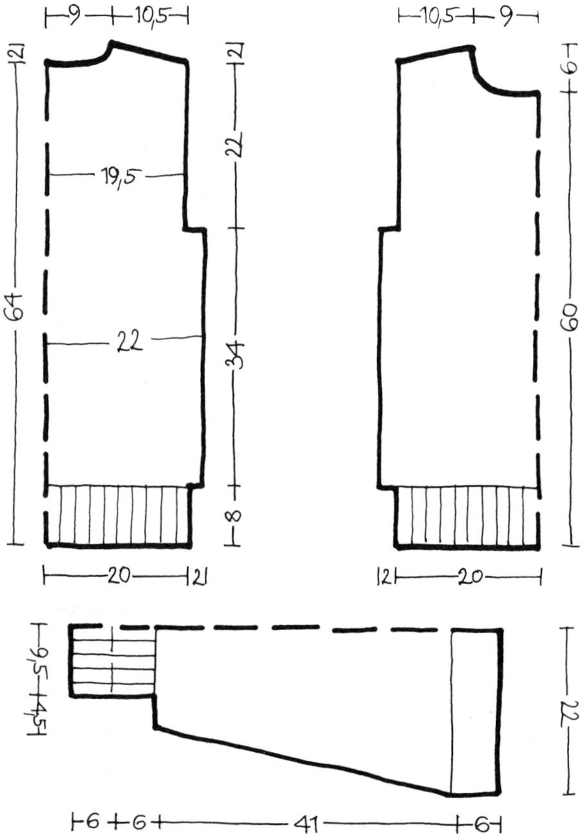

Arbeitsanleitung

Der ganze Pullover wird mit je 1 Faden Qualität Salvatore und Sacha-Luxe gestrickt.

Rücken

68 M mit Nadeln Nr. 5½ anschlagen. 8 cm hoch im Strickmuster I stricken, dabei die letzte R auf der Rückseite links stricken und verteilt 8 M aufnehmen = 76 M. Nun mit Nadeln Nr. 6 wie folgt weiterarbeiten: Randm, 28 M im Rhombenmuster II (= siehe Schema), 1 M glatt rechts (= Vorderseite rechts, Rückseite links), 1 Zopfstreifen III, 1 M glatt rechts, 28 M im Rhombenmuster II, Rand-M. Die Seitennähte bleiben gerade. Bei 42 cm ab Anschlag für den Armausschnitt beidseitig 1 x 4 M abketten = 68 M. Bei 22 cm ab Armausschnitt für die Achselschrägung beidseitig stets am Anfang der R 2 x 5, 2 x 6 M abketten und gleichzeitig für den Halsausschnitt die mittleren 10 M, dann beidseitig davon noch 4, 2, 1 M abketten.

Vorderteil

Wie Rückenteil arbeiten, jedoch bei 60 cm ab Anschlag für den Halsausschnitt die mittleren 8 M, dann beidseitig davon noch 3, 2, 1, 1, 1 M abketten.

Ärmel

32 M mit Nadeln Nr. 5½ anschlagen. 12 cm hoch im Strickmuster I stricken, dabei die letzte R auf der Rückseite links stricken und verteilt 8 M aufnehmen = 40 M. Mit Nadeln Nr. 6 über alle M im Rhombenmuster II weiterarbeiten, dabei dieses laut Schema von der Mitte her einteilen. Beidseitig 10 x alle 4 cm 1 M aufnehmen = 60 M. Bei 53 cm ab Anschlag alle M abketten. Für den Zopfstreifen 18 M mit Nadeln Nr. 6 anschlagen. Auf der Rückseite 1 R links stricken, dann im Zopfmuster III weiterarbeiten. Bei 44 cm ab Anschlag, möglichst nach gleich vielen glatt rechts gestrickten R wie am Anfang, die M abketten. Die eine Längskante an die obere Ärmelkante nähen.

Fertigstellung

Alle Teile nach Maß spannen und über Nacht mit einem feuchten Tuch bedecken. Nähte schließen, dabei bei den Ärmeln die vordersten 7 cm der Naht auf die Vorderseite richten und die obersten 2,5 cm für den Armausschnitt offenlassen. Ärmel einsetzen, dabei die offengelassenen 2,5 cm an die abgeketteten M des Vorder- bzw. Rückenteils nähen. Rings um den Halsausschnitt 72 M mit dem Nadelspiel Nr. 5½ auffassen. In Rd im Strickmuster I stricken, dabei jede 2. Rd normal 1 M rechts, 1 M links stricken. Bei 17 cm ab Auffaßkante alle M normal 1 M rechts, 1 M links abketten. Den Kragen 1 x nach außen umlegen.

Rechtes Modell (nächste Doppelseite)

Größen 38 und 40/42

Bei unterschiedlichen Angaben: Größe 40/42 in Klammern. Oberweite des Modells 100 (106) cm, ganze Länge 68 (70) cm.

Material

Schaffhauser Wolle, Qualitäten Merino Princess und Revue. Ca. 620 (ca. 670) g in Weiß Nr. 19 (Merino Princess), eine kleine Menge in Gold Nr. 32 (Revue). Je 1 Paar Stricknadeln Nr. 3½ und 4, 1 Nadelspiel Nr. 4.

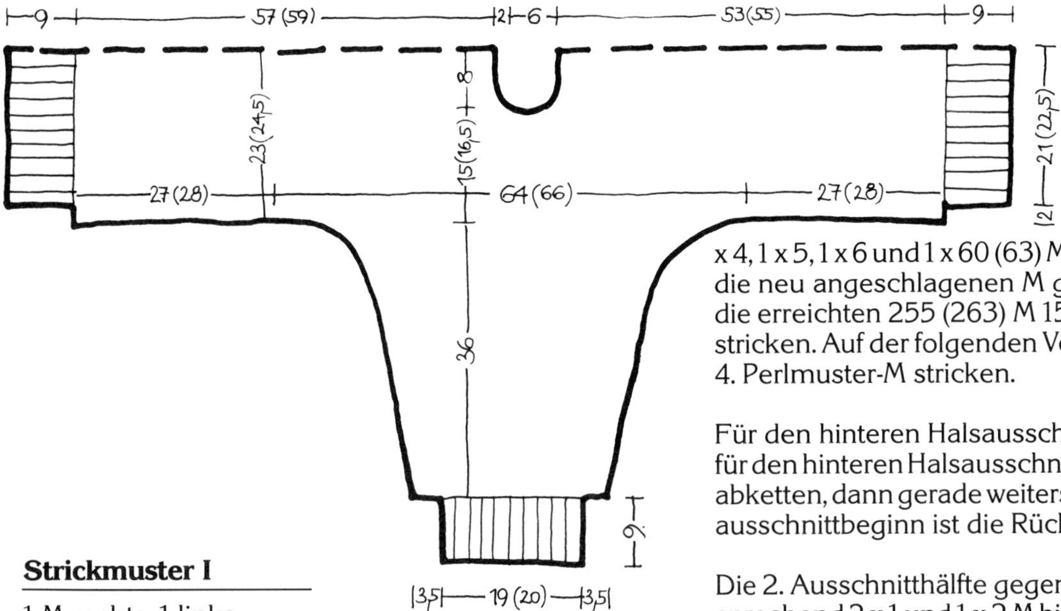

Strickmuster I

1 M rechts, 1 links.

Strickmuster II

Glatt rechts = Hinreihe rechte M, Rückr linke M.

Strickmuster III

Perlmuster = fortlaufend 1 M rechts, 1 M links und jede R versetzen.

Strickmuster IV

Effektstreifen, 26 R hoch. 1. R, Vorderseite: Rand-M, 16 M rechts, * 1 Umschlag, 2 M rechts zusammenstricken, 14 M rechts, ab * stets wiederholen. 2. und alle weiteren R auf der Rückseite: links. 3. R: Rand-M, 14 M rechts, * 1 Umschlag, 2 M rechts zusammenstricken, 14 M rechts, ab * stets wiederholen. 5., 7., 9., 11. und 13. R: Wie 1. und 3. R, jedoch das Muster in jeder R um 2 M nach rechts versetzen. 15. R: Rand-M, 5 M rechts, * 2 M rechts zusammenstricken, 1 Umschlag, 14 M rechts, ab * stets wiederholen. 17. R: Rand-M, 7 M rechts, * 2 M rechts zusammenstricken, 1 Umschlag, 14 M rechts, ab * stets wiederholen. 19., 21., 23. und 25. R: Wie 15. und 17. R, jedoch das Muster in jeder R um 2 M nach links versetzen.

Maschenprobe

Mit Nadeln Nr. 6: 10½ M im Strickmuster III mit doppeltem Material = 5 cm Breite.

Genau einhalten! (falls nötig, Nadeln wechseln).

Arbeitsanleitung

Der ganze Pullover wird mit doppeltem, weißem Material und an einem Stück gestrickt. Beim rechten Ärmel 46 (48) M mit Nadeln Nr. 3½ anschlagen. 9 cm hoch im Muster I stricken, dabei in der letzten R verteilt 11 M aufnehmen = 57 (59) M. Mit Nadeln Nr. 4 wie folgt weiterarbeiten: Rand-M, 23 (24) M glatt rechts, 9 M im Perlmuster, 23 (24) M glatt rechts, Rand-M. Beidseitig in jeder 6. R 16 x 1 M aufnehmen, dann in jeder 2. R 3 x 1, 1 x 2, 1 x 3, 1 x 4, 1 x 5, 1 x 6 und 1 x 60 (63) M hinzu anschlagen, dabei die neu angeschlagenen M glatt rechts stricken. Über die erreichten 255 (263) M 15 (16,5) cm gerade weiterstricken. Auf der folgenden Vorderseite bis und mit der 4. Perlmuster-M stricken.

Für den hinteren Halsausschnitt 2 M abketten. Weiter für den hinteren Halsausschnitt in jeder 2. R noch 2 x 1 M abketten, dann gerade weiterstricken. Bei 8 cm ab Halsausschnittbeginn ist die Rückenmitte erreicht.

Die 2. Ausschnitthälfte gegengleich arbeiten, d. h., entsprechend 2 x 1 und 1 x 2 M hinzu anschlagen, dann die M auf 1 Hilfsnadel heben. Nun mit den liegengelassenen M des Vorderteils weiterstricken, dabei für den Halsausschnitt in jeder 2. R 5, 2, 2, 1, 1, 0, 1 M abketten, dann gerade weiterarbeiten. Bei 19 (20,5) cm ab Seitennahtanschlag den Effektstreifen IV beginnen. Wenn die 13. und 14. Muster-R gestrickt ist, ist die vordere Mitte erreicht = 23 (24,5) cm ab Seitennaht.

Die 2. Ausschnitthälfte gegengleich arbeiten, d. h., den Effektstreifen fertig stricken, dann wieder glatt rechts arbeiten. Über alle M stricken, dabei über die mittleren 9 M ebenfalls 1 Perlmusterstreifen arbeiten. Zuletzt die restlichen 46 (48) M locker 1 rechts, 1 links abketten. Für das Hüftbündchen aus dem Vorder- und Rückenteil mit Nadeln Nr. 3½ je 96 (102) M auffassen, 9 cm hoch im Muster I stricken, dann locker 1 M rechts, 1 M links abketten.

Fertigstellung

Beim Vorderteil über den Effektstreifen mit Lurex Maschenstiche laut Bild aufsticken. Seiten- und Ärmelnähte schließen. Mit dem Nadelspiel Nr. 4 in doppelt Weiß 80 M auffassen. 23 Rd rechts stricken, dann locker abketten. Die ersten 2 Rd freilassen, dann mit Lurex Maschenstiche laut Schema (Seite 187) arbeiten. Die Hälfte des Bündchens auf die Rückseite säumen.

Von September bis März ...

Grauer Herrenpullover

Größen 50 und 56

Bei unterschiedlichen Angaben: Größe 56 in Klammern.

Material

Busse Wolle, Qualität Island, Art 21. 800 (900) g in Grau Nr. 7453 und 100 g in Dunkelgrau Nr. 7450. 1 Paar Stricknadeln und eine Rundstricknadel Nr. 5½ oder 6.

Grundmuster

Glatt rechts = Hinreihe rechte M, Rückreihe linke M.

Einstrickmuster

Laut Strickschrift (s. Seite 188). Sie zeigt das Musterbild wie es auf der rechten Seite erscheint. Bei den Rückreihen auf das Erscheinungsbild der Vorderseite achten! Den Mustersatz fortlaufend wiederholen. M-Zahl durch 6 teilbar. Den unbenutzten Faden locker hinter der Arbeit mitführen.

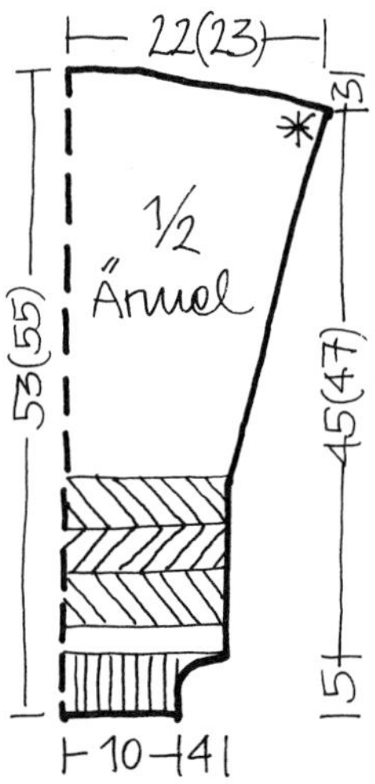

teilbar. Den unbenutzten Faden locker hinter der Arbeit mitführen.

Bündchenmuster

Abwechselnd 1 M links, 1 M rechts.

Maschenprobe

15 M und 20 R = 10 x 10 cm.

Arbeitsanleitung

Rücken- und Vorderteil

In einem Stück auf der Rundnadel stricken. 156 (180) M in Grau anschlagen, im Bündchenmuster 10 Rd = 5 cm hoch stricken, dann 5 Rd glatt rechts, weiter laut Strickschrift in Grau und Dunkelgrau. Den Mustersatz 26 (30) x wiederholen. Danach glatt rechts in Grau weiterstricken. Nach 43 (45) cm ab Anschlag für die Armausschnitte die Arbeit teilen und Rücken und Vorderteil mit je 78 (90) M getrennt beenden. In 65 (68) cm Höhe für die Schulterschräge beidseitig jede 2. R 3 x 8 (10) M abketten. Die restlichen 30 M auf 1 Hilfsfaden legen. Beim Vorderteil für den Halsausschnitt in 59 (62) cm Höhe die mittleren 12 M auf 1 Hilfsfaden legen und beidseitig jede 2. R 2 x 3 M, 3 x 1 M abketten. Schulter wie beim Rückenteil.

Ärmel

In R stricken. 34 M in Grau anschlagen, 10 R Bündchenmuster stricken. In der nächsten R 10 M verteilt zunehmen. 5 R glatt rechts, dann laut Strickschrift 7 x den Mustersatz wiederholen. Danach für die Ärmelschräge beidseitig jede 6. R 11 (12) x 1 M zunehmen. Nach 50 (52) cm ab Anschlag beidseitig jede 2. R 4 x 7 M, dann restliche 10 (12) M abketten.

Ausarbeitung

Teile schnittgemäß spannen, anfeuchten und trocknen lassen. Nähte schließen. Aus dem Halsausschnitt zu den M der Hilfsfäden 2 x 17 M aufnehmen = 76 M insgesamt und 8 R = 4 cm im Bündchenmuster stricken. Ärmel zeichengerecht einsetzen.

In der Passe liegt der Clou

Damenpulli mit Jacquardmuster

Größe 38/40

Material

Woll-Service-Wolle, Qualitäten Sport, Lamé Soft und Angora. 550 g in Grau Nr. 03, 100 g in Lila Nr. 8372 (Sport), je 20 g in Rosa Nr. 38 und Lila Nr. 133 (Lamé Soft) und je 20 g in Rosa Nr. 302 und Petrol (Angora). Je 1 Paar Stricknadeln Nr. 3½ und 4.

Grundmuster

Glatt rechts = Hinreihe rechte M, Rückreihe linke M.

Passenmuster

siehe Strickschrift Seite 188.

Bündchenmuster

Abwechselnd 1 M rechts, 1 M links.

Maschenprobe

Mit Nadeln Nr. 4: 21 M und 30 R = 10 x 10 cm.

Arbeitsanleitung

Rücken

90 M mit Nadeln Nr. 3½ in Grau anschlagen und 8 cm im Bündchenmuster stricken. Dann mit Nadeln Nr. 4 im Grundmuster weiterarbeiten und sofort innerhalb der 1. R verteilt 10 M zunehmen. 26 cm gerade hochstricken und laut Strickschrift weiterarbeiten. In 30 cm Höhe für die Armausschnitte beidseitig je 1 x 5, 1 x 3, 2 x 1 M abnehmen. 14 cm hochstricken und dann die restlichen 6 cm im Bündchenmuster stricken und alle M gleichmäßig abketten.

Vorderteil

Genauso wie das Rückenteil arbeiten.

Ärmel

50 M mit Nadeln Nr. 3½ in Grau anschlagen und 6 cm im Bündchenmuster stricken. Dann mit Nadeln Nr. 4 im Grundmuster weiterarbeiten und sofort innerhalb der 1. R gleichmäßig verteilt 20 M zunehmen. Für die Ärmelschrägung 6 x 1 M beidseitig in jeder 10. R zunehmen.

Nach 22 cm Höhe wie folgt stricken: 2 R lila, 6 R grau, 4 R (Angora) rosa, 4 R grau, 2 R petrol, 4 R grau, 2 R lila, 6 R grau. Ab hier laut Strickschrift weiterarbeiten. In 36 cm Höhe für die Armkugel wie folgt abnehmen: beidseitig in jeder 2. R 1 x 5, 1 x 3, 2 x 1 M. Dann 5 x beidseitig je 1 M jede 6. R abnehmen (52 M) und die restlichen 5 cm im Bündchenmuster stricken. Alle M abketten.

Ausarbeitung

Teile auf den Schnitt spannen, leicht dämpfen und zusammennähen. Die Schulter 9 cm beidseitig zusammennähen. Ärmelnaht schließen, die Armkugel einreihen und einsetzen.

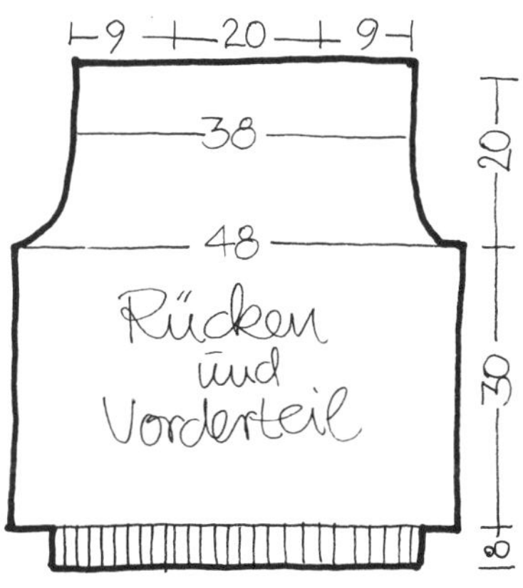

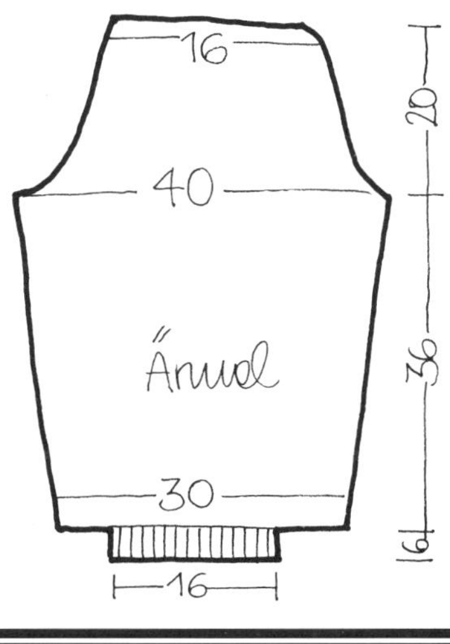

Lieblingspullis

Mädchenpullover

Größe 128–140. Oberweite 72 cm.

Material

Schachenmayr Wolle, Qualität Nomotta Super Show Ombré, 200 g in Rot Nr. 611. Je 1 Paar Schnellstricknadeln Nr. 3½ und 4½, 1 Rundstricknadel Nr. 3½, 40 cm lang.

Grundmuster

Mit Nadeln Nr. 4½ nach Strickschrift (s. Seite 188) arbeiten. M-Zahl durch 24 teilbar plus 19 M und 2 Rand-M. Jede Reihe mit einer Rand-M beginnen und enden. In den Hinreihen 1 x von Pfeil A bis zum rechten Doppelpfeil stricken, den Mustersatz zwischen den Doppelpfeilen 2 x stricken, und bei Pfeil Ø enden. In den Rück-R alle M, auch die Umschläge, links stricken.

1.–24. R fortlaufend wiederholen.

Bündchenmuster

Nadeln Nr. 3½: Abwechselnd 1 M rechts, 1 M links.

Maschenprobe

Mit Nadeln Nr. 4½: 19 M und 25 R = 10 x 10 cm.

Arbeitsanleitung

Rücken

62 M anschlagen und 6 cm im Bündchenmuster stricken. Weiter im Grundmuster, dabei in der 1. R verteilt 7 M zunehmen = 69 M. Nach 21 cm = 52 R ab Bund für die Armausschnitte beidseitig 6 M abketten = 57 M.

Für den Halsausschnitt nach 13 cm = 33 R ab Armausschnitt die mittleren 17 M abketten und die Schulterteile getrennt weiterstricken, dabei für die Halsausschnittrundung in jeder 2. folgenden R noch 1 x 3 M, 1 x 2 M abketten. Gleichzeitig nach 4 cm = 35 R ab Armausschnitt für die Schulterschrägungen in jeder 2. folgenden R beidseitig 1 x 7 M, 1 x 8 M abketten. Gesamthöhe 42 cm.

Vorderteil

Wie Rückenteil arbeiten, jedoch für den Halsausschnitt bereits nach 30 cm = 75 R ab Bund die mittleren 7 M abketten und beidseitig davon in jeder 2. folgenden R noch 1 x 3 M, 2 x 2 M, 3 x 1 M abketten.

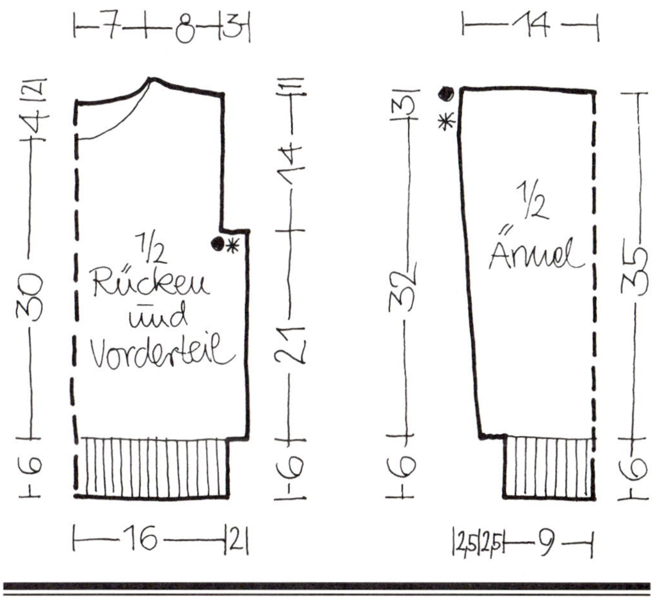

Ärmel

36 M anschlagen und 6 cm im Bündchenmuster strikken. Weiter im Grundmuster, dabei in der 1. R verteilt 9 M zunehmen = 45 M und beidseitig 5 x in jeder 16. folgenden R 1 M zunehmen = 55 M.
Nach insgesamt 35 cm = 88 R ab Bündchenmuster alle M abketten. Gesamthöhe 41 cm. Beide Ärmel gleich arbeiten.

Ausarbeitung

Teile spannen, anfeuchten und trocknen lassen. Schulternähte schließen, Ärmel einsetzen (* an * und• an•, siehe Schnittverkleinerung). Seiten- und Ärmelnähte schließen.
Für die Halsausschnittblende mit der Rundstricknadel 74 M anschlagen und 2,5 cm im Bündchenmuster stricken.
Die M der letzten Rd gut verteilt mit Steppstich auf die Halsausschnittränder nähen.

Knabenpullover

Größen 140 und 152

Bei unterschiedlichen Angaben: Größe 152 in Klammern. Oberweite 72 (76) cm und 4 (6) cm Schnittzugabe.

Material

Schachenmayr Wolle, Qualität Nomotta Super Show Ombré, 300 g in Blau Nr. 612 oder Grün Nr. 613. 1 Paar Schnellstricknadeln Nr. 4–4½, 1 Rundstricknadel Nr. 3½, 40 cm lang, 1 Hilfsnadel.

Grundmuster

M-Zahl durch 9 teilbar und 2 Rand-M.

1. R: Rand-M, * 3 M rechts, 3 M auf Hilfsnadel vor die Arbeit legen, 3 M rechts, Hilfsnadel-M rechts stricken, ab * wiederholen, Rand-M.

2. R: links stricken.

3.–6. R: glatt rechts = Hinreihe rechte M, Rückreihe linke M stricken.

7. R: Rand-M, * 3 M auf Hilfsnadel hinter die Arbeit legen, 3 M rechts, Hilfsnadel-M rechts stricken, 3 M rechts. Ab * wiederholen, Rand-M.

8. R: links stricken.

9.–12. R: glatt rechts.

1.–12. R: fortlaufend wiederholen.

Bündchenmuster

Abwechselnd 1 M rechts, 1 M links.

Maschenprobe

Mit Nadeln Nr. 4–4½: 24 M und 27 R = 10 x 10 cm.

Arbeitsanleitung

Rücken

86 (94) M anschlagen und 7 cm im Bündchenmuster stricken. Im Grundmuster weiterarbeiten, dabei in der 1. R gleichmäßig verteilt 6 (7) M zunehmen = 92 (101) M. In 31 (33) cm Höhe = 84 (90) R ab Bund über alle M im Bündchenmuster weiterstricken. Nach 5 cm ab Musterwechsel für die Schulterschrägungen beidseitig in jeder 2. folgenden R 4 x 8 M (3 x 8 M, 1 x 9 M) abketten. Die restlichen mittleren 28 (35) M auf einmal abketten. Gesamthöhe 46 (49) cm.

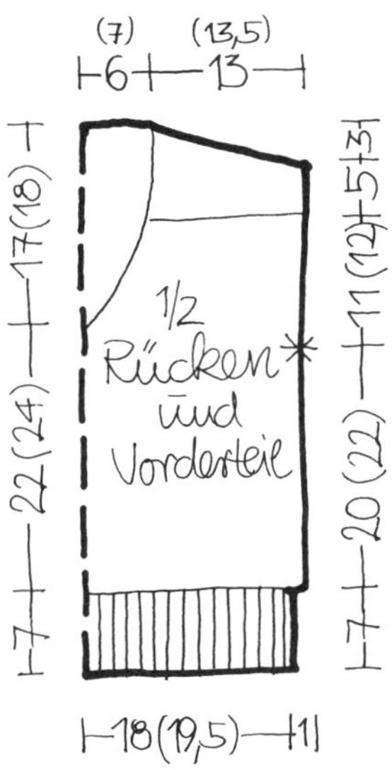

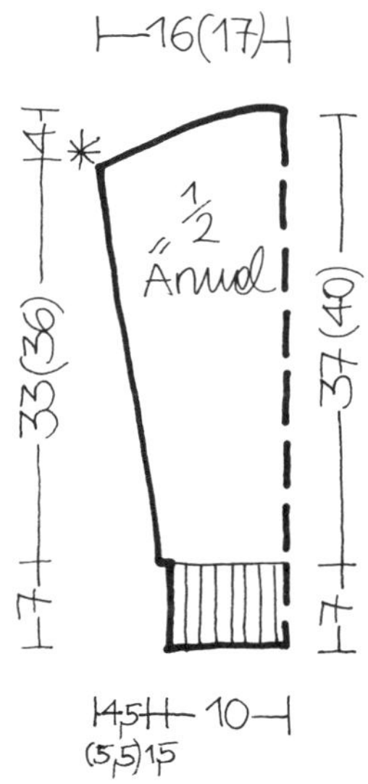

Vorderteil

Wie Rückenteil arbeiten, jedoch die Arbeit in 22 (24) cm Höhe = 60 (66) R ab Bund in der Mitte für den V-Ausschnitt teilen (in Größe 152 die Mittel-M abketten) und beide Schulterteile mit je 46 (50) M getrennt beenden.
Für die Ausschnittschrägungen von der Teilungsstelle aus abwechselnd in jeder 2. und 4. (3.) folgenden R 1 M abnehmen, insgesamt 14 (17) M pro Schrägung. In 46 (49) cm Gesamthöhe ist auch dieses Teil fertig.

Ärmel

42 M anschlagen und 7 cm im Bündchenmuster stricken. Weiter im Grundmuster, dabei in der 1. R gleichmäßig verteilt 14 M zunehmen = 56 M. Für die Ärmelschrägungen beidseitig 11 (13) x in jeder 7. folgenden R 1 M zunehmen = 78 (82) M. In 33 (36) cm Höhe = 90 (97) R ab Grundmusterbeginn beidseitig in jeder 2. folgenden R 5 x 6 M auf Hilfsnadel nehmen und in folgenden R die restlichen 18 (22) M auf Hilfsnadel übernehmen.

Beide Ärmel gleich arbeiten.

Ausarbeitung

Teile spannen, anfeuchten und trocknen lassen. Schulter- und Ärmelnähte schließen. Ärmel annähen = die M mit Steppstich auf die Seitenränder von Rücken- und Vorderteil nähen (siehe * in der Schnittverkleinerung). Für die Halsausschnittblende mit der Rundstricknadel 98 M anschlagen und in Rd im Bundmuster stricken. Die 49. M = Mittel-M stets rechts stricken und in jeder folgenden Rd beiderseits dieser M je 1 M zunehmen = Querglied auffassen und dem Bündchenmuster entsprechend rechts oder links abstricken. Nach 7 Rd die M mit Steppstichen gut verteilt auf den Halsausschnittrand nähen.

Das unverwüstliche Aran-Muster

Kinderpulli mit Mütze

Größe 110 (für 4–5 Jahre)

Material

Wagenfelder Wolle, Qualität Montana, 400 g für den Pullover, 100 g für die Mütze. 1 Paar Stricknadeln Nr. 6, 1 Nadelspiel Nr. 6 für Kragen und Mütze.

Grundmuster

Großes Perlmuster: 1 M rechts, 1 M links, nach der 2. R versetzt. Siehe auch Musterzeichnung Seite 188.

Bündchenmuster

Abwechselnd 1 M rechts, 1 M links.

Maschenprobe

12 M und 18 R im Grundmuster = 10 x 10 cm.

Arbeitsanleitung

Pullover

Rücken

40 M anschlagen und 7 R Bündchenmuster stricken, dann Aranmuster beginnen und in der 1. R 2 M zunehmen = 42 M.

Einteilung

Randmasche – 12 M Perlmuster – 2 M links – 1 Hebemasche – 2 M links – 6 M rechts für Zopf – 2 M links – 1 Hebemasche – 2 M links – 12 M Perlmuster – Rand-M. Nach ca. 28 cm Gesamthöhe für das Armloch beidseitig 1 x 3 und 2 x 1 M in jeder 2. R abketten = 32 M. 42 cm ab Beginn die Schulter durch Abketten von 1 x 4 und 1 x 5 M abschrägen, gleichzeitig mit der 1. Abnahme die 8 Mittel-M und anschließend beidseitig noch 1 x 3 M abketten.

Vorderteil

Bis in 38 cm Höhe genau wie den Rücken arbeiten, dann für den Ausschnitt die mittelsten 8 M und seitlich davon 3 x 1 M in jeder 2. R abketten. Schulter wie am Rücken ausführen.

Ärmel

20 M anschlagen und 7 R Bündchenmuster stricken, dann 4 M verteilt zunehmen und auf Grundmuster übergehen. In jeder 10. R rechts und links 4 x je 1 M aus dem Querdraht aufnehmen = 32 M. In ca. 29 cm Höhe für die Kugel beidseitig 1 x 3, 1 x 2, 4 x 1, 1 x 3 M in jeder 2. R und die letzten 8 M auf einmal abketten.

Ausarbeitung

Teile evtl. nach Schnitt spannen und unter feuchtem Tuch trocknen lassen, nicht dämpfen! Teile zusammenfügen, Ärmel einsetzen. Aus dem Halsausschnitt 50 M mit dem Nadelspiel aufnehmen und ca. 30 Rd Bündchenmuster stricken, lose abketten.

Mütze

Mit dem Nadelspiel in Rd stricken.

52 M anschlagen und 8 Rd Bündchenmuster stricken, dann auf Aranmuster übergehen.

Einteilung

2 M links – 1 Hebe-M – 2 M links – 6 M rechts für Zopf – 2 M links – 1 Hebe-M – 2 M links – 10 M Perlmuster und wiederholen.

In ca. 23 cm Höhe fortlaufend 2 M zusammenstricken und die verbleibenden M mit Nadel und Faden zusammenziehen. Fadenende gut vernähen. Einen Bommel anfertigen, evtl. einige braune Fäden einarbeiten und annähen.

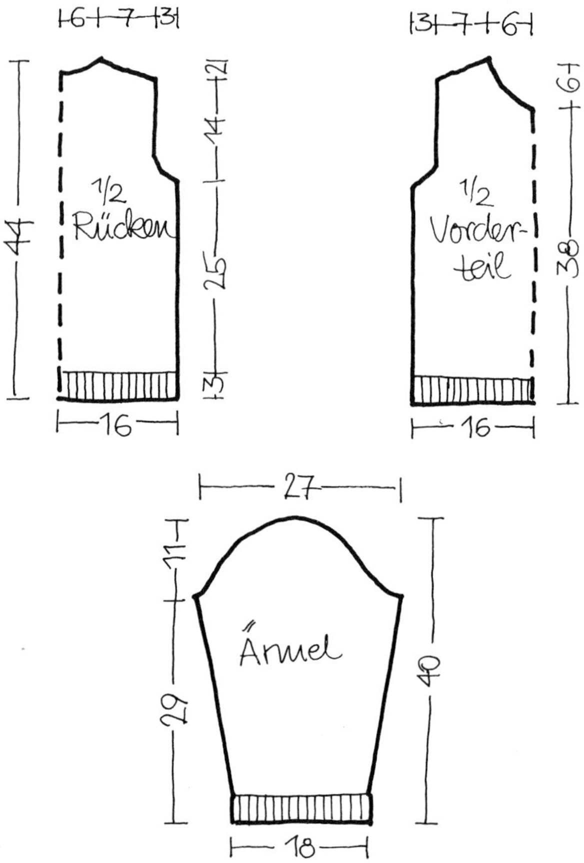

Die sportlich Lässigen

... ganz Natur

Herren-Baumwollhemd

Größen 46 und 48/50

Bei unterschiedlichen Angaben: Größe 48/50 in Klammern. Oberweite 104 (110) cm, Länge 71 (74) cm.

Material

H. E. C. Wolle, Qualität aarlan cotoflam, 650 (700) g in Ecru Nr. 981. Je ein Paar Stricknadeln Nr. 3–3½ und 4, ein Nadelspiel Nr. 3–3½.

Strickmuster I

Mit Nadeln Nr. 3–3½: Abwechselnd 1 M rechts, 1 M links.

Strickmuster II

Mit Nadeln Nr. 4: Glatt rechts = Hinreihe rechte M, Rückreihe linke M.

Strickmuster III

Mit Nadeln Nr. 4: Glatt links = Hinreihe linke M, Rückreihe rechte M.

Maschenprobe

Im Muster II und III: 11 M und 15 R = 5 x 5 cm.

Je nach Ergebnis feinere oder gröbere Nadeln verwenden.

Arbeitsanleitung

Rücken

Anschlag 104 (110) M. Im Muster I arbeiten. Nach 7 cm im Muster II weiterfahren, dabei verteilt in der 1. R 12 M aufnehmen = 116 (122) M. Bei 43 (45) cm ab Anschlag beidseitig 1 x 3 und 3 x 5 M dazu anschlagen = 152 (158) M. Nun die folgende R auf der Vorderseite wie folgt einteilen: Rand-M, 5 (8) M Muster II, * 1 M Muster III, 19 M Muster II, ab * wiederholen, 2. und alle folgenden R auf der Rückseite die M in dem Muster abstricken wie sie erscheinen. 3. R Vorderseite: Rand-M 4 (7) M Muster II, * 3 M Muster III, 17 M Muster II, ab * wiederholen. 5. R: Rand-M, 3 (6) M Muster II, * 5 M Muster III, 15 M Muster II, ab * wiederholen usw., stets auf der Vorderseite jede Zacke auf beiden Seiten um je 1 M mehr im Muster III stricken und dafür je 2 M weniger im Muster II. Wenn nur noch je 1 M im Muster II zwischen den Zacken ist, die Zacken gegengleich arbeiten, d.h. in der folgenden R auf der Vorderseite stets über den 19 glatten linken M 19 M glatt rechts stricken und über der einzelnen rechten M links. Nun die glatten Zacken stets auf der Vorderseite beidseitig um je 1 M schmäler werden lassen bis alle M glatt links sind. Achsel: Wenn die äußere Kante 23 (24) cm hoch ist, beidseitig 2 x 14 und 2 x 13 (2 x 15, 1 x 14 und 1 x 13) M abketten. Wenn je 1 Stufe abgekettet ist, gleichzeitig für den Halsausschnitt die mittleren 38 M abketten und beidseitig davon 1 x 2 und 1 x 1 M abketten.

Vorderteil

Wie Rückenteil anfertigen, jedoch bei 64 (67) cm ab Anschlag für den Halsausschnitt die mittleren 12 M abketten und beidseitig davon 1 x 6, 1 x 4, 1 x 3 und 3 x 1 M abketten.

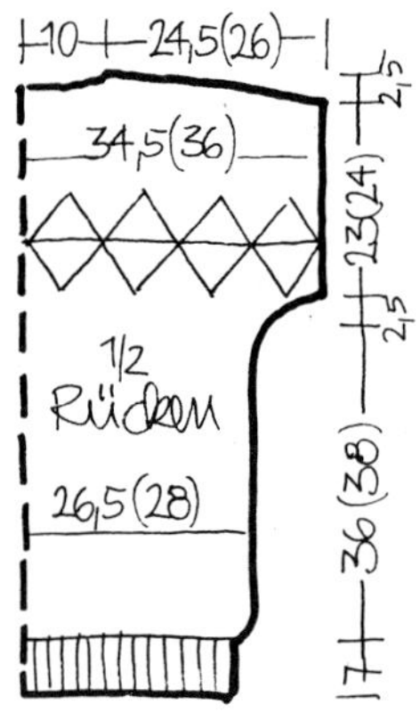

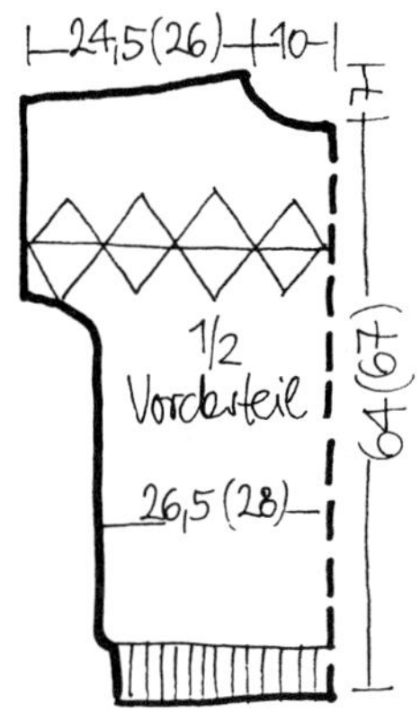

Ausarbeitung

Teile nach den Maßen aufstecken, ein feuchtes Tuch darüberlegen und trocknen lassen. Vorerst nur die Achselnähte schließen. Am geraden Rand der angestrickten Ärmel 84 (88) M mit Nadeln Nr. 3–3½ auffassen. Im Muster II arbeiten. Mit der 16. R fest abketten. Die Nähte schließen, dabei am angestrickten Bündchen die Nahtkanten auf der Vorderseite vorstehen lassen und das Bündchen nach außen umrollen. Mit dem Nadelspiel am Ausschnitt des Rückenteils 49 M auffassen und am Vorderteil 63 M. Im Wechsel 1 Rd links, 1 Rd rechts stricken = Rippen. Nach der 4. Rippe ziemlich locker abketten.

Glattgestrickter Baumwollpulli für Damen

Größe 36, 38/40 und 42

Bei unterschiedlichen Angaben: Größen 38/40 und 42 in Klammern. Oberweite 98 (104/108) cm, Länge 67 (70/70) cm.

Material

H. E. C. Wolle, Qualität aarlan cotoflam, 800 (850/900) g in Ecru Nr. 981. Je ein Paar Stricknadeln Nr. 3–3½ und 4.

Strickmuster I

Mit Nadeln Nr. 3–3½: Rippen = beidseitig rechts stricken.

Strickmuster II

Mit Nadeln Nr. 4: Glatt rechts = Hinreihe rechte M, Rückreihe linke M.

Strickmuster III

Mit Nadeln Nr. 4: Glatt links = Hinreihe linke M, Rückreihe rechte M.

Maschenprobe

Im Muster II: 11 M und 15 R = 5 x 5 cm. Je nach Ergebnis feinere oder gröbere Nadeln verwenden.

Arbeitsanleitung

Rücken

Anschlag 110 (116/120) M. Im Muster I arbeiten. Nach der 5. Rippe im Muster II weiterfahren. Armausschnitt: 44 (46/46) cm ab Anschlag beidseitig 1 x 10 (11/11) M abketten = 90 (94/98) M. Bei 20 (21/21) cm ab Armausschnitt mit den gleichen Nadeln wie bisher beidseitig rechts stricken und nach der 6. Rippe alle M abketten.

Vorderteil

Wie Rückenteil anfertigen, jedoch 50½ (53½/53½) cm ab Anschlag auf der Vorderseite die mittleren 2 M im Muster III arbeiten. Auf der Rückseite die M stets in dem Muster abstricken wie sie erscheinen. Auf der Vorderseite je 2 weitere M im Muster III arbeiten und dafür je 2 M weniger im Muster II, also 6, 10, 14 M Muster III usw. Bei 46 M im Muster III wieder alle M im Muster II stricken. In der gleichen Höhe wie am Rückenteil die 6 Rippen arbeiten und abketten.

Ärmel

Anschlag 62 (66/66) M. Im Muster I arbeiten. Nach der 5. Rippe im Muster II weiterfahren, dabei verteilt in der 1. R 8 M aufnehmen = 70 (74/74) M. Bei 5 cm ab Anschlag an beiden Kanten 1 M aufnehmen. Dies 8 x alle 3 cm und 6 x alle 2½ cm wiederholen. Gerade fortfahren. Bei 48 cm ab Anschlag mit den gleichen Nadeln wie bisher beidseitig rechts stricken und nach der 4. Rippe abketten.

Ausarbeitung

Auf die Maße aufstecken, ein feuchtes Tuch darüberlegen und trocknen lassen. Die Nähte schließen, dabei an den Ärmeln die obersten 5 cm und für den Halsausschnitt die mittleren 48 (50/50) M offen lassen. Die Ärmel einsetzen, dabei den offenen Rand an die abgeketteten M am Armausschnitt annähen.

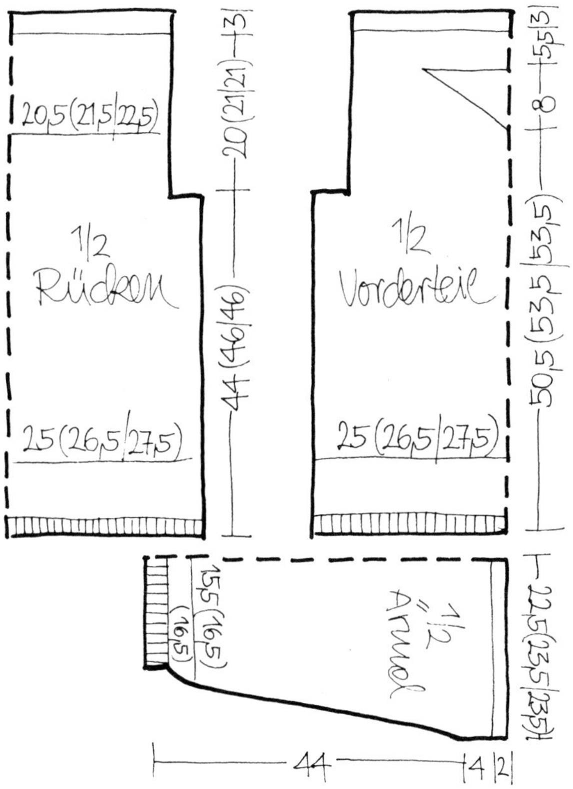

Damen-Baumwollpulli mit rundem Ausschnitt

Größen 36, 38/40 und 42

Bei unterschiedlichen Angaben: Größen 38/40 und 42 in Klammern. Weite über dem unteren Bündchen 96 (100/102) cm, ganze obere Breite ohne Manschetten 114 (116/119) cm. Länge 59 (60/62) cm.

Material

H. E. C. Wolle, Qualität aarlan cotoflam, 650 (700/750) g in Ecru Nr. 981. Je ein Paar Stricknadeln Nr. 3–3½ und 4. 1 Häkelnadel Nr. 4.

Strickmuster I

Mit Nadeln Nr. 3–3½: Abwechselnd 1 M rechts, 1 M links.

Strickmuster II

Mit Nadeln Nr. 4: Glatt rechts = Hinreihe rechte M, Rückreihe linke M.

Strickmuster III

Mit Nadeln Nr. 4: 1. R Vorderseite: In der Mitte 2 M links stricken. Auf der Rückseite die M stets so abstricken wie sie erscheinen. 3. R Vorderseite die mittleren 4 M links stricken. 5. R: Die mittleren 6 M links stricken usw., bis es 20 linke M sind. In der folgenden R auf der Vorderseite über die mittleren 24 M 2 M links, 20 M rechts, 2 M links stricken. Wieder die linken Flächen auf der Vorderseite um je 1 M verbreitern. In der Mitte sind dann stets 2 M weniger rechts. Bei 20 M links, 2 M rechts, 20 M links , in der folgenden R auf der Vorderseite über die mittleren 46 M 2 M links stricken, 20 M rechts, 2 M links, 20 M rechts, 2 M links. In gleicher Weise die linken Flächen breiter werden lassen und die rechten Flächen schmäler. Wenn in der Mitte 20 M links, 2 M rechts, 20 M links, 2 M rechts, 20 M links sind, in der folgenden R auf der Rückseite alle 64 mittleren M rechts stricken.

Maschenprobe

Im Muster II: 10½ M und 15 R = 5 x 5 cm. Je nach Ergebnis feinere oder gröbere Nadeln verwenden.

Arbeitsanleitung

Rücken

Anschlag 92 (98/102) M. Im Muster I arbeiten. Nach 7 cm im Muster II weiterfahren, dabei verteilt in der 1. R 10 (10/8) M aufnehmen = 102 (108/110) M. Bei 18 (19/20) cm ab Anschlag beidseitig 29 x 1 und 3 x 2 M zunehmen. Dann beidseitig noch 1 x 16 und 1 x 17 (2 x 16/2 x 17) M dazu anschlagen = 238 (242/248) M. 16 (16/17) cm gerade weiterarbeiten, am Modell ist die ganze Höhe 56½ (57½/59½) cm. Nun für die Achsel beidseitig 4 x 25 (4 x 25/1 x 25) und 3 x 26 M abketten. Wenn je 1 Stufe abgekettet ist, gleichzeitig für den Halsausschnitt die mittleren 34 (38/38) M ziemlich locker abketten und beidseitig davon 2 x 1 M abketten.

Vorderteil

Wie Rückenteil anfertigen, jedoch bei 21 (22/24) cm ab Anschlag in der Mitte mit dem Muster III beginnen. Wenn dasselbe beendet ist, folgen 10 R im Muster II, dann 4 R beidseitig rechts = 2 Rippen und weiter fortlaufend im Muster II arbeiten. Sind über dem Muster III 8 cm gestrickt, für den Halsausschnitt die mittleren 8 (10/10) M locker abketten und beidseitig davon 1 x 5, 2 x 3, 1 x 2 und 2 (3/3) x 1 M abketten.

Manschetten

Anschlag 44 (44/48) M. Im Muster I arbeiten. Bei 7 cm Höhe locker abketten.

Ausarbeitung

Auf die Maße aufstecken, ein feuchtes Tuch darüberlegen und trocknen lassen. Die Nähte schließen und auch die Manschetten zusammennähen. Die Ärmel vorne einhalten und die Manschetten angestürzt annähen. Um den Halsausschnitt 1 Rd feste M häkeln und 1 Rd im Krebsgang auf jede 2. M 1 feste M, 1 Luft-M arbeiten.

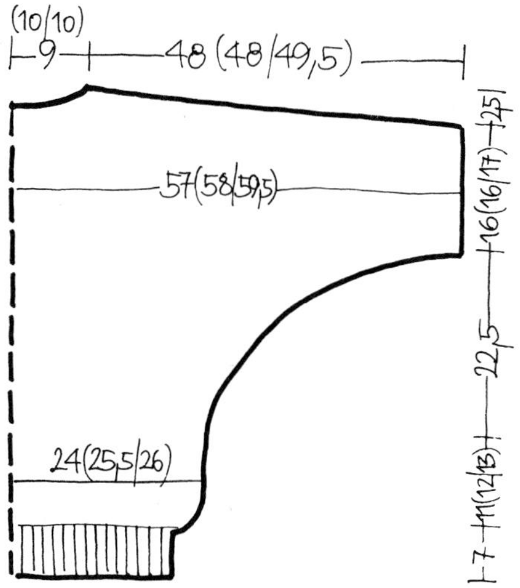

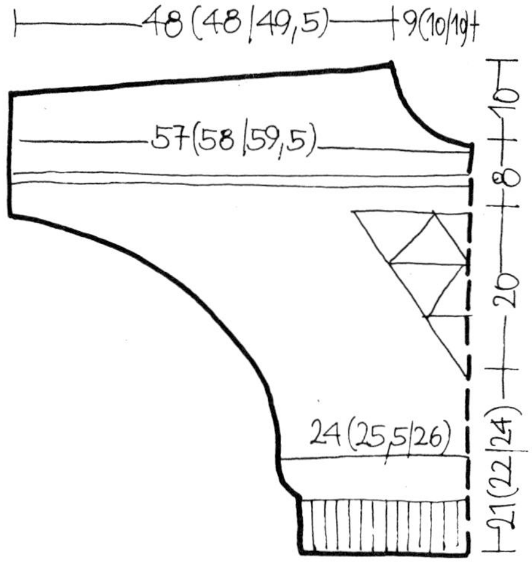

Jung und lässig

Krausgestrickter Damenpulli

Damenpullover in Altrosa

Größen 36, 38/40 und 42

Bei unterschiedlichen Angaben: Größen 38/40 und 42 in Klammern. Oberweite 96 (102/106) cm, ganze Länge 65 (67/67) cm.

Material

H. E. C. Wolle, Qualität aarlan cotoflam, 700 (750/800) g in Altrosa Nr. 985. Je ein Paar Stricknadeln Nr. 3–3½ und 4. Ein Nadelspiel Nr. 3–3½.

Strickmuster I

Mit Nadeln Nr. 3–3½: Abwechselnd 1 M rechts, 1 M links.

Strickmuster II

Mit Nadeln Nr. 4: Glatt links = Hinreihe linke M, Rückreihe rechte M.

Strickmuster III

Mit Nadeln Nr. 4 über 3 M Breite: 1. R Vorderseite: 1 M rechts verschränkt, 1 Umschlag, 2 M rechts verschränkt zusammenstricken. 2. und 4. R Rückseite: links. 3. R Vorderseite: 2 M rechts verschränkt zusammenstricken, 1 Umschlag, 1 M rechts verschränkt. Diese 4 R fortlaufend wiederholen.

Maschenprobe

Mit Nadeln Nr. 4: 11 M und 15 R im Muster II = 5 x 5 cm. Je nach Ergebnis feinere oder gröbere Nadeln verwenden.

Arbeitsanleitung

Rücken

96 (100/104) M anschlagen, im Muster I arbeiten. Nach 8 cm verteilt in einer R 13 (15/15) M aufnehmen, dabei die ersten und letzten 53 (56/58) M im Muster II arbeiten, die mittleren 3 M im Muster III. Raglan: 39 (40/39) cm ab Anschlag beidseitig 1 x 3 M abketten. Weiter an beiden Kanten innerhalb der Rand-M 3 M im Muster III stricken, die übrigen M wie bisher, dabei in der folgenden R auf der Vorderseite wie folgt abnehmen: Rand-M, 3 M Muster III, 2 M links zusammenstricken und am Ende der Nadel 2 M links zusammenstricken, 3 M Muster III, Rand-M. Diese Abnahme stets auf der Vorderseite 34 (36/38) x wiederholen. Mit den bleibenden 33 (35/35) M die Rückseite darüberstricken und auf der Vorderseite ziemlich locker abketten.

Vorderteil

Wie Rückenteil anfertigen, jedoch am Raglan die letzten 3 Abnahmen weglassen. Halsausschnitt: Wenn noch 51 (53/53) M übrig sind, in der folgenden R auf der Vorderseite die mittleren 9 (11/11) M abketten und beidseitig davon 1 x 4, 2 x 2, 2 x 1, 1 x 2 M abketten. Dann die restlichen 3 M abketten.

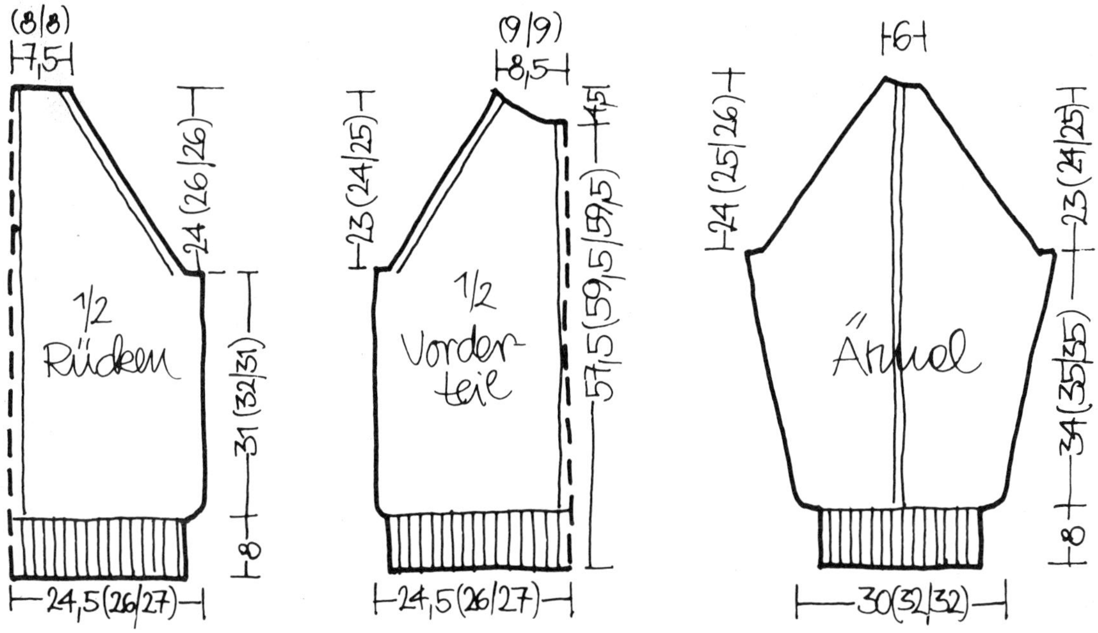

Rechter Ärmel

Anschlag 56 (60/60) M. Im Muster I arbeiten. Nach 8 cm verteilt in einer R 11 M aufnehmen, dabei die ersten und letzten 32 (34/34) M im Muster II stricken, die mittleren 3 M im Muster III. An beiden Kanten 12 (12/13) x alle 2½ cm 1 M aufnehmen = 91 (95/97) M. Raglan: 42 (43/43) cm ab Anschlag beidseitig 1 x 3 M abketten. Alle M wie bisher weiterarbeiten und in der folgenden R und in der 4. folgenden R auf der Vorderseite an beiden Kanten innerhalb der Rand-M 2 M links zusammenstricken. Diese Abnahme stets auf der Vorderseite wiederholen. Wenn noch 21 M übrig sind, jeweils auf der Vorderseite 2 x 4 und 2 x 5 M abketten, dabei an der anderen Kante noch 3 Raglanabnahmen ausführen. Den linken Ärmel gegengleich beenden.

Ausarbeitung

Auf die Maße aufstecken, ein feuchtes Tuch darüberlegen und trocknen lassen. Die Nähte schließen und die Ärmel einsetzen. Um den Halsausschnitt am Rückenteil 33 (35/35) M mit dem Nadelspiel auffassen, über den Ärmeln je 18 M und am Ausschnitt des Vorderteils 41 (43/43) M. Im Muster I arbeiten. Mit der 20. Rd locker abketten und die Hälfte nach innen säumen.

Damenpulli mit U-Boot-Ausschnitt

Größen 36 und 38/40

Bei unterschiedlichen Angaben: Größe 38/40 in Klammern. Länge 61 (62) cm, Weite 94 (102) cm.

Material

H. E. C. Wolle, Qualität aarlan cotoflam, 540 (600) g in Hellblau Nr. 990. Je ein Paar Stricknadeln Nr. 3–3½ und 4.

Strickmuster I

Nadeln Nr. 3–3½: Rippen = beidseitig rechts stricken.

Strickmuster II

Nadeln Nr. 4: Glatt rechts = Hinreihe rechte M, Rückreihe linke M.

Strickmuster III

Mit Nadeln Nr. 4 möglichst stramm nach der Strickschrift (Seite 188) arbeiten. Nach der 7. R in gleicher Weise fortfahren, d.h. in jeder R 5 weitere M Vorderseite links, Rückseite rechts stricken und, wenn 2 Nadeln übereinander sind, die M stufenweise in das Halbpatentmuster übergehen lassen.

Maschenprobe

Im Muster II mit Nadeln Nr. 4: 11 M und 15 R = 5 x 5 cm. Je nach Ergebnis feinere oder gröbere Nadeln verwenden.

Arbeitsanleitung

Rücken

107 (115) M anschlagen, im Muster I arbeiten. Nach der 5. Rippe im Muster II weiterfahren. Bei 38½ cm ab Anschlag beidseitig 1 x 3 und 3 x 5 M dazu anschlagen = 143 (151) M. Gerade weiterarbeiten. Bei 50 (51) cm ab Anschlag in der Mitte mit dem Muster III beginnen und gegen beide Seiten stets um 5 M verbreitern. Zuletzt sind alle M im Halbpatentmuster. Bei 61 (62) cm ab Anschlag alle M abketten, dabei für den Halsausschnitt die mittleren 45 (49) M locker abketten.

Vorderteil

Wie Rückenteil anfertigen.

Ausarbeitung

Auf die Maße aufstecken, ein feuchtes Tuch darüberlegen und trocknen lassen. Vorerst nur die Achselnähte schließen, dabei die mittleren 45 (49) M offenlassen. An jedem Armausschnitt 64 (68) M auffassen. Im Muster I arbeiten und nach der 3. Rippe abketten. Die Seitennähte zusammennähen.

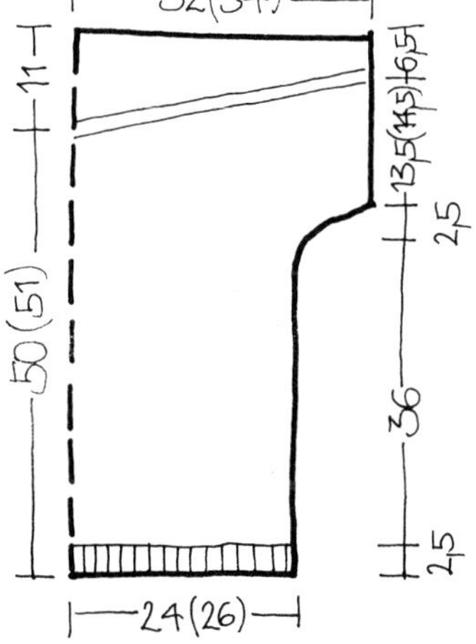

Der Schnelle aus kühler Baumwolle

Damenpulli in leuchtenden Farben

Größen 34/36, 38/40 und 42/44

Bei unterschiedlichen Angaben: Größen 38/40 und 42/44 in Klammern. Oberweite 80–84 (88–92/96–100) cm. Das Modell hat zusätzliche Weite.

Material

Scheepjeswol, Qualitäten Cotton Fantasie und Mayflower Cotton 8. 500 (500/550) g in Rot (Cotton Fantasie), 150 g in Gelb, 50 (100/100) g in Blau (Mayflower Cotton 8). Je 1 Paar Stricknadeln Nr. 5 und 6.

Strickmuster

Glatt rechts: Hinreihe rechte M, Rückreihe linke M.

Krausmuster: Hin- und Rückreihe rechte M.

Streifenmuster: 8 R glatt rechts mit 1 Faden in Rot und 1 Faden in Gelb, 4 R Krausmuster mit 1 Faden in Rot und 1 Faden in Blau, 6 R glatt rechts mit 1 Faden in Rot und 1 Faden in Gelb, 4 R glatt rechts mit 1 Faden in Rot und 1 Faden in Blau, 4 R glatt rechts mit 1 Faden in Rot und 1 Faden in Gelb, dies stets wiederholen.

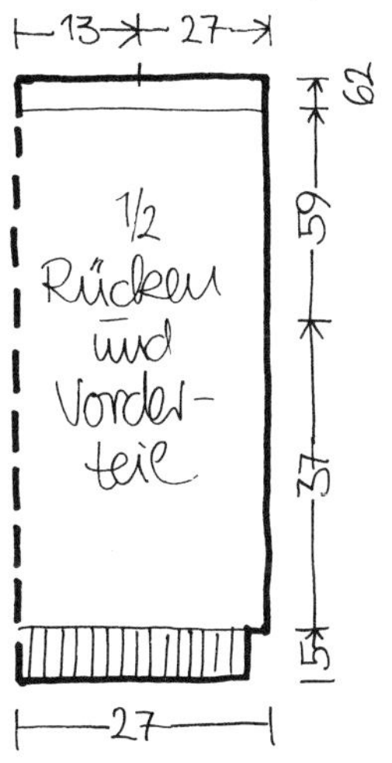

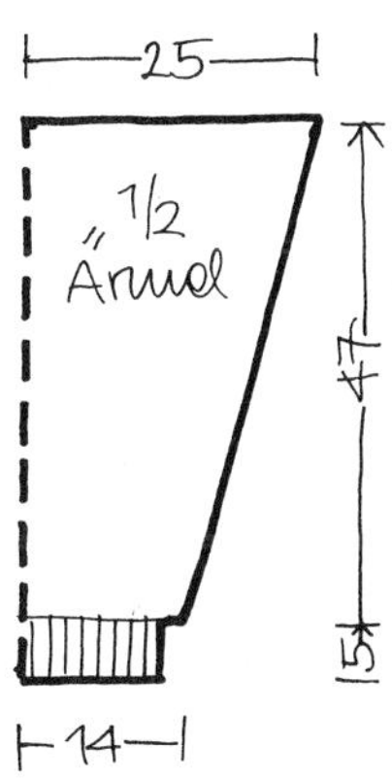

Bündchenmuster: Abwechselnd 1 M rechts, 1 M links.

Maschenprobe

Mit Nadeln Nr. 6 in glatt rechts mit 1 Faden Cotton Fantasie und 1 Faden Cotton 8: 14 M und 16 R = 10 x 10 cm.

Arbeitsanleitung

Rücken

64 (70/76) M mit Nadeln Nr. 5 in Rot anschlagen und 5 cm im Bündchenmuster stricken, mit Nadeln Nr. 6 im Streifenmuster weiterarbeiten, dabei in der 1. R auf das Bündchen verteilt 6 M aus dem Querdraht rechts verschränkt herausstricken = 70 (76/82) M. Nach 82 (90/100) R ab Bund in Rot und Nadeln Nr. 6 noch 3 cm im Bündchenmuster stricken, alle M auf einmal locker abketten. Die Gesamtlänge beträgt 58 (62/68) cm.

Vorderteil

Wie Rückenteil arbeiten.

Ärmel

30 (34/38) M mit Nadeln Nr. 5 in Rot anschlagen und 5 cm im Bündchenmuster stricken, mit Nadeln Nr. 6 im Streifenmuster weiterarbeiten, dabei in der ersten R auf das Bündchen verteilt 6 M aus dem Querdraht rechts verschränkt herausstricken = 36 (40/44) M. Für die Ärmelschräge 15 x in jeder 4. R beidseitige je 1 M zunehmen, nach 66 (70/74) R ab Bund alle 66 (70/74) M auf einmal locker abketten. Die Gesamtlänge beträgt 45 (47/49) cm.

Ausarbeitung

Schulternähte auf eine Länge von 13 (14/15) cm schließen. Ärmel annähen. Seiten- und Ärmelnähte schließen.

Sonniges Gelb macht gute Laune

Gelber Sommerpulli für Damen

Größen 38/40 und 42/44

Bei unterschiedlichen Angaben: Größe 42/44 in Klammern.

Material

Pingouin Wolle, Qualität Coton Vrillé, 350 (400) g in Poussin Nr. 04. Je 1 Paar Stricknadeln Nr. 2½ und 3.

Grundmuster

Glatt rechts = Hinreihe rechte M, Rückreihe linke M.

Bündchenmuster

Abwechselnd 1 M rechts, 1 M links.

Maschenprobe

Glatt rechts mit Nadeln Nr. 3: 24 M und 38 R = 10 x 10 cm.

Arbeitsanleitung

Rücken

120 (124) M mit Nadeln Nr. 2½ anschlagen und 5 cm im Bündchenmuster stricken. Dann mit Nadeln Nr. 3 glatt rechts weiterarbeiten. Nach 33 (34) cm Gesamthöhe beidseitig alle 2 R 2 x 3 M und 1 x 2 M zunehmen. Man erhält 136 (140) M. Nach 54 (56) cm Gesamthöhe für die Schulterschrägungen beidseitig alle 2 R abketten: 6 x 7 M (4 x 7 M) und 2 x 8 M. Für den Halsausschnitt die 52 restlichen M stillegen.

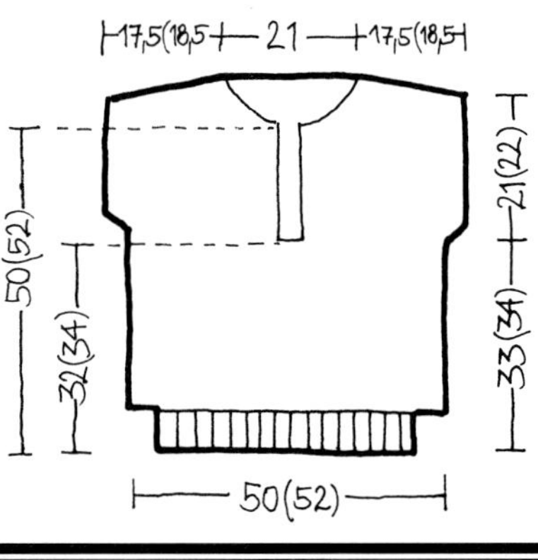

Vorderteil

Wie beim Rückenteil beginnen. Nach 32 (34) cm Gesamthöhe für die vordere Schlitzöffnung die mittleren 8 M stillegen. Jede Seite getrennt beenden. Nach 33 (34) cm Gesamthöhe an der Außenkante die gleichen Zunahmen (Armausschnitt) wie beim Rückenteil vornehmen. Nach 50 (52) cm Gesamthöhe für den Halsausschnitt an der Innenkante alle 2 R abketten: 3 x 4 M, 3 x 2 M und 4 x 1 M. Nach 54 (56) cm Gesamthöhe für die Schulterschrägung wie beim Rückenteil 6 x abketten. Die 2. Seite gegengleich beenden.

Fertigstellung

Schulter- und Seitennähte schließen. Für die Halsausschnittblende mit Nadeln Nr. 2½ ca. 25 M über der rechten vorderen Halsausschnittkante auffassen, im Anschluß daran die stillgelegten 52 M der rückwärtigen Halsausschnittkante wieder aufnehmen und 25 M über der linken vorderen Halsausschnittkante auffassen, 5 R im Bündchenmuster stricken. In der 6. R abketten.

Blenden der vorderen Schlitzkanten

Rechte Seite: Die 8 stillgelegten M in der vorderen Mitte wieder aufnehmen und im Bündchenmuster stricken, dabei in der 1. R die Anzahl der M verdoppeln, d. h. aus jeder M 2 M herausstricken. Man erhält 16 M. Nach 19 cm Gesamthöhe abketten.

Linke Seite: 16 M anschlagen, 19 cm im Bündchenmuster stricken und abketten.

Die Blenden entlang der Schlitzkanten annähen, dabei die linke Blende unter die rechte Blende legen. Die Endkante festnähen.

An den Armausschnittkanten 1 cm nach innen umsäumen und von links gegennähen.

Aus Mohair mit Seide

Damenpulli in Blau und Aubergine

Größen 38, 40, 42, 44 und 46

Bei unterschiedlichen Angaben: Größen 40, 42, 44 und 46 in Klammern.

Material

Wolle Anny Blatt, Qualität Mohair und Seide, 350 (350/400/400/450) g in Framboisine Nr. 1890 und 400 (400/400/450/450) g in Encre Nr. 1889. Je 1 Paar Stricknadeln Nr. 3½, 4 und 4½.

Grundmuster

Nadeln Nr. 4½: Glatt rechts = Hinreihe rechte M, Rückreihe linke M.

Bündchenmuster

Nadeln Nr. 3½ und 4: Abwechselnd 1 M rechts, 1 M links.

Maschenprobe

16 M und 21½ R = 10 x 10 cm.

Arbeitsanleitung

Rücken

Anschlag 78 (81/84/88/91) M mit Nadeln Nr. 4½ in Framboisine (Encre – Framboisine – Encre – Framboisine), glatt rechts gestreift wie folgt stricken: *** 2 R Framboisine, 2 R Encre (2 R Encre, 2 R Framboisine, 2 R Encre – 2 R Framboisine, 2 R Encre, 2 R Framboisine, 2 R Encre – 2 R Encre – 2 R Framboisine, 2 R Encre ***, * 2 R Framboisine, 2 R Encre, ab * insgesamt 6 (6/6/7/7) x stricken – dies ist die Mitte des Teils – Gesamthöhe 24 (25/26/27/28) cm. Nun wie folgt stricken: ** 6 R Framboisine, 2 R Encre, insgesamt 6 (6/6/7/7) x ab ** stricken, von *** bis *** wiederholen. Danach die M gerade abketten. Das Teil ist 48 (50/52/54/56) cm hoch. Die Streifen verlaufen senkrecht, die Seite, auf die überwiegend in Encre gestrickt worden ist, liegt rechts. In Encre nun am oberen Rand 82 (85/88/91/95) M mit Nadeln Nr. 4 auffassen und 4 cm im Bündchenmuster stricken. Die M locker abketten. Am unteren Rand mit Nadeln Nr. 3½ in Encre 73 (76/79/82/85) M auffassen. 7 cm im Bündchenmuster stricken. Die M abketten.

Vorderteil

Wie Rückenteil stricken, jedoch liegen die Streifen, die überwiegend in Encre gestrickt worden sind, am linken Rand. Die Blenden am oberen und unteren Rand wie beim Rückenteil stricken.

Rechter Ärmel

Anschlag 36 (39/42/44/47) M mit Nadeln Nr. 3½ in Encre. 7 cm im Bündchenmuster stricken. Glatt rechts in Framboisine weiterarbeiten, in der 1. R 18 (18/18/20/20) M gleichmäßig verteilt zunehmen = 54 (57/60/64/67) M. Danach beidseitig in jeder 8. R 11 x 1 M zunehmen. Bei einer Gesamthöhe von 50 (50,5/51/51,5/52) cm die 76 (79/82/86/89) M gerade abketten.

Linker Ärmel

Wie beim rechten Ärmel stricken, jedoch das Bündchen in Framboisine und das glatt rechts gestrickte Teil in Encre stricken.

Fertigstellung

Schulternähte an beiden Seiten in einer Breite von 14 (14,5/15/15,5/16) cm schließen. In der Mitte bleiben 20 (21/22/23/24) cm für den Halsausschnitt offen. Seitennähte in einer Höhe von 29 (30/31/32/33) cm schließen, für die Armausschnitte bleiben 24 (25/26/27/28) cm – einschließlich der Rippenblende von 4 cm – offen. Ärmelnähte schließen, Ärmel einsetzen.

Spiel mit Farben

Damenpulli mit Streifen und Ecken

Größen 38 und 42

Bei unterschiedlichen Angaben: Größe 42 in Klammern.

Material

Schewe Wolle, Qualität Safari, Art. 35.

1. Möglichkeit (linkes Modell): je ca. 200 (250) g in Schwarz Nr. 5167 und Grau Nr. 5126 und je 50 g in Blau Nr. 5124, Grün Nr. 5151, Pink Nr. 5149 und Gelb Nr. 5147.
2. Möglichkeit (rechtes Modell): je ca. 250 (300) g in Schwarz Nr. 5167 und in Taube Nr. 5127 und je 50 g in Grün Nr. 5151, Gelb Nr. 5147 und Pink Nr. 5149. Je 1 Paar Stricknadeln Nr. 2½ und 3 oder 3 und 3½.

Grundmuster

Nadeln Nr. 3 oder 3½: Glatt rechts = Hinreihe rechte M, Rückreihe linke M.

Dreiecke

1. Reihe über 39 M arbeiten und die Maschenzahl in jeder R beidseitig um 1 M verringern. Beim Stricken die Fäden nicht hinter dem Dreieck laufen lassen, sondern mit einem anderen Knäuel zusätzlich in der jeweiligen Farbe arbeiten.

Bündchenmuster

Nadeln Nr. 2½ oder 3: Abwechselnd 1 M rechts, 1 M links.

Maschenprobe

22 M und 33 R = 10 x 10 cm.

Arbeitsanleitung

Plazierung am Vorder- und Rückenteil

1. Dreieck von der rechten Kante aus mit der 12. (16.) M beginnen.
2. Dreieck von der rechten Kante aus mit der 66. (70.) M beginnen.
3. Dreieck von der rechten Kante aus mit der 19. (23.) M beginnen.

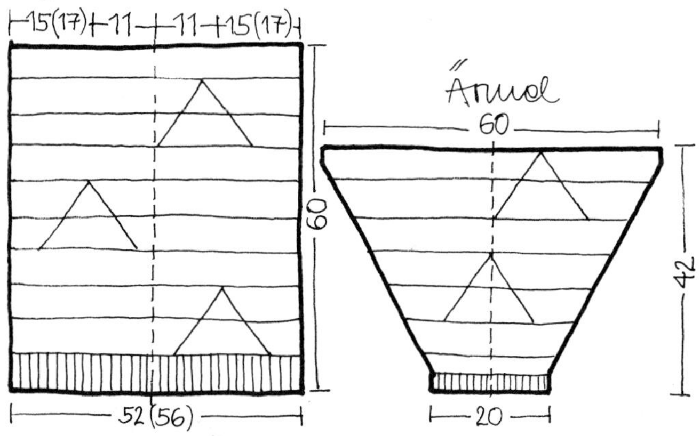

Ärmel: Das 1. Dreieck genau in die Mitte setzen und das 2. Dreieck von der Mittel-M nach rechts gezählt mit der 39. M beginnen.

Musteraufteilung

Rücken- und Vorderteil werden gleich gearbeitet.

20 R blau (taube). 20 R grau (schwarz) mit Dreieck in Schwarz (Grün) beginnen. 20 R schwarz (taube) mit Dreieck in Grau (Grün) beenden. 20 R grün (schwarz). 20 R grau (taube) mit Dreieck in Schwarz (Gelb) beginnen. 20 R schwarz mit Dreieck in Grau (Gelb) beenden. 20 R pink (taube). 20 R grau (schwarz) mit Dreieck in Schwarz (Pink) beginnen. 20 R schwarz (taube) mit Dreieck in Grau (Pink) beenden. 22 R gelb (schwarz).

Rechter Ärmel

20 R schwarz, 20 R blau (taube), 20 R grau (schwarz) mit Dreieck in Schwarz (Gelb) beginnen. 20 R schwarz (taube) mit Dreieck in Grau (Gelb) beenden. 20 R grün (schwarz), 20 R grau (taube) mit Dreieck in Schwarz (Grün) beginnen. 22 R schwarz mit Dreieck in Grau (Grün) beenden.

Linker Ärmel

Den 1. farbigen Streifen in Pink statt Blau, den 2. farbigen Streifen in Gelb statt Grün arbeiten (das 1. Dreieck in Pink statt Gelb, das 2. Dreieck in Gelb statt Grün arbeiten), sonst wie rechten Ärmel stricken.

Rücken- und Vorderteil

105 (113) M mit Nadeln Nr. 2½ oder 3 anschlagen, gleich mit der Musteraufteilung beginnen und die ersten 20 R im Bündchenmuster stricken, dabei in der letzten R gleichmäßig verteilt 10 M zunehmen = 115 (123) M. Mit Nadeln Nr. 3 oder 3½ im Grundmuster weiterarbeiten. Die letzten 22 R der Teile jeweils die 1. R noch glatt rechts und die restlichen 21 R im Bündchenmuster arbeiten.

Ärmel

43 M mit Nadeln Nr. 2½ oder 3 anschlagen, gleich mit der Musteraufteilung beginnen und die ersten 10 R im Bündchenmuster stricken. Anschließend mit Nadeln Nr. 3 oder 3½ im Grundmuster weiterarbeiten, dabei in der 1. R gleichmäßig verteilt 6 M zunehmen = 49 M. Für die Weite beidseitig abwechselnd in jeder 4. R und in jeder 2. R 41 x 1 M zunehmen = 131 M. Ärmel mit der 142. R abketten.

Fertigstellung

Teile nach den Maßen des Schnittes spannen, mit feuchtem Tuch bedecken und trocknen lassen. Alle Nähte schließen und ausdämpfen. Für den Halsausschnitt 22 cm offenlassen.

Coca-Cola
Coca-Cola

Für Tenniscracks

Pastellfarbener Herrenpullover

Größen 15–16 Jahre, 18 Jahre, kleine, mittlere und große Herrengröße.

Bei unterschiedlichen Angaben: für 18 Jahre sowie die verschiedenen Herrengrößen in Klammern.

Material

Pingouin Wolle, Qualität Pingostar, 600 (650, 700, 750, 800) g in Porcelaine Nr. 503. Je 1 Paar Stricknadeln Nr. 3, 3½ und 4.

Phantasiemuster

(von * bis * wiederholen) 1. R: * 5 M links, 1 M rechts *. 2., 3., 4., 5. und 6. R: die M stricken wie sie erscheinen. 7. R: 2 M links, * 1 M rechts, 5 M links *. 8., 9., 10., 11. und 12. R: die M stricken wie sie erscheinen. Muster in der 1. R wieder aufnehmen.

Bündchenmuster

1 M rechts, 1 M links, im Wechsel.

Maschenprobe

Mit Nadeln Nr. 4 im Phantasiemuster: 22 M und 29 R = 10 x 10 cm.

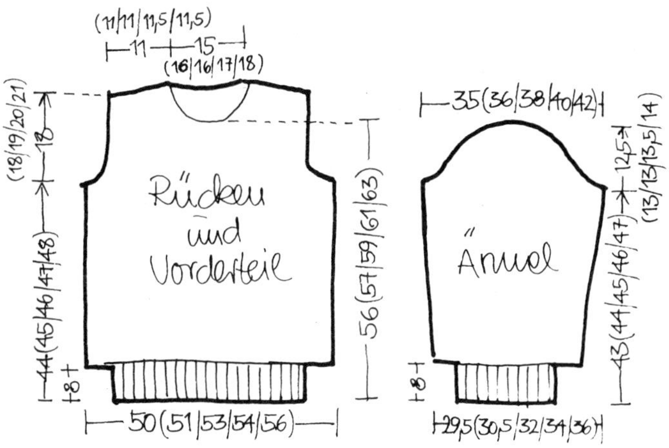

Arbeitsanleitung

Rücken

107 (111, 113, 117, 119) M mit Nadeln Nr. 3 anschlagen und 8 cm im Bündchenmuster stricken. Dann mit Nadeln Nr. 4 im Phantasiemuster fortfahren, dabei in der 1. R 2 M verteilt zunehmen und die R beginnen mit: 3 M links, 1 M rechts, dann Muster bei * aufnehmen (2 M links, 1 M rechts, dann Muster bei * aufnehmen, 3 M links, 1 M rechts, dann Muster bei * aufnehmen, 2 M links, 1 M rechts, dann Muster bei * aufnehmen, 3 M links, 1 M rechts, dann Muster bei * aufnehmen). Man erhält 109 (113, 115, 119, 121) M.

Nach 44 (45, 46, 47, 48) cm Gesamthöhe für die Armausschnitte beiderseits alle 2 R abketten: 1 x 3 M, 4 x 2 M, 3 (4, 5) x 1 M. Man erhält 81 (83, 83, 87, 89) M. Nach 62 (63, 65, 67, 69) cm Gesamthöhe für die Schulterschrägungen beiderseits alle 2 R abketten: 4 x 6 M, 3 x 6 M, 1 x 7 M. Gleichzeitig für den Halsausschnitt nach der 2. Schulterabnahme die mittleren 21 (23, 23, 25, 27) M abketten, dann an jeder Halsausschnittkante noch 1 x 6 M.

Vorderteil

107 (111, 113, 117, 119) M mit Nadeln Nr. 3 anschlagen und 8 cm im Bündchenmuster stricken. Dann mit Nadeln Nr. 4 im Phantasiemuster fortfahren, dabei in der 1. R 4 (2, 4, 2, 4) M verteilt zunehmen und die R beginnen mit: 4 M links, 1 M rechts, dann Muster bei * aufnehmen (2 M links, 1 M rechts, dann Muster bei * aufnehmen, 4 M links, 1 M rechts, dann Muster bei * aufnehmen, 2 M links, 1 M rechts, dann Muster bei * aufnehmen, 4 M links, 1 M rechts, dann Muster bei * aufnehmen). Man erhält 111 (113, 117, 119, 123) M. Nach 44 (45, 46, 47, 48) cm Gesamthöhe für die Armausschnitte beiderseits alle 2 R abketten: 1 x 3 M, 4 x 2 M, 4 (4, 6, 5, 6) x 1 M. Man erhält 81 (83, 83, 87, 89) M. Nach 56 (57, 59, 61, 63) cm Gesamthöhe für den Halsausschnitt die 9 (11, 11, 13, 15) mittleren M abketten und jede Seite getrennt beenden, dabei an der Halsausschnittkante alle 2 R abketten: 1 x 3 M, 1 x 2 M, 1 x 1 M, 1 x 2 M, 4 x 1 M. Gleichzeitig nach 62 (63, 65, 67, 69) cm Gesamthöhe für die Schulterschrägung wie beim Rückenteil 4 x abketten. Die 2. Seite gegengleich beenden.

Ärmel

38 (40, 42, 44, 46) M mit Nadeln Nr. 3 anschlagen und 8 cm im Bündchenmuster stricken. Dann mit Nadeln Nr. 4 im Phantasiemuster weiterarbeiten, dabei in der 1. R 27 (27, 29, 31, 33) M verteilt zunehmen und die R beginnen mit: 2 M links, 1 M rechts, dann Muster bei * aufnehmen (3 M links, 1 M rechts, dann Muster bei * aufnehmen, * 5 M links, 1 M rechts *, 1 M links, 1 M rechts, dann Muster bei * aufnehmen, 3 M links, 1 M rechts, dann Muster bei * aufnehmen). Man erhält 65 (67, 71, 75, 79) M. Beiderseits alle 12 R 6 x 1 M zunehmen. Man erhält 77 (79, 83, 87, 91) M. Gerade hocharbeiten. Nach 43 (44, 45, 46, 47) cm Gesamthöhe für die Armkugel beiderseits alle 2 R abketten: 1 x 3 M, 4 x 2 M, 4 (5, 7, 9, 9) x 1 M, 2 x 2 M, 2 x 3 M, 2 x 4 M, die restlichen 11 (15) M auf einmal abketten.

Fertigstellung

Eine Schulternaht schließen. 110 (112, 116, 120, 124) M rund um den Halsausschnitt auffassen und 2 cm im Bündchenmuster stricken. Locker abketten. Die 2. Schulternaht, Halsausschnittblende und Seitennähte schließen. Ärmelnähte schließen und Ärmel einsetzen.

Herrenpullunder in Himmelblau

Größen 15–16 Jahre, 18 Jahre, kleine, mittlere und große Herrengröße.

Bei unterschiedlichen Angaben: für 18 Jahre sowie die verschiedenen Herrengrößen in Klammern.

Material

Pingouin Wolle, Qualität Pingofine, 300 (350/350/400/400) g in Glacier Nr. 325. Je 1 Paar Stricknadeln Nr. 2½ und 3½. 1 Nadelspiel Nr. 2½.

Grundmuster

Phantasiemuster: 1. und alle weiteren ungeraden R (Vorderseite der Arbeit): rechts. 2. und alle weiteren geraden R: 1 M rechts, * 1 M rechts, dabei in die Vor-M, d.h. in die Vorreihe unter der normal abzustrickenden M, einstechen *.

Ein Pullunder darf nicht fehlen

Bündchenmuster

Abwechselnd 1 M rechts, 1 M links.

Maschenprobe

Mit Nadeln Nr. 3½ im Phantasiemuster: 28 M und 60 R = 10 x 10 cm.

Arbeitsanleitung

Rücken

134 (140/146/152/158) M mit Nadeln Nr. 2½ anschlagen und 7 cm im Bündchenmuster stricken. Dann mit Nadeln Nr. 3½ im Phantasiemuster fortfahren. Nach 35 (36/37/38/39) cm Gesamthöhe für die Armausschnitte beiderseits alle 2 R abketten: 2 x 3 M, 2 (2/2/3/3) x 2 M und 5 (6/7/6/7) x 1 M. Verbleiben 104 (108/112/116/120) M. Nach 56 (58/60/62/64) cm Gesamthöhe für die Schulterschrägungen beiderseits alle 2 R abketten: 1 x 10 M und 2 x 9 M (2 x 10 M und 1 x 9 M/ 3 x 10 M/ 1 x 11 M und 2 x 10 M/ 3 x 11 M). Gleichzeitig nach der 1. Schulterabnahme die mittleren 28 (30/32/34/34) M abketten und beiderseits davon nach 2 R 1 x 10 M.

Vorderteil

Wie beim Rückenteil beginnen. Nach 35 (36/37/38/39) cm Gesamthöhe die gleichen Armausschnittabnahmen wie beim Rückenteil durchführen. Gleichzeitig nach 36 (37/38/39/40) cm Gesamthöhe für den Halsausschnitt die Arbeit in der Mitte teilen und jede Seite getrennt beenden, dabei an der Halsausschnittkante abketten: * 1 M alle 4 R: 2 x ; 1 M alle 6 R: 1 x *, von * bis *, 12 (12/13/13/13) x, plus – nur für die Größen 18 Jahre, mittlere und große Herrengröße – nach 6 R noch 1 x 1 M. Nach 56 (58/60/62/64) cm Gesamthöhe für die Schulterschrägung wie beim Rückenteil 3 x abketten. Die andere Seite gegengleich beenden.

Fertigstellung

Schulternähte schließen. Für die Armausschnittblenden mit Nadeln Nr. 2½ entlang jeder Armausschnittkante ca. 184 (190/196/202/206) M auffassen, 2 cm im Bündchenmuster stricken und abketten.

Für die Halsausschnittblende mit dem Nadelspiel Nr. 2½ von der Ausschnittspitze aus über der rechten vorderen Halsausschnittkante ca. 64 (68/72/76/80) M auffassen, anschließend 46 (50/52/54/54) M über der rückwärtigen Halsausschnittkante und 64 (68/72/76/80) M über der linken vorderen Halsausschnittkante. In hin- und hergehenden R 2 cm im Bündchenmuster stricken, dabei beiderseits in jeder R 1 M abnehmen. Abketten. Die Blende in der Ausschnittspitze schließen. Seitennähte und Armausschnittblenden schließen.

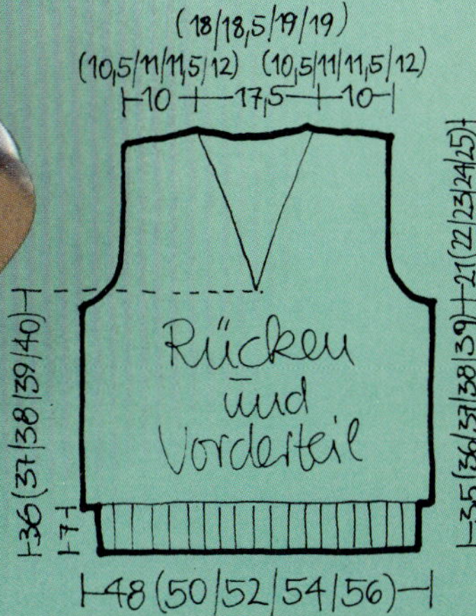

Streifen schnell gestrickt

Streifenpulli in Grün-Rot-Gelb

Größen: 122, 134, 146 und 152

Bei unterschiedlichen Angaben: Größen 134, 146 und 152 in Klammern. Oberweite 66 (70/74/76) cm. Das Modell hat zusätzliche Weite.

Material

Scheepjeswol, Qualität Granada, 250 (250/300/300) g in Grün, 100 (100/150/150) g in Gelb und 50 g in Rot. Je 1 Paar Stricknadeln Nr. 3 und 3½, 1 Nadelspiel Nr. 3 (evtl. eine Rundstricknadel).

Grundmuster

Glatt rechts = Hinreihe rechte M, Rückreihe linke M.

Farbfolge: 4 R grün, 1 R rot, 2 R grün, 3 R gelb, dies stets wiederholen.

Bündchenmuster

1. R: 1 M rechts, 1 M links, im Wechsel. 2. und alle folgenden R: M stricken, wie sie erscheinen.

Maschenprobe

Mit Nadeln Nr. 3½ in glatt rechts: 23 M und 32 R = 10 x 10 cm.

Anmerkung

Um durchgehend (d.h. ohne Knoten an der Seite) mit allen Farben arbeiten zu können, strickt man immer auf der Seite der Arbeit weiter, wo die zu verstrickende Farbe auf der rechten Seite liegt. Die Rundstricknadel macht dies möglich.

Arbeitsanleitung

Rücken

78 (82/86/88) M mit Nadeln Nr. 3 in Grün anschlagen und 5 cm im Bündchenmuster stricken, mit Nadeln Nr. 3½ in glatt rechts weiterarbeiten, dabei in der ersten R auf das Bündchen verteilt 6 M aus dem Querdraht rechts verschränkt herausstricken = 84 (88/92/94) M. Nach 70 (80/90/92) R ab Bund für die Armausschnitte beidseitig 5 M abketten, nach weiteren 48 (52/54/58) R, die übriggebliebenen 74 (78/82/84) M auf einmal locker abketten. Die Gesamtlänge beträgt 42 (46/50/52) cm.

Vorderteil

Wie Rückenteil arbeiten, jedoch für den Halsausschnitt

nach 100 (114/126/132) R ab Bund die mittleren 10 (12/14/16) M abketten und getrennt weiterarbeiten, dabei am Halsrand noch jeweils 1 x 3, 3 x 2 und 2 x 1 M in jeder 2. R abketten. Nach 18 R ab Beginn des Halsausschnittes die für die Schulter übriggebliebenen jeweils 21 (22/23/23) M auf einmal abketten.

Ärmel

34 (38/42/46) M mit Nadeln Nr. 3 in Grün anschlagen und 4 cm im Bündchenmuster stricken, mit Nadeln Nr. 3½ glatt rechts weiterarbeiten, dabei in der ersten R auf das Bündchen verteilt 8 M aus dem Querdraht rechts verschränkt herausstricken = 42 (46/50/54) M. Für die Ärmelschräge 14 x in jeder 6. (7./8./8.) R beidseitig je 1 M zunehmen, nach 102 (116/128/134) R ab Bund alle 70 (74/78/82) M auf einmal locker abketten. Die Gesamtlänge beträgt 36 (40/44/46) cm.

Ausarbeitung

Schulternähte schließen. Ärmel einsetzen, Seiten- und Ärmelnähte schließen. Für den Halsbund 88 (92/96/100) M mit dem Nadelspiel in Grün auffassen und 2½ cm im Bündchenmuster stricken.

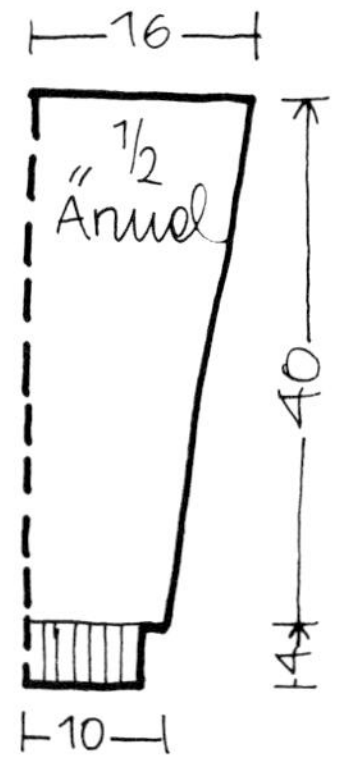

Streifenpulli in Blau-Gelb-Rot

Größen: 140, 152 und 164

Bei unterschiedlichen Angaben: Größen 152 und 164 in Klammern. Oberweite 72 (76/80) cm. Das Modell hat zusätzliche Weite.

Material

Scheepjeswol, Qualität Cotton Frotté, 300 (300/350) g in Blau, je 100 g in Gelb und Rot. Je 1 Paar Stricknadeln Nr. 3½ und 4.

Grundmuster

Glatt rechts: Hinreihe rechte M, Rückreihe linke M. Farbfolge: 6 R blau, 2 R gelb, 2 R blau, 2 R gelb, 6 R blau, 4 R rot, 2 R blau, 2 R gelb, 2 R blau, 4 R rot. Dies stets wiederholen.

Bündchenmuster

1 R: 1 M rechts, 1 M links, im Wechsel. 2. und alle folgenden R: M stricken wie sie erscheinen.

Maschenprobe

Mit Nadeln Nr. 4 in glatt rechts: 18 M und 28 R = 10 x 10 cm.

Arbeitsanleitung

Rücken

64 (68/72) M mit Nadeln Nr. 3½ in Blau anschlagen und 5 cm im Bündchenmuster stricken, mit Nadeln Nr. 4 glatt rechts weiterarbeiten, dabei in der ersten R auf das Bündchen verteilt 8 M aus dem Querdraht rechts verschränkt herausstricken = 72 (76/80) M. Nach 96 (104/116) R ab Bund mit Nadeln Nr. 4 in Blau noch 3 cm im Rippenmuster stricken, alle M auf einmal locker abketten. Die Gesamtlänge beträgt 42 (46/50) cm.

Vorderteil

Wie Rückenteil arbeiten.

Ärmel

28 (32/36) M mit Nadeln Nr. 3½ in Blau anschlagen und 4 cm im Bündchenmuster stricken, mit Nadeln Nr. 4 in glatt rechts weiterarbeiten, dabei in der ersten R auf das Bündchen verteilt 8 M aus dem Querdraht rechts verschränkt herausstricken = 36 (40/44) M. Für die Ärmelschrägung 10 x in jeder 8. (9./10.) R beidseitig je 1 M zunehmen, nach 86 (96/108) R ab Bund alle 56 (60/64) M auf einmal locker abketten. Die Gesamtlänge beträgt 34 (38/42) cm.

Ausarbeitung

Schulternähte auf eine Länge von 10 (11/12) cm schließen, Ärmel annähen, Seiten- und Ärmelnähte schließen.

Streifenpulli in Gelb-Rot-Blau-Grün

Größen: 128, 140, 152 und 164

Bei unterschiedlichen Angaben: Größen 140, 152 und 164 in Klammern.

Modellmaße

Oberweite 68 (72/76/80) cm. Das Modell hat zusätzliche Weite.

Material

Scheepjeswol, Qualität Granada, 150 (150/200/200) g in Gelb, 100 g in Rot, 50 (100/100/100) g in Blau und 50 (100/100/100) g in Grün. Je 1 Paar Stricknadeln Nr. 3 und 3½, Nadelspiel Nr. 3.

Grundmuster

Glatt rechts: Hinreihe rechte M, Rückreihe linke M. Farbfolge: je 2 R gelb, rot, gelb, blau, gelb, grün, gelb, rot, blau, rot, grün, rot, gelb, rot, blau, grün, blau, gelb, blau, rot, blau, grün, gelb, grün, rot, grün, blau, grün, dies stets wiederholen.

Bündchenmuster

Abwechselnd 1 M rechts, 1 M links.

Maschenprobe

Mit Nadeln Nr. 3½ in glatt rechts: 22 M und 32 R = 10 x 10 cm.

Arbeitsanleitung

Rücken

76 (80/84/88) M mit Nadeln Nr. 3 in Gelb anschlagen und 5 cm im Bündchenmuster stricken, mit Nadeln Nr. 3½ in glatt rechts weiterarbeiten, dabei in der ersten R auf das Bündchen verteilt 8 M aus dem Querdraht rechts verschränkt herausstricken = 84 (88/92/96) M. Nach 124 (138/150/164) R ab Bund alle M auf einmal locker abketten. Die Gesamtlänge beträgt 44 (48/52/56) cm.

Vorderteil

Wie Rückenteil arbeiten, jedoch für den Halsausschnitt nach 104 (118/130/144) R ab Bund die mittleren 8 (10/12/14) M abketten und getrennt weiterarbeiten, dabei am Halsrand noch jeweils 2 x 3, 1 x 2 und 2 x 1 M in jeder 2. R abketten.
Nach 20 R ab Beginn des Halsausschnittes die für die Schulter übriggebliebenen jeweils 28 (29/30/31) M auf einmal locker abketten.

Ärmel

70/75/79/84 M mit Nadel Nr. 3 in Gelb anschlagen und 3 cm im Bündchenmuster stricken, mit Nadel Nr. 3½ glatt rechts weiterarbeiten. Nach 28/32/36/38 R ab Bund alle M auf einmal locker abketten. Die Gesamtlänge beträgt 12 (13/14/15) cm.

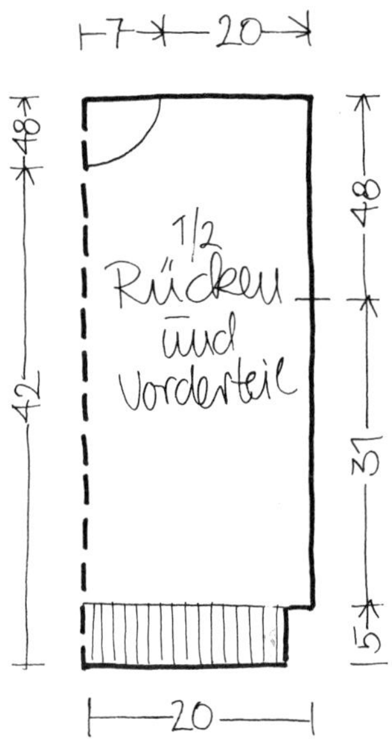

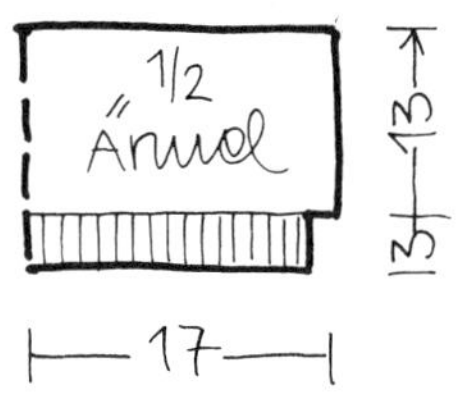

Ausarbeitung

Schulternähte schließen. Ärmel annähen, Seiten- und Ärmelnähte schließen. Für den Halsbund 82 (86/90/94) M auf Nadelspiel in Gelb auffassen und 3 cm im Bündchenmuster stricken.

Für blaue Jungs

Kinderpullover mit Boot

Größen 98–104, 110–116, 122–128, 134–140

Bei unterschiedlichen Angaben: Größen 110–116, 122–128, 134–140 in Klammern.

Material

Junghans Wolle, Qualität Frottee-Nova (oder Superwash, Roxy, Erika-Sport-Cablee). 150 (150/200/250) g in Weiß Nr. 284-091, 50 (50/100/100) g in Dunkelblau Nr. 284-133, 50 g in Türkis Nr. 284–240 und 50 g in Rost Nr. 284–158. Je 1 Paar Stricknadeln Nr. 2½–3 und 3–3½, 1 Brosche (Fisch).

Grundmuster

Nadeln Nr. 3–3½: Glatt rechts = Hinreihe rechte M, Rückreihe linke M. Im Vorderteil das Motiv I nach Zählmuster (s. Seite 188) einstricken.

Bündchenmuster

Nadeln Nr. 2½–3: Abwechselnd 1 M rechts, 1 M links.

Maschenprobe

Mit Nadeln Nr. 3–3½: 24 M und 33 R = 10 x 10 cm.

Arbeitsanleitung

Rücken

72 (76/82/86) M mit Nadeln Nr. 2½–3 in Blau anschlagen und 16 (20/20/24) R im Bündchenmuster arbeiten. Weiter im Grundmuster mit Nadeln Nr. 3–3½ stricken, dabei in der 1. R nach dem Bündchen gleichmäßig verteilt 10 M zunehmen = 82 (86/92/96) M.
Für die Streifen fortlaufend je 6 R blau und weiß im Grundmuster = 30 R (Größe 122–140 = 42 R) stricken. Anschließend in Weiß durchgehend glatt rechts 86 (102/104/116) R weiterstricken und in 37 (43/47/51) cm Gesamthöhe alle M gerade abketten.

Vorderteil

Bündchen und Streifen wie Rückenteil stricken. Ab der 3. R nach den Streifen Motiv I nach Zählmuster einstricken. Bei Farbwechsel die Fäden kreuzen, damit keine Löcher entstehen. Dabei für Größe 98–116 mit der 19. M, für Größe 122–140 mit der 23. M vom rechten Seitenrand aus beginnen.
Nach der 64. (78./76./84.) R den Halsausschnitt arbeiten: Die mittleren 10 M abketten, dann beiderseits in jeder 2. R 2 x 3, 2 x 2, 2 x 1 M abnehmen = 22 (24) R. Für Größe 122–140: Die mittleren 12 M abketten, dann beiderseits davon in jeder 2. R 2 x 3, 2 x 2, 4 x 1 M abnehmen = 28 (32) R.
In 37 (43/47/51) cm Gesamthöhe für die Schultern beiderseits alle 24 (26/26/28) M abketten.

Ärmel

34 (38/38/40) M anschlagen und mit Nadeln Nr. 2½–3 im Bündchenmuster in Blau 16 (20) R stricken. Danach mit Nadeln Nr. 3–3½ im Grundmuster weiterarbeiten, in der 1. R in Weiß gleichmäßig verteilt 10 M aufnehmen = 44 (48/48/50) M und für die Ärmelschrägung in Größe 98–104: Ab der 5. R beidseitig 5 x in jeder 8. R und 7 x in jeder 6. R 1 M zunehmen.
Größe 110–116: Ab der 5. R beidseitig 2 x in jeder 10. R und 10 x in jeder 8. R 1 M zunehmen.
Größe 122–128: Ab der 5. R beidseitig 6 x in jeder 10. R und 7 x in jeder 8. R 1 M zunehmen.
Größe 134–140: Ab der 5. R beidseitig 4 x in jeder 12. R und 9 x in jeder 10. R 1 M zunehmen.
Nach 25 (30/30,5/35,5) cm Gesamthöhe Streifen arbeiten: je 6 R blau, weiß, blau = 18 R (Gr. 122–140: 30 R).
Alle 68 (72/74/76) M abketten. Den 2. Ärmel ebenso arbeiten.

Ellenbogenschoner

12 M anschlagen und 26 R nach Zählmuster II arbeiten.

Fertigstellung

Schulternähte schließen. Ärmel annähen. Seiten- und Ärmelnähte schließen. Für das Halsbündchen je nach Halsweite M anschlagen und im Bündchenmuster 2 cm hochstricken. Naht schließen und auf die Ausschnittkante nähen.
Eine ca. 7 cm lange Luftmaschen-Kette in Grün häkeln und als „Angelschnur" mit Maschenstichen befestigen. Fischbrosche an Schnurende und Pullover befestigen. Ellenbogenschoner in Ellenbogenhöhe mit blauem Garn in überwendlichen Stichen aufnähen.

Größen 98–104 (110–116)

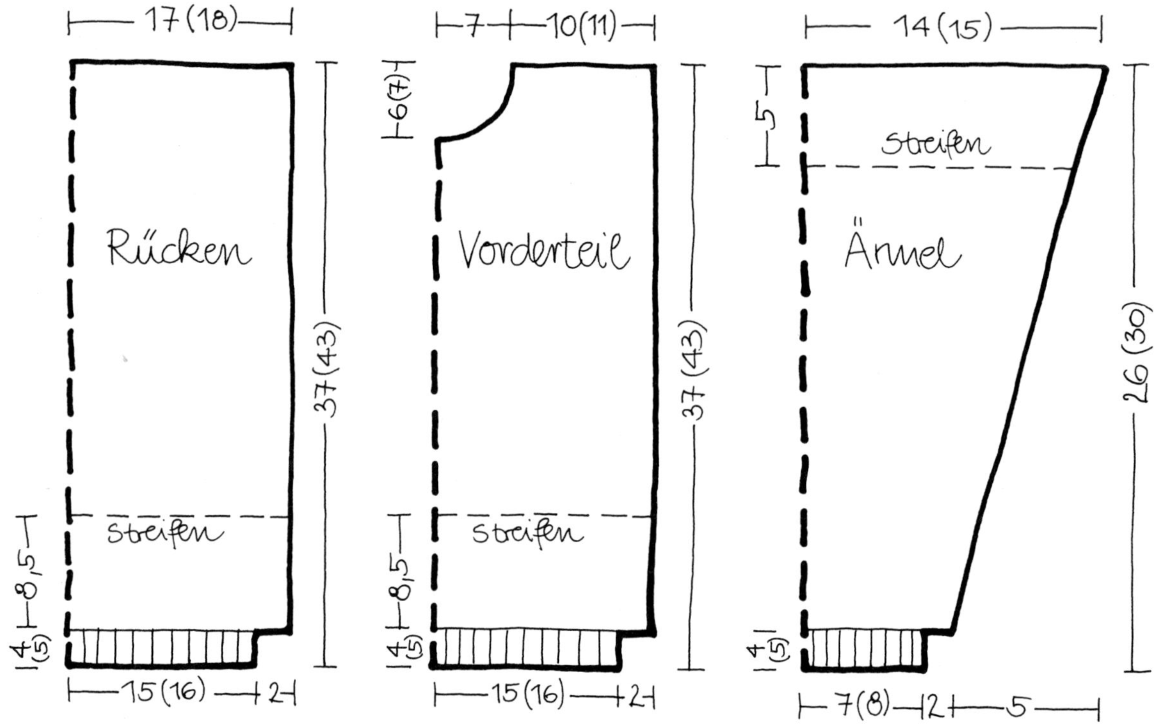

Größen 122–128 (134–140)

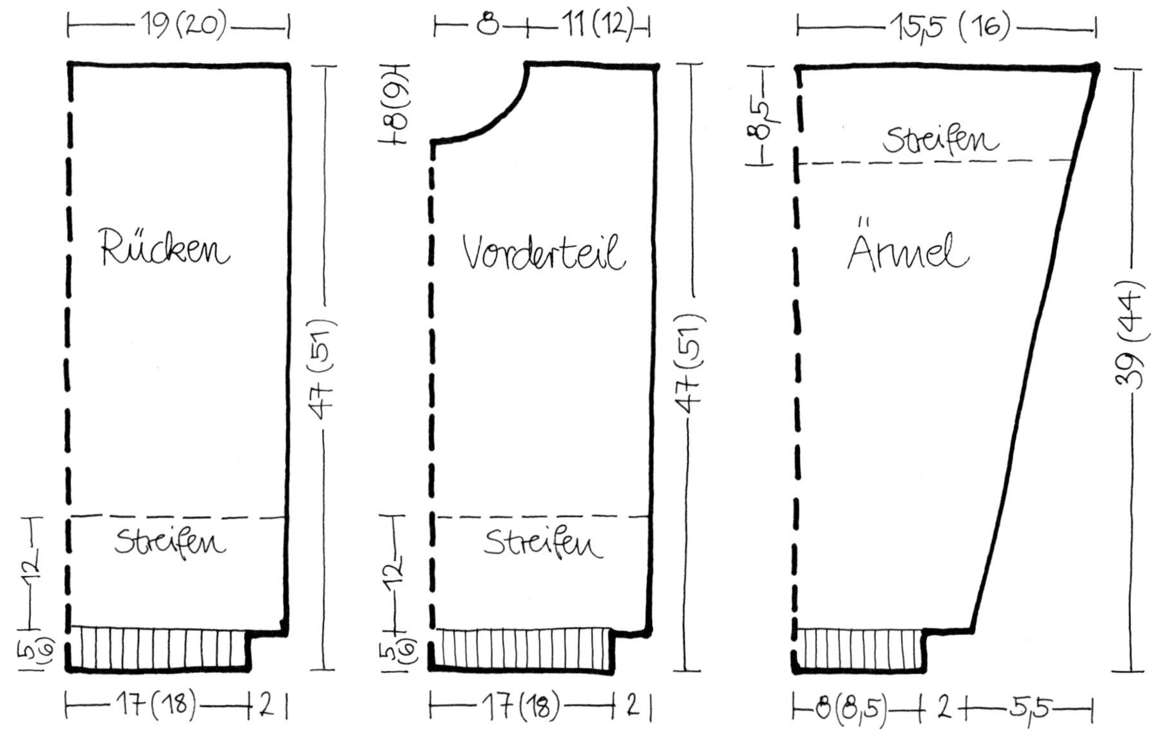

Herrenpullover mit Boot

Größen 46/48, 50/52, 54/56
Bei unterschiedlichen Angaben: Größen 50/52 und 54/56 in Klammern.

Material

Junghans Wolle, Qualität Frottee-Nova (oder Superwash, Roxy, Erika-Sport-Cablee). 250 (300/300) g in Weiß Nr. 284-091, 200 (250/250) g in Beige Nr. 284-109, 50 g in Dunkelblau Nr. 284-133 und 50 g in Rost Nr. 284-158. Je 1 Paar Stricknadeln Nr. 2½–3 und 3–3½.

Grundmuster

Nadeln Nr. 3–3½: Glatt rechts = Hinreihe rechte M, Rückreihe linke M. Im Vorderteil das Motiv nach Zählmuster (Seite 188) einstricken.

Bündchenmuster

Nadeln Nr. 2½–3: Abwechselnd 1 M rechts, 1 M links.

Maschenprobe

Mit Nadeln Nr. 3–3½: 24 M und 33 R = 10 x 10 cm.

Arbeitsanleitung

Rücken

106 (116/124) M mit Nadeln Nr. 2½–3 in Weiß anschlagen und 30 R = 8 cm im Bündchenmuster arbeiten. Weiter mit Nadeln Nr. 3–3½ im Grundmuster, dabei in der 1. R nach dem Bund gleichmäßig verteilt 24 M aufnehmen = 130 (140/148) M. Nun 34 (34/30) R glatt rechts in Weiß, dann für die Streifen 1 R blau, 2 R weiß und 6 R blau stricken.

Nach den Streifen 78 R in Beige im Grundmuster und ab der 79. R in Weiß weiterarbeiten. Nach 46 (47/45) cm Gesamthöhe mit dem Armausschnitt beginnen

Größe 46/48: Beidseitig in jeder 2. R 1 x 4, 1 x 3, 2 x 2 und 3 x 1 M abnehmen.

Größe 50/52: Beidseitig in jeder 2. R 1 x 4, 2 x 3, 2 x 2 und 3 x 1 M abnehmen.

Größe 54/56: Beidseitig in jeder 2. R 1 x 4, 1 x 3, 3 x 2, 2 x 1 und in jeder 4. R 3 x 1 M abnehmen.

Gerade weiterstricken und nach 66 (68/68) cm Gesamthöhe den Halsausschnitt beginnen wie folgt: Die mittleren 26 (26/24) M abketten und dann beidseitig in jeder 2. R 3 x 3 (3 x 3/3 x 4) M. Nun für die Schultern beidseitig die restlichen 29 (31/32) M abketten.

Vorderteil

Bündchen und Streifen wie am Rückenteil stricken. Ab der 11. R nach den Streifen Motiv nach Zählmuster einstricken. Bei Farbwechsel die Fäden kreuzen, damit keine Löcher entstehen. Ab der 79. R in Weiß weiterstricken. Nach 46 (47/45) cm Gesamthöhe mit den Armausschnitten beginnen, dabei abnehmen wie beim Rückenteil. Gerade weiterstricken und nach 58 (60/59) cm Gesamthöhe den Halsausschnitt arbeiten wie folgt: Die mittleren 18 (18/22) M abketten, dann beidseitig davon in jeder 2. R 2 x 3, 2 x 2 und 3 x 1 M (für alle Größen gleich) abketten. In 68 (70/70) cm Gesamthöhe für die Schultern beidseitig die restlichen 29 (31/32) M abketten.

Ärmel

48 (52/52) M anschlagen und im Bündchenmuster in Weiß 26 R mit Nadeln Nr. 2½–3 stricken. Danach mit Nadeln Nr. 3–3½ im Grundmuster 56 (48/46) R in Weiß stricken, dabei in der 1. R gleichmäßig verteilt 20 M aufnehmen. Nun für die Streifen 1 R in Blau, 2 R in Weiß und 6 R in Blau stricken. Gleichzeitig für die Ärmelschrägung ab der 5. R beidseitig in jeder 8. R 19 x 1 M zunehmen = 106 M (110 M). Für Größe 54/56 ab der 11. R beidseitig alle 6 R 22 x 1 M = 116 M) zunehmen.
Nach den Streifen 78 R in Beige stricken und ab der 79. R in Weiß weiterstricken. Nach 51 (50/49) cm Gesamthöhe für die Armkugel beidseitig in jeder 2. R 1 x 4, 3 x 3, 12 x 2, 2 x 3, 1 x 4 M (beidseitig in jeder 2. R 1 x 4, 3 x 3, 14 x 2, 2 x 3, 1 x 4 M/beidseitig in jeder 2. R 1 x 4, 2 x 3, 17 x 2, 3 x 3 M) abnehmen und die restlichen 12 (8/10) M abketten.

Halsbündchen

Für Größe 46–52 in Weiß 106 M, (118 M für Größe 54/56) anschlagen und 10 R = 2,5 cm 1 M rechts, 1 M links stricken.

Fertigstellung

Seiten-, Ärmel- und Schulternähte schließen. Ärmel einsetzen. Halsbündchen zusammennähen und an der Ausschnittkante anbringen.

Größen 46/48 (50/52)

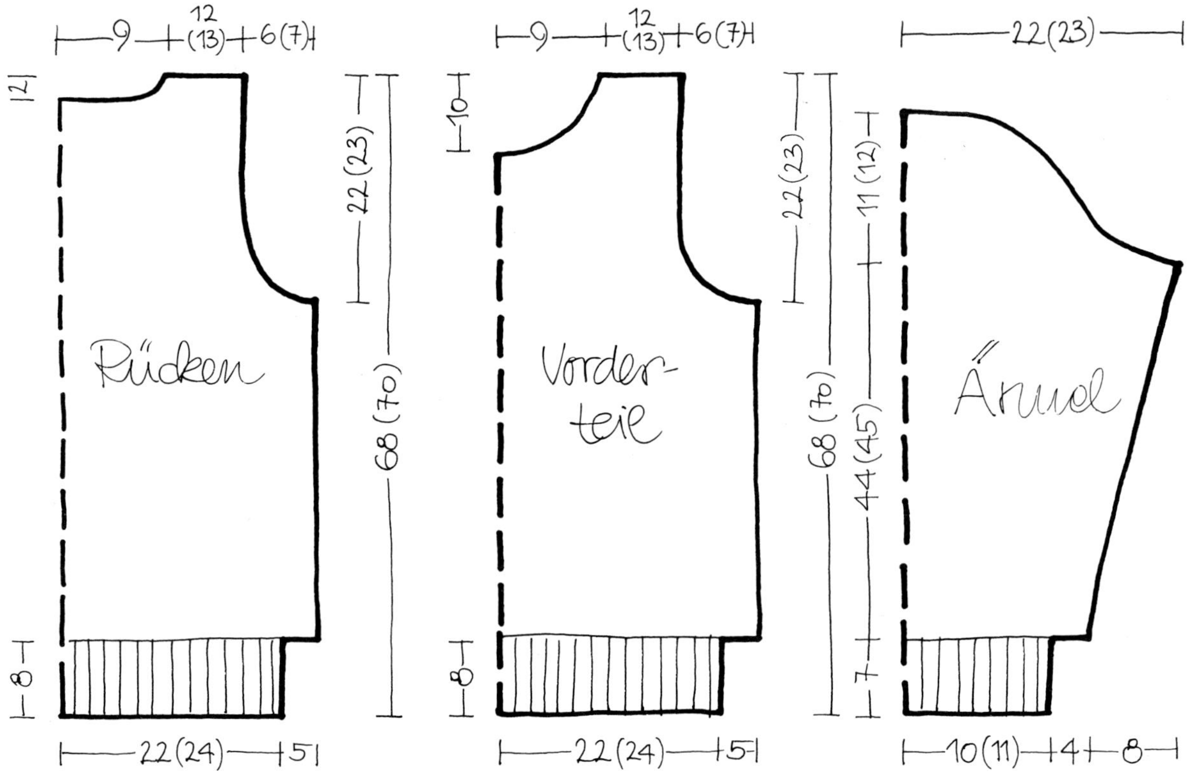

Größe 54/56

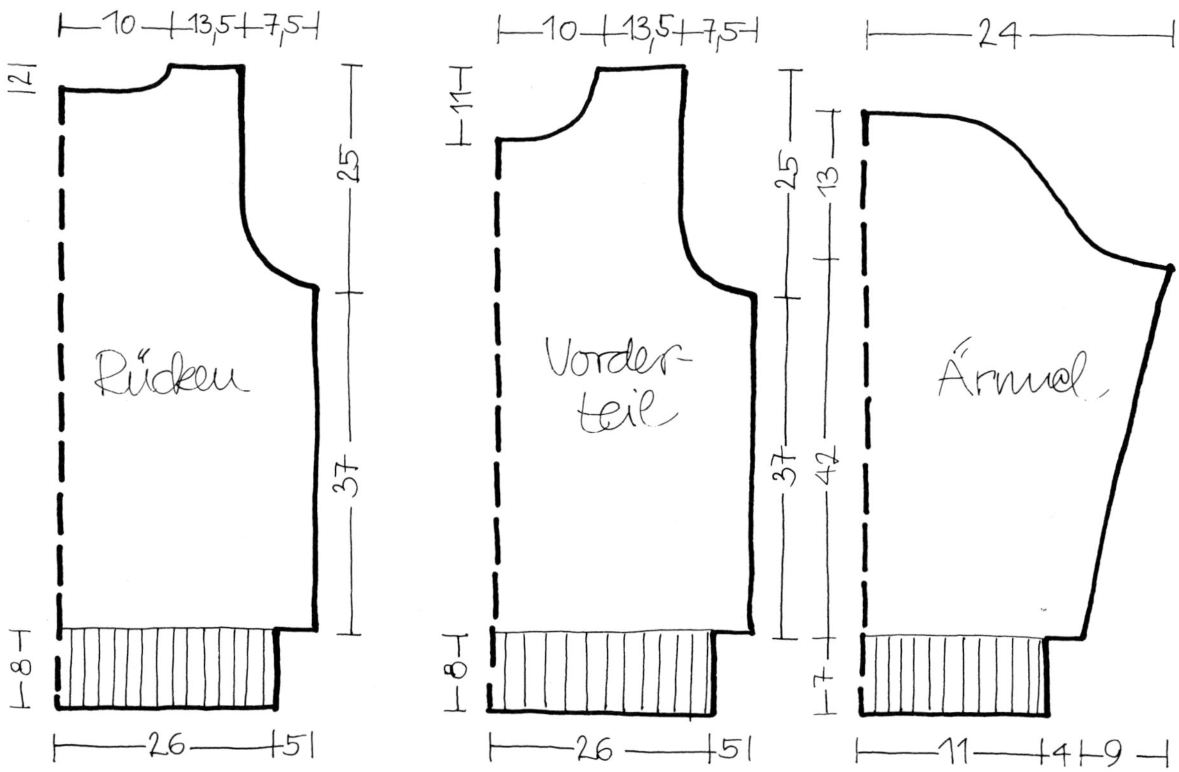

Ganz schön sexy

Damenpulli mit Rückenausschnitt

Größen 38/40 und 36

Bei unterschiedlichen Angaben: Größe 36 in Klammern. Oberweite 98 (92) cm, ganze Länge 60 (58) cm.

Material

Schaffhauser Wolle, Qualität Summer Tweed, 960 (ca. 910) g in Blau Nr. 47. Je 1 Paar Stricknadeln Nr. 4, 5 und 5½, 1 Häkelnadel Nr. 5, ca. 250 cm violettes Band.

Strickmuster I

Abwechselnd 1 M rechts, 1 M links.

Strickmuster II

Mit Nadeln Nr. 5½ arbeiten. M-Zahl durch 4 teilbar plus 2 Rand-M. 1. R, Rückseite: Rand-M, * aus der folgenden M 3 M herausstricken, = die M 1 x rechts, 1 x links und 1 x rechts abstricken, die folgenden 3 M links zusammenstricken, ab * stets wiederholen. 2. und 4. R, Vorderseite: links 3. R, Rückseite: Randmasche, * 3 M links zusammenstricken, aus der folgenden M 3 M herausstricken, ab * stets wiederholen = versetzt zur 1. R. Die 1.–4. R stets wiederholen.

Strickmuster III

Mit Nadeln Nr. 5 Rippen arbeiten = beidseitig rechts.

Strickmuster IV

Mit Nadeln Nr. 5½ arbeiten. M-Zahl durch 4 teilbar plus 2 Rand-M. 1. R Vorderseite: Rand-M, * 2 M nach rechts kreuzen = die 2. M vor der 1. M rechts stricken, die 1. M rechts stricken, dann beide M von der linken Nadel gleiten lassen, 2 M nach links kreuzen = die 2. M hinter der 1. M rechts stricken, die 1. M rechts stricken, dann beide M von der linken Nadel gleiten lassen, ab * stets wiederholen. 2. und 4. R, Rückseite: links 3. R, Vorderseite: Rand-M, * 2 M nach links kreuzen, 2 M nach rechts kreuzen, ab * stets wiederholen. Die 1.–4. R stets wiederholen.

Strickmuster V

Mit Nadeln Nr. 5½ arbeiten. M-Zahl durch 4 teilbar plus 2 Rand-M. 1. R, Vorderseite: Rand-M, * 2 M nach rechts kreuzen wie in der 1. R des Musters IV, 2 M nach links kreuzen wie in der 1. R des Musters IV, ab * stets wiederholen. 2. R, Rückseite: links. Die 1. und 2. R stets wiederholen.

Maschenprobe

Genau einhalten! (falls nötig, Nadeln wechseln)
Mit doppeltem Material 9 M im Strickmuster II, IV und V mit Nadeln Nr. 5½ und 9 M im Strickmuster II mit Nadeln Nr. 5 = 5 cm Breite.

Arbeitsanleitung

Der ganze Pullover wird mit doppeltem Material gestrickt!

Vorderteil

Mit Nadeln Nr. 4 Anschlag 80 (76) M, 8 cm hoch im Strickmuster I stricken, dabei in der letzten R = Vorder-

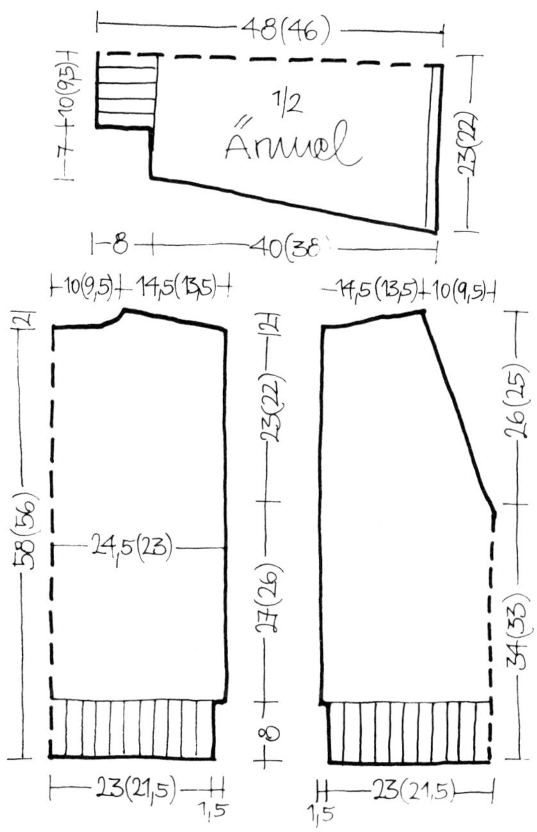

seite verteilt 10 M aufnehmen = 90 (86) M. Nun die Muster wie folgt wechseln: 6 cm im Muster II, letzte R = Vorderseite, 8 cm im Muster III, 12 cm im Muster IV, letzte R = Vorderseite, 6 cm im Muster III, 11 cm im Muster V, letzte R = Vorderseite, dann das Rückenteil im Muster III beenden. Die Seitennähte bleiben gerade. Bei 58 (56) cm ab Anschlag für die Achselschrägung beidseitig stets am Anfang der R 9, 9, 9 (9, 9, 8) M abketten und gleichzeitig für den Halsausschnitt die mittleren 26 (24) M, dann beidseitig davon noch 3, 2 M abketten.

Rücken

Wie Vorderteil arbeiten, jedoch bei 34 (33) cm ab Anschlag für den Halsausschnitt die Arbeit in der Mitte teilen und mit jeder Hälfte separat hochstricken. Für die Ausschnittschrägung 4 x in jeder 2. R und 14 (13) x in jeder 4. R die 1. und 2. M zusammenstricken.

Ärmel

Mit Nadeln Nr. 4 Anschlag 38 (36) M, 8 cm hoch im Strickmuster I stricken, dabei in der letzten R = Vorder-

seite verteilt 24 M aufnehmen = 62 (60) M. Nun die Muster wie folgt wechseln, dabei beidseitig 3 x alle 3 cm und 8 x alle 3,5 cm (10 x alle 3,5 cm) 1 M aufnehmen: 5 cm im Muster II, letzte R = Vorderseite, 6 cm im Muster III, 9 cm im Muster IV, letzte R = Vorderseite, 5 cm im Muster III, 8 cm im Muster V, letzte R = Vorderseite, dann den Ärmel im Muster III beenden. Wenn beidseitig alle M aufgenommen sind, sind 84 (80) M auf der Nadel. Bei 46,5 (44,5) cm ab Anschlag alle M abketten. Nun bei der Abkett-Kante 3 R wie folgt anhäkeln: 1. R = feste M, 2. R = * auf 3 M je 1 feste M, 1 Luft-M, 1 M der Vor-R übergehen, ab * stets wiederholen, 3. R = feste M.

Ausarbeitung

Nähte schließen, dabei bei den Seitennähten die obersten 23 (22) cm für den Armausschnitt offenlassen. Um den Halsausschnitt 3 gleiche R wie beim Ärmel anhäkeln. Oben bei den Ärmeln das Band in die Lochtour einflechten, beim Halsausschnitt das Band mit Überwendstichen einziehen.
Ärmel einsetzen.

Die Eleganten

Edel in Schnitt und Farbe

Damenpulli aus Mohair

Größen 38 und 42

Bei unterschiedlichen Angaben: Größe 42 in Klammern.

Material

Schewe Wolle, Qualität Petra, Art. 71. 400 (500) g in Grau Nr. 1012, 100 g in Schwarz Nr. 1001. Je 1 Paar Stricknadeln Nr. 3½, 4 oder 4½, 3 Knöpfe.

Grundmuster

Nadeln Nr. 4 oder 4½: Glatt rechts = Hinreihe rechte M, Rückreihe linke M.

Grafikmuster

s. Strickschrift S. 189. Die 1.–28. R laufend wiederholen.

Bündchenmuster

Nadeln Nr. 3½ oder 4: Abwechselnd 1 M rechts, 1 M links.

Maschenprobe

Mit Nadeln Nr. 4 oder 4½: 19 M und 26 R = 10 x 10 cm.

Arbeitsanleitung

Rücken

Mit Nadeln Nr. 3½ oder 4 in Grau 83 (89) M anschlagen, 7 cm im Bündchenmuster arbeiten. Anschließend mit Nadeln Nr. 4 oder 4½ im Grundmuster weiterarbeiten, dabei in der 1. R gleichmäßig verteilt 12 M zunehmen = 95 (101) M. Mit der 9. R das Grafikmuster beginnen. Bei 25 cm Gesamthöhe für die Armausschnitte beidseitig 10 M abketten = 75 (81) M. In 60 cm Gesamthöhe (nach dem letzten Diagonal-Streifen, noch 10 R einfarbig grau arbeiten), für die Schulter beidseitig 24 (27) M abketten, über die restlichen 31 M noch 2 cm stricken, dann die M auf 1 Hilfsnadel nehmen.

Vorderteil

Bis auf die Teilung wie beim Rückenteil. In 28 cm Gesamthöhe das linke Teil über 28 M arbeiten, dabei die letzten 6 M an der Teilungskante im Perlmuster. Schultern wie beim Rückenteil abketten, die restlichen 6 M noch 2 cm gerade hochstricken, dann die M auf 1 Hilfsnadel nehmen.
Das rechte Teil über die restlichen M weiterarbeiten, plus 1 Rand-M an der Teilungskante = 48 (51) M. Schultern wie beim Rückenteil arbeiten. Mit den restlichen 26 M noch 2 cm gerade hocharbeiten, dann die M auf 1 Hilfsnadel nehmen.

Ärmel

Mit Nadeln Nr. 3½ oder 4 in Grau 35 (39) M anschlagen, 3 cm im Bündchenmuster arbeiten. Anschließend mit Nadeln Nr. 4 oder 4½ wie folgt im Grundmuster weiterarbeiten: 2 R in Schwarz, dann weiter in Grau, dabei für die Ärmelschrägung beidseitig in jeder 2. Reihe 17 x 1 M zunehmen = 69 (73) M, dann beidseitig abwechselnd 3 x in jeder 2. R und 1 x in der 4. R 1 M zunehmen, bis insgesamt 125 M auf der Nadel liegen. Bei 52 cm Gesamthöhe alle M abketten.

Fertigstellung

An der Teilungskante vom rechten Vorderteil in Grau M aufnehmen und glatt rechts stricken. Nach 1 cm Höhe 3 Knopflöcher über je 2 M in 44 cm, 52 cm und 60 cm Gesamthöhe einstricken. 2 cm in Schwarz arbeiten, nach 2 R 1 R links als Bruchkante, dann weiter glatt rechts und auf der Höhe der Knopflöcher, diese noch einmal einarbeiten, 1 cm stricken, dann die M abketten. In der Bruchkante die Leiste nach innen kippen und annähen. Die Schulternähte schließen und ausdämpfen. Die M am Halsausschnitt von der Hilfsnadel nehmen und an der Knopflochleiste in Grau M aufnehmen und glatt rechts stricken. Nach 2 cm in Schwarz weiterarbeiten, nach 2 R 1 R links als Bruchkante, dann noch knapp 3 cm im Grundmuster arbeiten. In der Bruchkante den Steg nach innen legen und lose annähen. Jeweils an den senkrechten Kanten der Armausschnitte in Grau M aufnehmen und im Grundmuster arbeiten, nach 2 cm 2 R in Schwarz, 1 R links als Bruchkante und im Grundmuster 2 R über den Anschlag hinaus (als Naht) weiterarbeiten, dann M abketten. Die Seitennähte schließen und ausdämpfen. Die Ärmel wie folgt einnähen: Die Ärmelfalten in der Bruchkante nach innen legen und lose anheften.

Die Ärmel-Innennähte schließen und ausdämpfen, dann unter die Ärmelfalte schieben und in der R des Anschlags der Falte von der rechten Seite die Ärmelfalte und den Ärmel annähen. Anschließend die Heftfäden entfernen.

Die waagerechten Nähte des Ärmels zusammennähen und ausdämpfen.

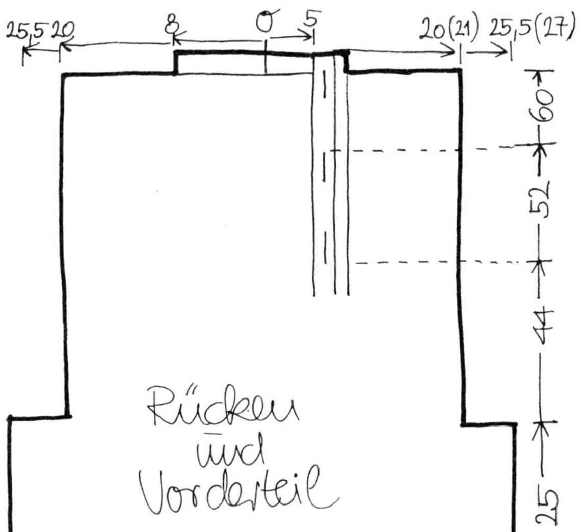

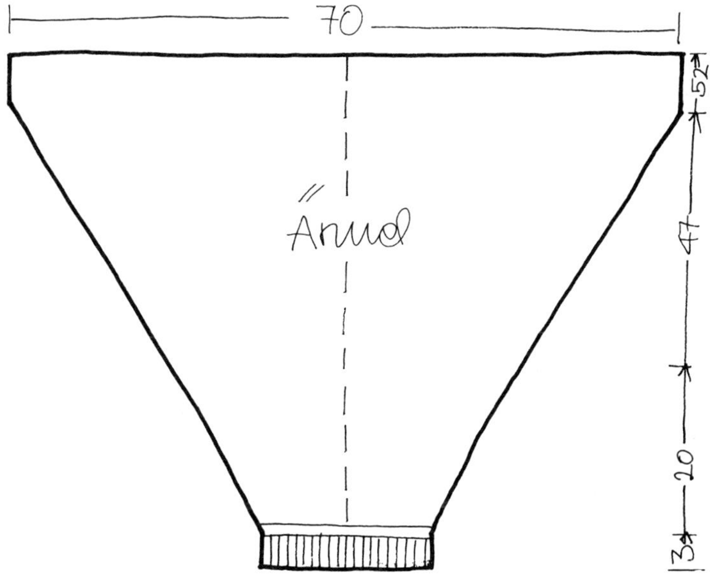

Im College-Stil

Damenpulli mit V-Ausschnitt

Größen 36/38 und 40/42

Bei unterschiedlichen Angaben: Größe 40/42 in Klammern.

Material

Pingouin Wolle, Qualität Corrida Nr. 3, 300 (350) g in Blanc Nr. 301. Je 1 Paar Stricknadeln Nr. 2½ und 3, 1 Nadelspiel Nr. 2½, 1 Paar Schulterpolster.

Grundmuster

Patentmuster: 1. R (Vorderseite der Arbeit): rechts. 2. R: 1 Rand-M, * 1 M links, 1 M rechts, dabei in die Vor-M, d.h. unter der normal abzustrickenden M der Vorreihe, einstechen *, 1 Rand-M. Diese beiden R stets wiederholen.

Bündchenmuster

Abwechselnd 1 M rechts, 1 M links.

Maschenprobe

Mit Nadeln Nr. 3 im Patentmuster: 28 M und 56 R = 10 x 10 cm.

Arbeitsanleitung

Rücken

141 (151) M mit Nadeln Nr. 2½ anschlagen und 8 cm im Bündchenmuster stricken, dabei mit 1 M rechts beginnen. Danach mit Nadeln Nr. 3 im Patentmuster fortfahren. Nach 34 (36) cm Gesamthöhe beiderseits 1 M für die Nähte abketten, dann für die Raglanschrägungen – 3 M von jeder Kante entfernt – je 1 doppelte Abnahme durchführen: * 1 x alle 4 R, 1 x alle 6 R *: 12 (13) x, dann nach 6 R 1 x und (doppelte Abnahme: an der rechten Kante 3 M zusammenstricken; an der linken Kante 1 doppelten Überzug arbeiten: 1 M abheben, die beiden folgenden M zusammenstricken und die abgehobene über die gestrickte M ziehen). Die 39 (41) restlichen M auf einmal abketten.

Vorderteil

Die Arbeit wie beim Rückenteil beginnen. Nach 34 (36) cm Gesamthöhe beiderseits 1 M abketten, dann für den Halsausschnitt die Arbeit in der Mitte teilen, dabei die mittlere M abketten. Jede Seite getrennt beenden, dabei an der Außenkante die gleichen Raglanabnahmen wie beim Rückenteil durchführen. Gleichzeitig an der Innenkante für die Halsausschnittschrägung alle 6 R 12 x 1 M abnehmen, dann alle 8 R 7 (8) x 1 M. Die 2. Seite gegengleich beenden.

Ärmel

112 (122) M mit Nadeln Nr. 2½ anschlagen und 2 cm im Bündchenmuster stricken, dabei mit 1 M links beginnen. Dann mit Nadeln Nr. 3 im Patentmuster weiterarbeiten, dabei – 3 M von jeder Kante entfernt – für die Raglanschrägungen die gleichen Abnahmen wie beim Rückenteil durchführen. Die restlichen M auf einmal abketten.

Fertigstellung

Raglannähte schließen. Ärmel- und Seitennähte schließen. Für die Halsausschnittblende mit dem Nadelspiel Nr. 2½ von der Ausschnittspitze aus ca. 192 (212) M rund um den Halsausschnitt auffassen, im Bündchenmuster in hin- und hergehenden R stricken, dabei alle 2 R beiderseits 1 M abketten. Nach 1 cm Strickhöhe abketten. Die Halsausschnittblende spitz zulaufend schließen. Schulterpolster einsetzen.

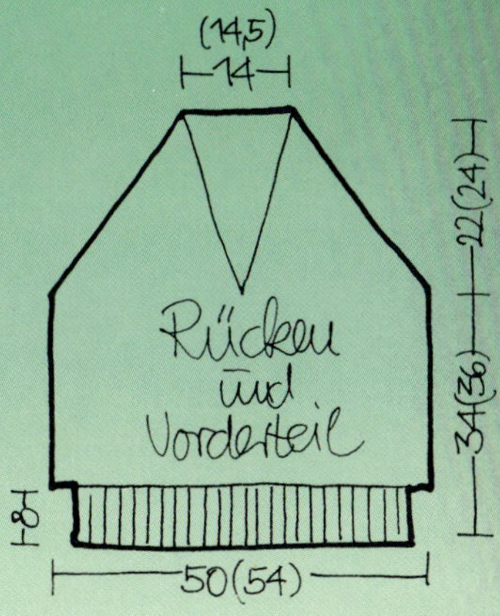
(14,5)
14
22(24)
34(36)
Rücken und Vorderteil
8
50(54)

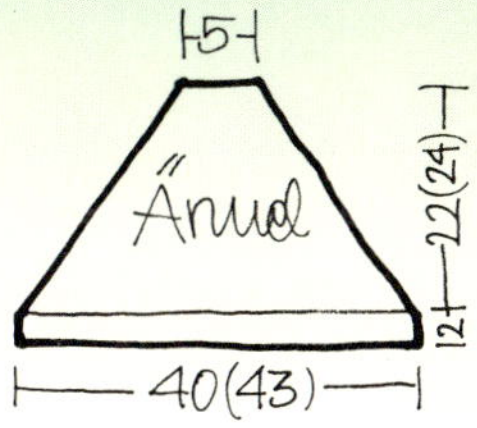
5
Ärmel
22(24)
12
40(43)

Sittsam: ein Matrosenkragen

Mädchenpulli mit weißem Kragen

Größen 104 und 116 (ca. 4 und 6 Jahre)

Bei unterschiedlichen Angaben: Größe 116 in Klammern. Oberweite 64 (68) cm, ganze Länge 40 (44) cm.

Material

Schaffhauser Wolle, Qualität Mohair Souplesse 50, 130 (ca. 150) g in Dunkelblau Nr. 77, je 20 g in Gelb Nr. 50, Weiß Nr. 19 und Rot Nr. 62. Je 1 Paar Stricknadeln Nr. 3½ und 4, 1 Hilfsnadel.

Strickmuster I
Abwechselnd 1 M rechts, 1 M links.

Strickmuster II
Glatt rechts = Hinreihe rechte M, Rückreihe linke M.

Strickmuster III
Rippen = Hinreihe und Rückreihe rechte M.

Maschenprobe

Genau einhalten! (falls nötig, Nadeln wechseln)
Mit Nadeln Nr. 4 im Strickmuster II: 9½ M = 5 cm Breite.

Arbeitsanleitung

Rücken

Mit Nadeln Nr. 3½ 58 (62) M in Dunkelblau anschlagen. Im Strickmuster I stricken. Bei 6 cm ab Anschlag mit Nadeln Nr. 4 im Strickmuster II weiterarbeiten, dabei in der 1. R verteilt 4 M aufnehmen = 62 (66) M. Die Seitennähte bleiben gerade. Bei 24 (27) cm ab Anschlag für den Armausschnitt beidseitig 1 x 9 M abketten = 44 (48) M. Bei 14 (15) cm ab Armausschnitt für die Achselschrägung beidseitig stets am Anfang der R 3 x 4 (4, 4, 5) M abketten und gleichzeitig mit der 2. Abschrägung für den Halsausschnitt die mittleren 16 (18) M, dann beidseitig davon noch 1 x 2 M abketten.

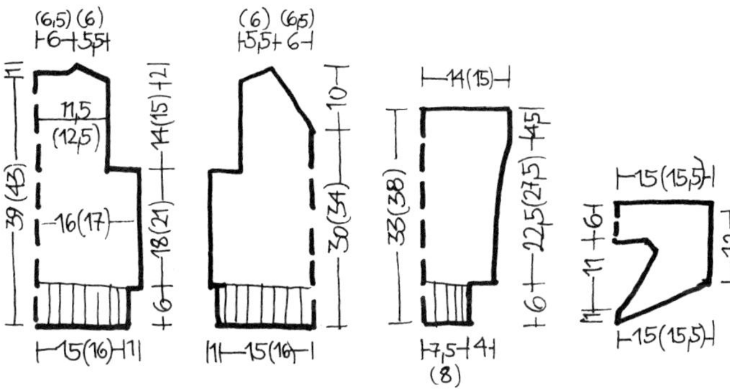

Vorderteil

Wie Rückenteil arbeiten, jedoch bei 30 (34) cm ab Anschlag die Arbeit für den Halsausschnitt teilen und jede Hälfte separat hochstricken, dabei bei der Halskante 8 (10) x in jeder 2. R und 2 (1) x in jeder 4. R 1 M abnehmen.

Ärmel

30 (32) M mit Nadeln Nr. 3½ in Dunkelblau anschlagen. Im Strickmuster I stricken. Bei 6 cm ab Anschlag mit Nadeln Nr. 4 im Strickmuster II weiterstricken, dabei in der 1. R verteilt 16 M aufnehmen = 46 (48) M. Bei 5 (6) cm ab Bord beidseitig 1 M aufnehmen und dies noch beidseitig 4 (5) x alle 3,5 cm wiederholen = 56 (60) M. Gleichzeitig bei 24 (29) cm ab Anschlag Streifen strikken wie folgt: 4 R gelb, 4 R dunkelblau, 4 R gelb, 4 R dunkelblau, 4 R gelb, 4 R dunkelblau. Dann alle M lokker abketten.

Kragen

Mit Nadeln Nr. 3½ 3 (4) M in Weiß anschlagen. Im Strickmuster II stricken, dabei stets bei der rechten Kante am Ende der R 8 x 3 M hinzu anschlagen. Gleichzeitig bei der linken Kante bei 1 cm ab Anschlag 1 M abnehmen und dies 2 (5) x nach 1 cm und 4 (2) x nach 1,5 cm wiederholen = 20 M. Wenn die Arbeit bei der rechten Kante 5 cm mißt, bei der linken Kante 1 x 3 M dazu anschlagen. Die M auf 1 Hilfsnadel heben und ein gegengleiches Teil arbeiten. Wenn bei diesem bei der rechten Kante 3 M dazu angeschlagen sind, die beiden Teile mit einem Anschlag von 15 (17) M miteinander verbinden. Mit den erreichten 61 (63) M gerade weiterstricken und bei 12 cm, an der rechten Kante gemessen, alle M rechts abketten.

Halsschlaufe

Mit Nadeln Nr. 3½ 5 M in Rot anschlagen. Im Strickmuster III stricken. Bei 65 cm die M abketten.

Ausarbeitung

Nähte schließen, dabei bei den Ärmeln die obersten 4,5 cm offenlassen und diese Kante an die abgeketteten M des Vorder- bzw. Rückenteils nähen. Ärmel einsetzen. Beim Kragen in Weiß die äußere Kante mit 1 R feste M und nochmals auf der Vorderseite mit 1 R im Krebsgang behäkeln, dabei bei der vorderen schrägen Kante und bei 1 cm der Halskante in jede M einstechen und 2 R auffassen, damit die Anschlagkante nach hinten kommt. Diese auf der Rückseite mit einem Faden ansäumen. Den Kragen 1 cm innerhalb der Ausschnittkante einnähen, dann den oberen Rand auf der Außenseite mit verdeckten Stichen annähen. Die Halsschlaufe in der hinteren Mitte befestigen.

Mal schwarzweiss,

Damenpullover mit senkrechter Streifenpartie

Größen 38 und 42

Bei unterschiedlichen Angaben: Größe 42 in Klammern.

Material

Austermann Wolle, Qualität Nabucco, in den angegebenen Mengen und Farben. Je 1 Paar Stricknadeln Nr. 3 und 4, je 1 Rundstricknadel Nr. 3, 60 und 100 cm lang.

Grundmuster

Glatt rechts = Hinreihe rechte M, Rückreihe linke M.

Bündchenmuster

Abwechselnd 1 M rechts, 1 M links.

Maschenprobe

Mit Nadel Nr. 4: 22 M und 28 R in glatt rechts = 10 x 10 cm.

Arbeitsanleitung

Schwarzer Pullover mit weißen Streifen
500 (550) g in Schwarz Nr. 30 und 200 g in Weiß Nr. 27.

Rücken

Das Teil wird quer gearbeitet. Dafür beim rechten Ärmel beginnen und 28 M in Schwarz mit Nadeln Nr. 3 anschlagen, 7 cm im Bündchenmuster stricken. Weiter im Grundmuster mit Nadeln Nr. 4 wie folgt arbeiten und in der 1. R 6 M verteilt zunehmen = 34 M. 12 cm schwarz, * 5 cm weiß, 5 cm schwarz; ab * noch 1 x wiederholen, 5 cm weiß, 3 (1) cm schwarz. Gleichzeitig für die Armerweiterung an der linken Seite in jeder 5. (4.) R 22 x 1 M zunehmen = 56 M. Nach 47 (45) cm ab Anschlag für das Rückenteil 1 x 72 M zunehmen = 128 M. Für den Halsausschnitt nach 62 cm ab Anschlag an der rechten Seite in jeder 2. R 1 x 3 und 2 x 2 M abnehmen = 121 M. Nach 72 cm ist die rückwärtige Mitte erreicht. Nun das Teil gegengleich beenden. Für die Maschenabnahmen jetzt Maschenzunahmen und umgekehrt arbeiten. Den linken Ärmel uni in Schwarz arbeiten.

Vorderteil

Genauso wie den Rücken arbeiten, die Maschenzu- und -abnahmen jedoch auf der gegenüberliegenden

mal schwarzrot

Seite vornehmen. Beim Vorderteil für den Halsausschnitt nach 62 cm ab Anschlag in jeder 2. R an der linken Seite 1 x 4, 1 x 3, 2 x 2 und 2 x 1 M abnehmen = 115 M.
Für die Streifen beim Vorderteil nach 67 cm ab Anschlag wie folgt stricken: 5 cm weiß, 5 cm schwarz, 2 x wiederholen. Das Teil wie beim Rücken uni in Schwarz beenden.

Fertigstellung

Teile nach Schnitt spannen und mit feuchten Tüchern bedeckt trocknen lassen. Schulter-, Ärmel- und Seitennähte schließen. Aus der Taillenkante mit der langen Rundstricknadel 216 (238) M in Schwarz aufnehmen und 7 cm im Bündchenmuster stricken. Aus dem Halsausschnitt von rechts mit der kurzen Rundstricknadel 160 M in Weiß aufnehmen und glatt rechts (in Rd nur rechte M) stricken.
Nach 12 cm alle M abketten. Wulst einrollen, so daß die linke Maschenseite außen liegt.

Schwarzer Pullover mit roten Streifen

Wie den schwarzweißen Pullover arbeiten, jedoch die Streifen in Rot Nr. 23.

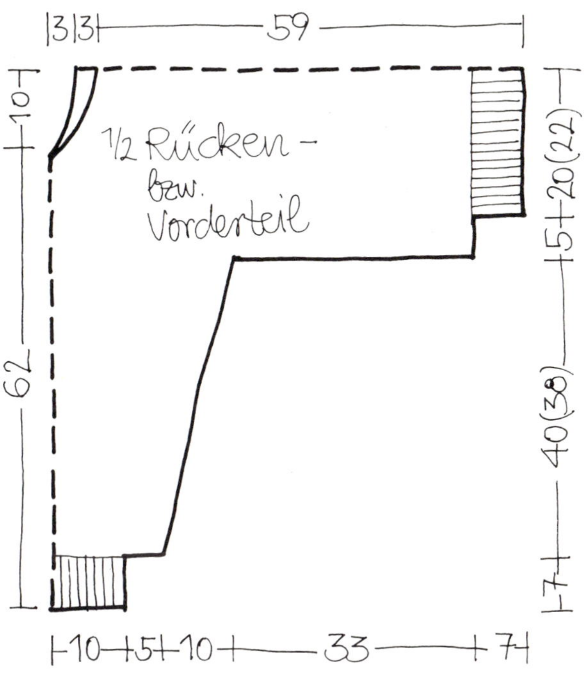

Männer mögen's klassisch

Herrenpullover mit Karos

Größe 48/50

Oberweite des Modells 108 cm, ganze Länge 68 cm.

Material

H. E. C. Wolle, Qualität aarlan cotonova, 400 g in Hellblau Nr. 4532, 370 g in Braun Nr. 4530 und 200 g in Blau Nr. 4533. Je ein Paar Stricknadeln Nr. 2–2½–3 und Nr. 3½–4, ohne Köpfchen. Je ein Nadelspiel Nr. 2–2½ und 2½–3.

Strickmuster I

Nadeln Nr. 2½–3 und in Hellblau: Abwechselnd 2 M rechts, 2 M links.

Strickmuster II

Nadeln Nr. 3½–4: 1. R Vorderseite hellblau: rechts. 2. R Vorderseite braun: Rand-M, * 9 M rechts, 9 M im Wechsel 1 M links, 1 M rechts stricken, ab * wiederholen. Enden mit 9 M rechts, 1 Rand-M. 3. R Rückseite hellblau: links. 4. R Rückseite braun: Rand-M, * 9 M links, 9 M im Wechsel 1 M links, 1 M rechts stricken, ab * wiederholen. Die 1.–4. R fortlaufend wiederholen. Nach der 16. R das Muster versetzen, d.h., über den glatten M 1 M links, 1 M rechts stricken und über die 1 M links, 1 M rechts gestrickten M glatt rechts stricken, dabei, statt hellblau, blau verwenden. Die braunen R bleiben braun.

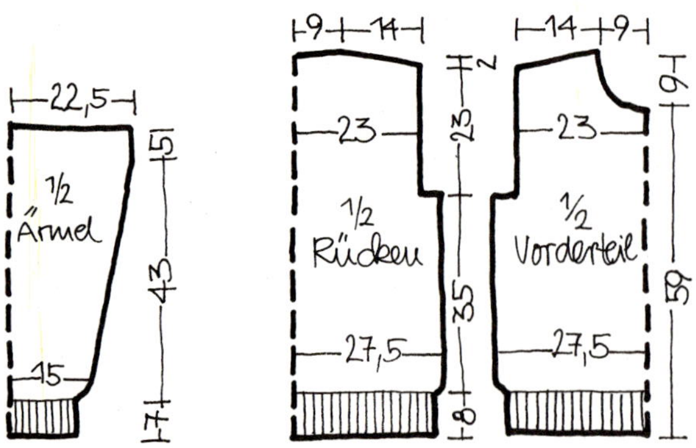

Maschenprobe

Mit Nadeln Nr. 3½–4: 11 M und 15 R im Muster II = 5 cm Breite und Höhe. Je nach Ergebnis feinere oder gröbere Nadeln verwenden.

Rücken

Anschlag 98 M. Im Muster I arbeiten, dasselbe auf der Rückseite mit Rand-M, 2 M rechts beginnen. Nach 8 cm im Muster II weiterfahren, dabei verteilt in der 1. R 21 M aufnehmen = 119 M.

Armausschnitt: 43 cm ab Anschlag beidseitig 1 x 8 M abketten = 103 M.

Achsel

23 cm ab Armausschnitt beidseitig 3 x 10 M abketten. Die restlichen 43 M ebenfalls locker abketten.

Vorderteil

Wie Rückenteil anfertigen, jedoch 59 cm ab Anschlag für den Halsausschnitt die mittleren 15 M locker abketten und beidseitig davon 1 x 4, 1 x 3, 2 x 2, 2 x 1 und 1 x 0 und 1 x 1 M abketten.

Ärmel

Anschlag 50 M. Im Muster I arbeiten. Nach 7 cm im Muster II weiterfahren, dabei verteilt in der 1. R 15 M aufnehmen = 65 M. An beiden Kanten 10 x alle 3 cm und 8 x alle 1½ cm 1 M aufnehmen. Nach ca. 55 cm, wenn das Muster 9 x gestrickt ist, alle M abketten.

Ausarbeitung

Auf die Maße aufstecken, ein feuchtes Tuch darüberlegen und trocknen lassen. Die Nähte schließen, dabei an den Ärmeln die obersten 4 cm offenlassen. Am Ausschnitt des Rückenteils mit Nadelspiel Nr. 2½–3 in Hellblau 44 M auffassen und am Vorderteil 60 M. Im Muster I arbeiten. Nach der 7. Rd 6 Rd mit Nadeln Nr. 2–2½ stricken, dann wieder mit Nadeln Nr. 2½–3 fortfahren. Mit der 20. Rd locker abketten, und die Hälfte nach innen säumen. Die Ärmel einsetzen, dabei je den offenen Rand an die 8 abgeketteten M am Armausschnitt annähen.

Glanzlichter auf Alpaca

Damenpulli mit asymmetrischem V-Ausschnitt

Größe 38

Material

Naturwolle Fritzsch, Qualität Alpaca fein, 400 g in Rauchblau Nr. 24. 1 Paar Stricknadeln Nr. 2½, Glitzersteine.

Grundmuster

Glatt rechts = Hinreihe rechte M, Rückreihe linke M.

Bündchenmuster

Abwechselnd 2 M rechts, 2 M links.

Maschenprobe

Mit Nadeln Nr. 2½: 26 M und 34 R = 10 x 10 cm.

Arbeitsanleitung

Rücken

118 M anschlagen und für das Bündchen 6 cm 2 M rechts, 2 M links stricken. Dann glatt rechts weiterarbeiten, und für die Weite in der 1. Rd 6 x nach jeder 19. M aus dem Querfaden 1 M rechts verschränkt herausstricken.

In 41 cm Gesamthöhe für den Armausschnitt beidseitig je 8 M abketten, gerade hochstricken und in 62 cm Gesamthöhe alle M abketten.

Vorderteil

Bis 49 cm Gesamthöhe wie Rückenteil stricken, dann für den vorderen Halsausschnitt die Arbeit aufteilen. Mit den ersten 33 M das erste Schulterteil bis 62 cm Gesamthöhe gerade hochstricken, dann abketten.

Für das 2. Schulterteil 21 x in jeder 2. R 2 M abketten, in 62 cm Gesamthöhe die restlichen 33 M abketten.

Ärmel

52 M anschlagen und 6 cm für das Bündchen 2 M rechts, 2 M links stricken. Danach glatt rechts weiterarbeiten, in der 1. R 10 x nach jeder 5. M aus dem Querfa-

den 1 M rechts verschränkt herausstricken und in jeder folgenden 6. R 23 x beidseitig je 1 M zunehmen. In 50 cm Gesamthöhe alle M abketten.

Halsausschnittblende

Die M vom vorderen und rückwärtigen Halsausschnitt aufnehmen und 2 cm hoch 2 M rechts, 2 M links stricken, dann abketten. Die Spitze vorne abnähen.

Ausarbeitung

Teile zusammennähen und Glitzersteine asymmetrisch auf das Vorderteil und auf den linken Ärmel verteilt aufnähen.

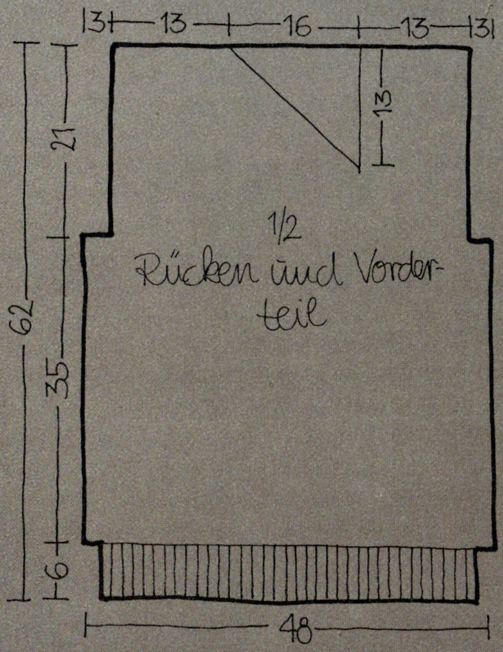

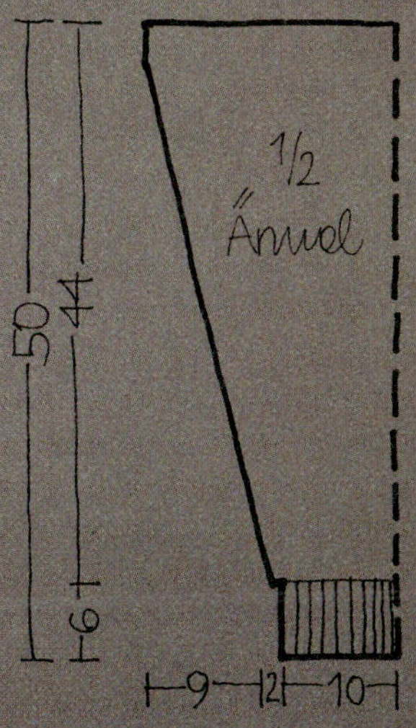

Glitzernd wie Eis und Schnee

Weiß-silberner Damenpulli

Größen 38/40 und 44/46

Bei unterschiedlichen Angaben: Größe 44/46 in Klammern.

Material

Berger du Nord-Wolle, Qualitäten Kid Mohair Nr. 5 und Moonlight. Ca. 550 g in Neige (Kid Mohair Nr. 5) und 40 g in Argent (Moonlight). Je 1 Paar Stricknadeln Nr. 4½ und 5½.

Grundmuster

Nadeln Nr. 5½: Glatt rechts = Hinreihe rechte M, Rückreihe linke M.

Zickzackmuster

Nach Fertigstellung der Arbeit laut Diagramm (s. Seite 189) im Maschenstich aufsticken.

Bündchenmuster

Nadeln Nr. 4½: Abwechselnd 1 M rechts, 1 M links.

Maschenprobe

Im Grundmuster mit Nadeln Nr. 5½: 13 M und 18 R = 10 x 10 cm.

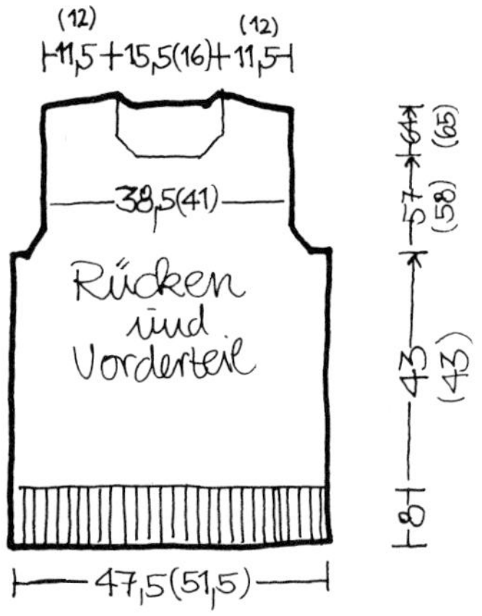

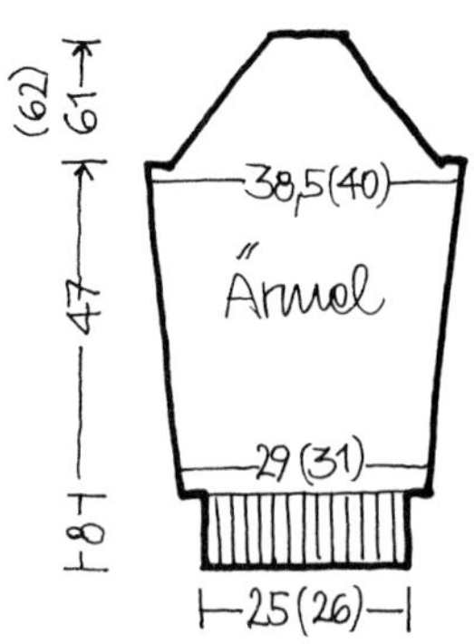

Arbeitsanleitung

Rücken

57 (61) M aufnehmen und 8 cm lang 1 M rechts, 1 M links stricken, dann glatt rechts weiterarbeiten und dabei, in der 1. R, 5 (6) x verteilt zunehmen = 62 (67) M. Bei Erreichen einer Strickhöhe von 43 cm an jeder Seite für die Armlöcher alle 2 R 3 M, 2 M, 1 (2) x 1 M abnehmen = 50 (53) M. Nach einer Arbeitshöhe von 64 (65) cm die Schultern abschrägen und dafür an jeder Seite alle 2 R 2 x 5 M (2 x 5 und 1 x 6 M) abnehmen. Gleichzeitig die mittleren 12 (13) M abketten und jede Seite getrennt fertigstellen, dabei am Halsausschnitt 4 M abnehmen.

Vorderteil

Die gleiche Anzahl M wie am Rückenteil aufnehmen und genauso stricken. Halsausschnitt: Bei Erreichen einer Strickhöhe von 57 (58) cm die mittleren 6 (7) M abketten und jede Seite getrennt fertigstellen, dabei am Halsausschnitt alle 2 R, 3 M, 2 M, 2 x 1 M abnehmen.

Ärmel

33 (35) M aufnehmen und 8 cm lang 1 M rechts, 1 M links stricken, dann glatt rechts weiterarbeiten und dabei in der 1. R 5 x verteilt zunehmen = 38 (40) M. Danach an jeder Seite alle 10 R 6 x 1 M zunehmen = 50 (52) M. Bei Erreichen einer Strickhöhe von 47 cm an jeder Seite alle 2 R, 3 M, 2 M, 9 (10) x 1 M, 2 x 2 M abnehmen und die restlichen 14 M auf einmal abketten.

Fertigstellung

Das Zickzackmuster auf allen Teilen des Pullovers aufsticken und dabei 3 Fäden „Moonlight" zusammennehmen. Das Vorder- und Rückenteil durch Ziehen einer Schulternaht verbinden. Um den Halsausschnitt herum wieder in Weiß 71 M aufnehmen und 20 cm lang 1 M rechts, 1 M links stricken, dann locker abketten. Die zweite Schulternaht und die Kragennaht ziehen, dabei in halber Höhe, die Seite wechseln, da der Kragen nach außen umgeschlagen werden soll. Die Seitennähte ziehen. Die Ärmel schließen und anbringen.

Der Modetip: Fledermausärmel

Damenpulli mit weiten Ärmeln

Größen 38 und 40

Bei unterschiedlichen Angaben: Größe 40 in Klammern.

Material

Lana Grossa Wolle, Qualitäten Intimo und Lara Cotton, ca. 700 g. 350 g in Hellblau Nr. 31 (Intimo) und je 50 g in Petrol Nr. 20, Türkis Nr. 19, Grünblau Nr. 7, Hellblau Nr. 25, Lila Nr. 22, Pink Nr. 313, Weiß Nr. 78, Grau Nr. 90 (Lara Cotton). 1 Paar Schnellstricknadeln Nr. 3½.

Grundmuster

Glatt rechts = Hinreihe rechte M, Rückreihe linke M.

Einstrickmuster

siehe Diagramm Seite 189.

Bündchenmuster

Abwechselnd 1 M rechts, 1 M links.

Maschenprobe

Im Grundmuster und Nadeln Nr. 3½: 22 M und 29 R = 10 x 10 cm.

Arbeitsanleitung

Rücken- und Vorderteil

Mit Nadeln Nr. 3½ in Hellblau (Intimo) 36 M anschlagen und 3 cm im Bündchenmuster stricken. In der folgenden R gleichmäßig verteilt 10 M neu aufnehmen und im Grundmuster und Diagramm weiterarbeiten.

Ausarbeitung

Für das Taillenbündchen je ca. 90 (122) M auffassen und 5 cm im Bündchenmuster stricken. Nähte schließen.

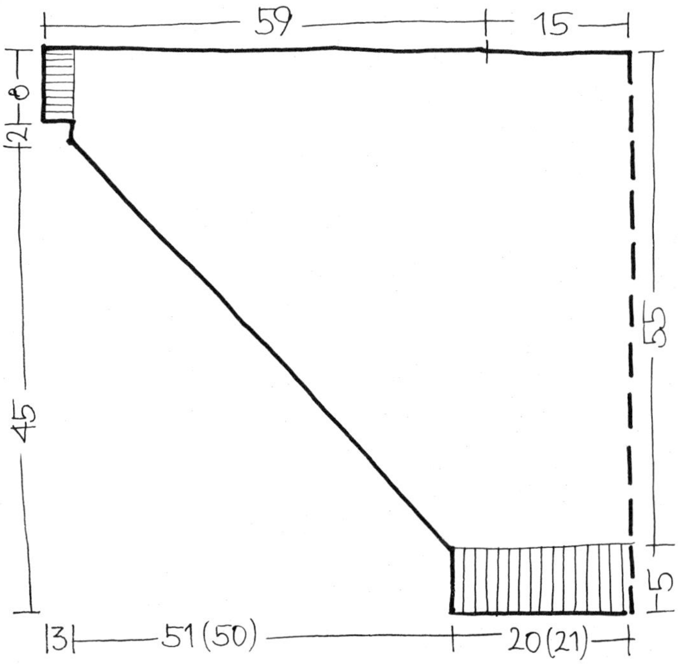

Elegant: der Raglanschnitt

Damenpulli mit Raglan

Größen 36, 38/40 und 42/44

Bei unterschiedlichen Angaben: Größen 38/40 und 42/44 in Klammern.

Material

Pingouin Wolle, Qualität Confort Irisé, 500 (550/600) g in Bleuet Nr. 204. Je 1 Paar Stricknadeln Nr. 3 und 3½, 1 Nadelspiel Nr. 3.

Grundmuster

Phantasiemuster: 1. und alle weiteren ungeraden R (Rückseite der Arbeit): 1 Rand-M, * 1 M rechts, dabei in die Vor-M, d.h. unter der normal abzustrickenden M der Vorreihe, einstechen, 1 M links *, 1 Rand-M.

2. und alle weiteren geraden R: Die M stricken, wie sie erscheinen.

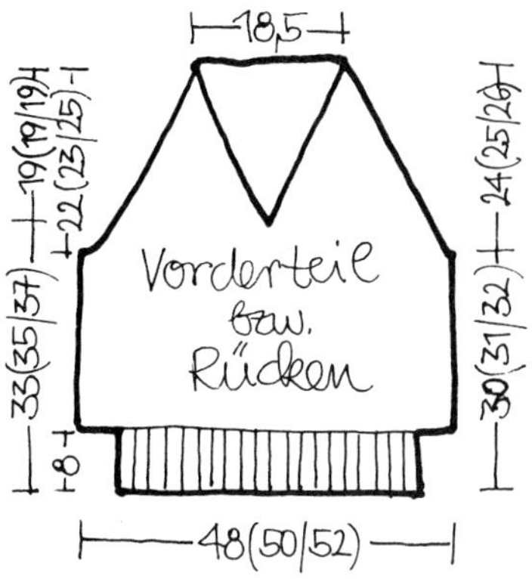

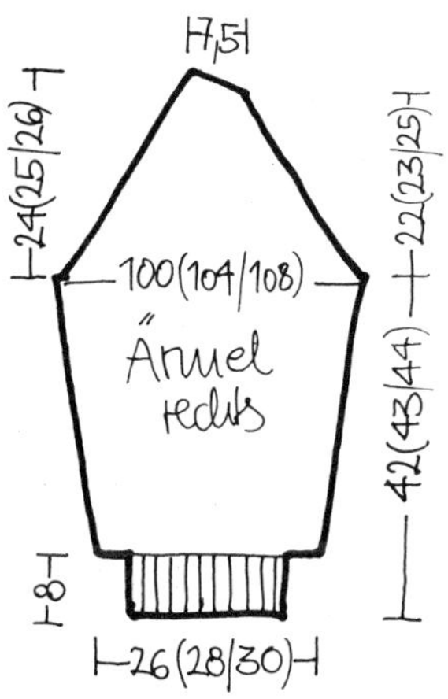

Bündchenmuster

Abwechselnd 1 M rechts, 1 M links.

Maschenprobe

Mit Nadeln Nr. 3½ im Phantasiemuster: 26 M und 46 R = 10 x 10 cm.

Arbeitsanleitung

Rücken

128 (132/136) M mit Nadeln Nr. 3 anschlagen und 8 cm im Bündchenmuster stricken. Dann mit Nadeln Nr. 3½ im Phantasiemuster weiterarbeiten. Nach 30 (31/32) cm Gesamthöhe für die Raglanschrägungen beiderseits abketten: 1 x 6 M, danach alle 6 R 17 (18/19) x 2 M. Für den Halsausschnitt die restlichen 48 M auf einmal abketten.

Vorderteil

Wie beim Rückenteil beginnen. Nach 30 (31/32) cm Gesamthöhe für die Raglanschrägungen beiderseits abketten: 1 x 6 M, danach alle 6 R 2 x 3 M und 14 (15/16) x 2 M. Gleichzeitig nach 33 (35/37) cm Gesamthöhe für den Halsausschnitt die Arbeit in der Mitte teilen und jede Seite getrennt beenden, dabei an der Halsausschnittkante abnehmen: 6 x * 1 M alle 2 R, 1 M alle 4 R * und 12 x 1 M alle 4 R.

Rechter Ärmel

58 (62/66) M mit Nadeln Nr. 3 anschlagen und 8 cm im Bündchenmuster stricken. Dann mit Nadeln Nr. 3½ im Phantasiemuster weiterarbeiten, dabei in der 1. R 12 M verteilt zunehmen. Man erhält 70 (74/78) M. Beiderseits alle 10 R 15 x 1 M zunehmen. Man erhält 100 (104/108) M. Nach 42 (43/44) cm Gesamthöhe für die Raglanschrägungen an der linken (rückwärtigen) Kante die gleichen Abnahmen wie beim Rückenteil und gleichzeitig an der rechten (vorderen) Kante die gleichen Abnahmen wie beim Vorderteil durchführen. Anschließend alle 2 R 4 x 5 M abketten.

Linker Ärmel

Gegengleich arbeiten.

Fertigstellung

Raglannähte schließen. Für die Halsausschnittblende mit dem Nadelspiel Nr. 3 von der Ausschnittspitze aus rund um den Halsausschnitt ca. 178 M auffassen und in hin- und hergehenden R 2 cm im Bündchenmuster stricken, dabei beiderseits alle 2 R 1 M abnehmen. Danach abketten. Die Halsausschnittblende spitz zulaufend schließen. Ärmel- und Seitennähte schließen.

Blickfang: Weisse Rosen

Schwarzweißer Damenpulli

Größen 38/40 und 42/44

Bei unterschiedlichen Angaben: Größe 42/44 in Klammern.

Material

Pingouin-Wolle, Qualität Sport laine. 350 (400) g in Blanc Nr. 502, 450 (500) g in Noir Nr. 524. 1 Paar Stricknadeln Nr. 4, 1 Paar Stricknadeln Nr. 5 ohne Kopf, 1 Nadelspiel Nr. 4.

Grundmuster

Glatt rechts gestreift (Stricknadeln ohne Kopf):

1. R: rechts in Blanc. Arbeit wieder am Reihenbeginn aufnehmen.
2. R: rechts in Noir. Arbeit wenden.
3. R: links in Blanc. Arbeit wieder am Reihenbeginn aufnehmen.
4. R: links in Noir. Arbeit wenden.
5. R: Muster in der 1. R wieder aufnehmen.

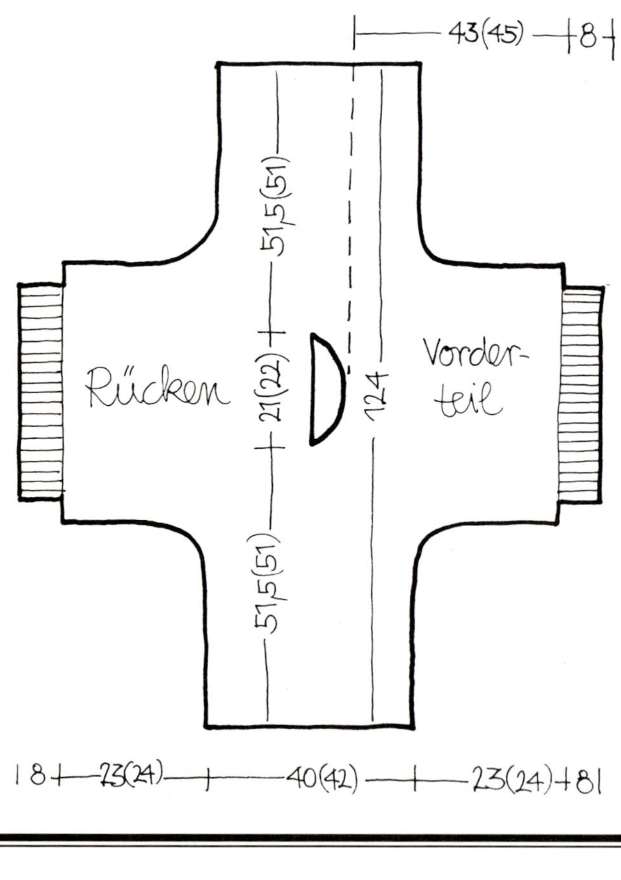

Glatt rechts im Jacquardmuster: Nach dem Zählmuster (s. Seite 189) arbeiten, jedoch wie beim glatt rechts gestreiften Muster 2 R auf der Vorderseite und 2 R auf der Rückseite stricken.

Bündchenmuster

Abwechselnd 1 M rechts, 1 M links.

Maschenprobe

Mit Nadeln Nr. 5 in glatt rechts gestreift: 19 M und 25 R = 10 x 10 cm.

Arbeitsanleitung

Der Pulli wird in einem Stück gearbeitet und an der unteren Vorderteilkante begonnen.

Mit Nadeln Nr. 4 in Noir 91 (97) M anschlagen und 8 cm im Bündchenmuster stricken. Dann mit Nadeln Nr. 5 glatt rechts gestreift weiterarbeiten. In der 13. R das Jacquardmuster beginnen: 13 (14) M stricken, eine Blume, 22 (24) M, eine Blume, 22 (24) M, eine Blume, 13 (14) M, dann wieder glatt rechts gestreift stricken.

Nach 23 (24) cm Gesamthöhe für die Kimono-Ärmel beiderseits alle 2 R dazu anschlagen: 10 x 1 M, 1 x 2 M, 1 x 3 M, 1 x 5 M, 1 x 7 M und 1 x 46 (43) M. Man erhält 237 M.

Nach 51 (53) cm Gesamthöhe für den Halsausschnitt die mittleren 13 (15) M abketten und jede Seite getrennt beenden, dabei an der Halsausschnittkante alle 2 R abketten: 1 x 5 M, 1 x 3 M, 3 x 2 M. Nach 56 (58) cm Gesamthöhe ist die Arbeitsmitte erreicht. Noch 0,5 cm stricken und Arbeit stillegen.

Die 2. Seite gegengleich hocharbeiten, dann beide Teile verbinden, indem man dazwischen für den rückwärtigen Halsausschnitt 41 (43) M dazu anschlägt. Das Rückenteil beenden, indem man die Angaben des Vorderteils umgekehrt liest.

Mit Nadeln Nr. 4 in Noir an jeder unteren Ärmelkante 42 (46) M auffassen, 8 cm im Bündchenmuster stricken und abketten.

Fertigstellung

Mit dem Nadelspiel Nr. 4 in Noir 94 (98) M rund um den Halsausschnitt auffassen, 1,5 cm im Bündchenmuster stricken und abketten. Ärmel- und Seitennähte schließen.

Strick-Look für Mädchen

Kinderpulli und Höschen

Größe 104

Material

Austermann Wolle, Qualitäten Felicitas, Chenille Classic und Seidenglanz.

Für den Pulli:

150 g in Wassergrün Nr. 138 und 50 g in Rosé Nr. 123 (Felicitas), 50 g in Grünblau Nr. 1037 (Chenille Classic), Rest in Weiß Nr. 9 (Seidenglanz). Je 1 Rundstricknadel Nr. 3 und 3½, 60 cm lang, 1 Nadelspiel Nr. 3, 1 Häkelnadel Nr. 4.

Für das Höschen:

150 g in Weiß Nr. 9 (Seidenglanz), Rest in Grünblau Nr. 1037 (Chenille Classic) und je 1 Rest in Wassergrün Nr. 138 und Rosé Nr. 123 (Felicitas). 1 Rundstricknadel Nr. 3, 60 cm lang. Bundgummi in gewünschter Weite.

Grundmuster

Glatt rechts = Hinreihe rechte M, Rückreihe linke M. In Rd nur rechte M.

Bündchenmuster

Abwechselnd 1 M rechts, 1 M links.

Maschenprobe

Mit Nadeln Nr. 3½ für Pulli: 19 M und 27 R = 10 x 10 cm.
Mit Nadeln Nr. 3½ für Hose: 25 M und 35 R = 10 x 10 cm.

Arbeitsanleitung

Pulli

Rücken

Mit Nadeln Nr. 3 in Wassergrün 70 M anschlagen und über 3,5 cm im Bündchenmuster arbeiten. Danach auf Nadeln Nr. 3½ übergehen und im Grundmuster weiterarbeiten. Bis zu einer Gesamthöhe von 23 cm stricken.

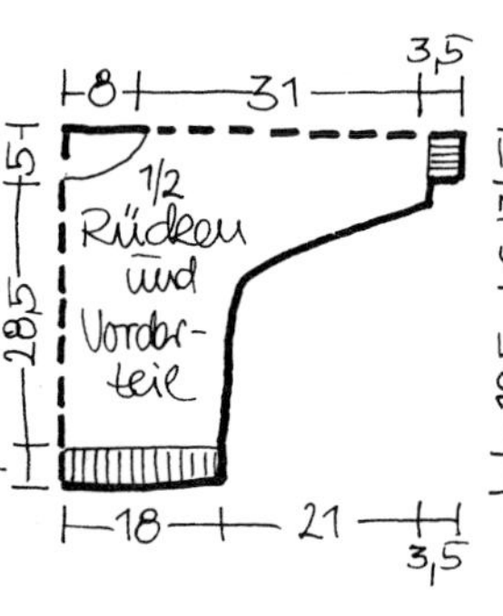

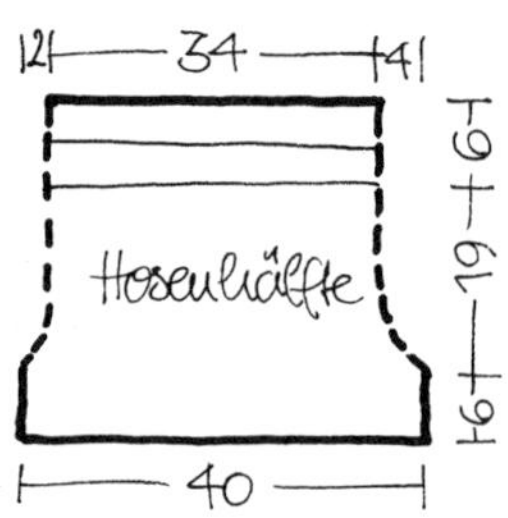

Hier für die Fledermausschrägung beidseitig in jeder 2. R 3 x 2, 1 x 5, 1 x 6, 1 x 12 und 2 x 5 M zunehmen = 148 M. Bis zu einer Gesamthöhe von 37 cm arbeiten. Die mittleren 30 M abketten und die verbleibenden 59 M je Seite auf einem Faden stillegen.

Vorderteil

Wie den Rücken arbeiten. In einer Gesamthöhe von 32 cm für den vorderen Halsausschnitt die mittleren 10 M abketten und beide Hälften getrennt beenden. Am inneren Arbeitsrand in jeder 2. R noch 2 x 1 und 4 x 2 M abnehmen. Die verbleibenden 59 M pro Seite ebenfalls in 37 cm Gesamthöhe auf einem Faden stillegen.

Fertigstellung

Die Schulternähte im M-Stich verbinden. Die Ärmel- und Seitennähte in einem schließen. Für die Ärmelbündchen auf dem Nadelspiel gleichmäßig verteilt 32 M in Wassergrün aufnehmen und über 3,5 cm im Bündchenmuster arbeiten. M abketten. Die Halsausschnittkante mit 1 Rd feste M in Wassergrün und 1 Rd Krebs-M (= feste M von links nach rechts gearbeitet) in Grünblau behäkeln. In Rosé und Weiß nach der Abbildung Kreise in verschiedenen Größen auf Vorder- und Rückenteil im Kettstich aufsticken. Für die Schleifen in Rosé 12 M anschlagen und kraus rechts (= Hin- und Rückreihe rechte M) arbeiten. Beidseitig in jeder 4. R 2 x 1 M abnehmen. Anschließend mit den 8 M über 10 R gerade hochstricken und hier nochmals beidseitig 1 x 1 M abnehmen, noch 2 R stricken, nun beidseitig 1 x 1 M zunehmen und nach 36 R nochmals beidseitig 1 x 1 M abnehmen = 6 M. Hier ist die 1. Schleifenhälfte beendet. Die 2. Hälfte gegengleich arbeiten. M abketten. Die 2. Schleife ebenso arbeiten. Nun die Strickstreifen zu einer Schleife in Falten legen und leicht festheften. An den Pulli werden die Schleifen in Grünblau beidseitig seitlich des Halsausschnittes aufgehäkelt.

Höschen

100 M in Weiß mit Nadeln Nr. 3 anschlagen und über 2 R im Bündchenmuster stricken. Danach im Grundmuster fortfahren. Nach insgesamt 6 cm für den Beinschritt wie folgt abnehmen: Auf der einen Seite in jeder 2. R 1 x 2 und 3 x 1 M abnehmen = 86 M. Danach die M ruhenlassen und das 2. Hosenbein gegengleich beginnen. Anschließend alle M auf eine Nadel nehmen und in Rd glatt rechts weiterarbeiten = 172 M. Nach insgesamt 25 cm noch über 6 cm im Bündchenmuster arbeiten. M abketten. Bündchen zur Hälfte nach innen schlagen und festheften. Die inneren Bein- und Schrittnähte schließen. Vorder- und Hinterhose ebenfalls mit Kreisen in Rosé und Wassergrün im Kettstich nach der Abbildung besticken. Die Beinkanten mit einer Rd Krebs-M in Grünblau behäkeln. Bundgummi in gewünschter Weite einziehen.

Wie wär's mit Sherry?

Damenpullover mit Rollkragen

Größen 38/40 und 42/44

Bei unterschiedlichen Angaben: Größe 42/44 in Klammern. Oberweite 88/90 (92/96) cm.

Material

Wolle Anny Blatt, Qualität Mohair und Seide sowie Look Anny. 700 (750) g in Zing Nr. 1885 (Mohair und Seide), 50 g in Caramel Nr. 1768 (Look Anny). Je 1 Paar Stricknadeln Nr. 4 und 4½.

Grundmuster

Krausgerippt mit Nadeln Nr. 4½ = alle R rechts.

Glatt rechts mit Nadeln Nr. 4½ = Hinreihe rechte M, Rückreihe linke M.

Bündchenmuster

= 1. R und alle ungeraden R (Vorderseite der Arbeit): *2 M links, 1 M rechts *; 2. R und alle geraden R: *1 M links, 2 M rechts *.

Maschenprobe

Mit Nadeln Nr. 4½: 15 M und 18 R = 10 x 10 cm.

Arbeitsanleitung

Rücken

Anschlag 72 (76) M in Caramel. 2 cm krausgerippt gerade stricken. In Zing gerade glatt rechts weiterarbeiten. Bei einer Gesamthöhe von 56 (59) cm beidseitig für die Schultern in jeder 2. R 3 x 8 (1 x 8 und 2 x 9) M stillegen. Die mittleren 24 M gerade abketten. Die Arbeit ist jetzt in 2 Teile geteilt. Nun die M von einer Schulter auffassen und in Caramel 2 cm krausgerippt stricken, die M locker abketten. Die Blende an der anderen Schulter ebenso arbeiten.

Vorderteil

Wie Rückenteil stricken, jedoch bei einer Gesamthöhe von 51 (54) cm für den Halsausschnitt die mittleren 10 M abketten. Am Halsausschnittrand in jeder 2. R 1 x 3 und 2 x 2 M abketten. Die Schultern wie beim Rückenteil stricken.

Ärmel

Anschlag 40 M in Caramel. 2 cm krausgerippt gerade stricken. Glatt rechts in Zing weiterarbeiten und beidseitig in jeder 6. R 15 x 1 M (in jeder 6. R 10 x 1 M und in jeder 4. R 7 x 1 M) zunehmen = 70 (74) M. Gerade weiterarbeiten. Bei einer Gesamthöhe von 55 cm in Caramel weiterarbeiten, 2 cm krausgerippt stricken. Die M abketten.

Kragen

Der Kragen wird in 2 Teilen gearbeitet. Für den vorderen Kragen 88 M in Zing anschlagen und im Bündchenmuster stricken. Nach 20 cm die M abketten. Den rückwärtigen Kragen ebenso über 66 M stricken.

Fertigstellung

Seitennähte in einer Gesamthöhe von 34 (36) cm schließen. Schulternähte schließen. Ärmelnähte schließen, Ärmel einsetzen. Den vorderen Kragen an den vorderen Halsausschnittrand nähen (die Seite mit den 2 M rechts ist die Unterseite des Kragens). Den rückwärtigen Kragen in den rückwärtigen Halsausschnitt nähen.
Die seitlichen Kragenränder bis zur Hälfte zusammennähen, danach den Kragen nach außen umschlagen.

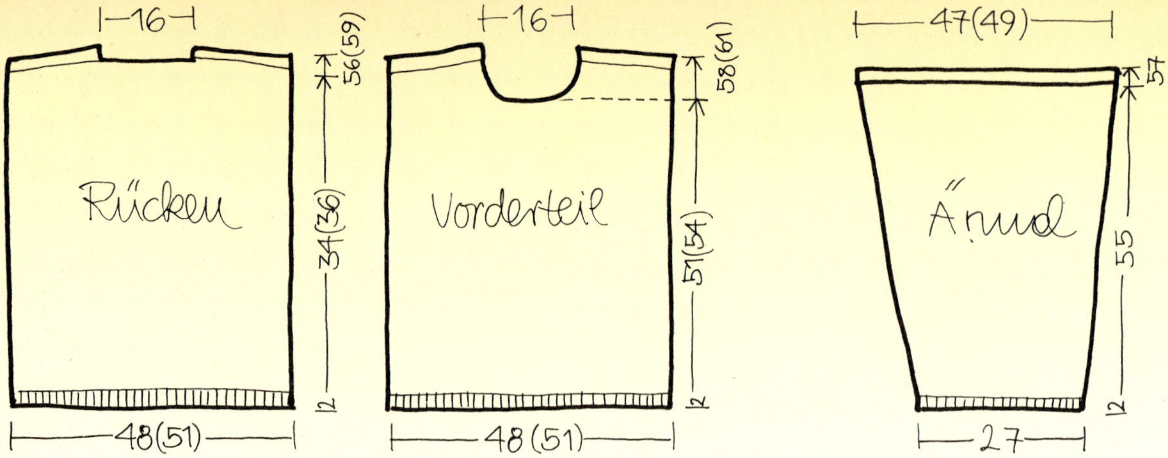

Festlich gestreift

Damenpullover in sanften Farben

Größe 38/40

Material

Woll-Service-Wolle, Qualitäten Amorella, Filpucci Felce und Lamé Soft. 300 g in Meliert Nr. 1051 (Amorella), 300 g in Dunkelblau Nr. 4023 (Felce) und 20 g in Rosa Nr. 38 (Lamé Soft). Je 1 Paar Stricknadeln Nr. 3 und 4 und eine Häkelnadel Nr. 4.

Farb- und Grundmuster

12 R meliert glatt rechts = Hinreihe rechte M, Rückreihe linke M. 6 R dunkelblau kraus rechts = Hinreihe rechte M, Rückreihe rechte M. 2 R rosa glatt rechts. 6 R dunkelblau kraus rechts.

Diese Reihen fortlaufend wiederholen.

Die Qualitäten Felce und Lamé Soft werden durchgehend mit doppeltem Faden gearbeitet.

Maschenprobe

Mit Nadeln Nr. 4: 18 M meliert in der Breite und 25 R im Muster = 10 x 10 cm.

Arbeitsanleitung

Rücken

Mit doppeltem Felcefaden 74 M mit Nadeln Nr. 3 anschlagen und für den Bund 6 cm 2 M rechts, 2 M links im Wechsel stricken. Mit Nadeln Nr. 4 weiterarbeiten und sofort innerhalb der 1. R gleichmäßig verteilt 14 M zunehmen. In der Farb- und Musterfolge 32 cm gerade hochstricken und dann für die Armausschnitte beidseitig in jeder 2. R 1 x 3, 2 x 2 und 3 x 1 M abnehmen. Bis zur Schulter 20 cm hochstricken und alle M abketten.

Vorderteil

Wie das Rückenteil stricken, jedoch für den vorderen Halsausschnitt in 51 cm Gesamtlänge (nach dem 6. Amorellastreifen) die mittleren 22 M und zu beiden Seiten noch in jeder 2. R 2 x 2 und 3 x 1 M abnehmen. In Schulterhöhe die M abketten.

Ärmel

Mit doppeltem Felcefaden 36 M mit Nadeln Nr. 3 anschlagen und für das Bündchen 3 cm 2 M rechts, 2 M links im Wechsel stricken. Dann mit Nadeln Nr. 4 weiterarbeiten und sofort innerhalb der 1. R gleichmäßig verteilt 20 M zunehmen. 39 cm in der Farb- und Musterfolge hochstricken, dabei beidseitig gleichmäßig verteilt 8 x 1 M zunehmen. Für die Armausschnitte dann beidseitig 3 x 2, 3 x 1 und dann jede 3. R 2 x 2 M zusammenstricken, bis nur mehr noch 24 M auf der Nadel sind. Dann in 1 R immer 2 M zusammenstricken und alle M fest abketten. Armkugelhöhe 20 cm.

Ausarbeitung

Teile auf den Schnitt spannen, mit feuchten Tüchern bedecken und gut trocknen lassen. Schulter- und Seitennähte schließen, Ärmel einsetzen. Mit der Häkelnadel um den Halsausschnitt mit doppeltem Felcefaden 2 R feste M häkeln.

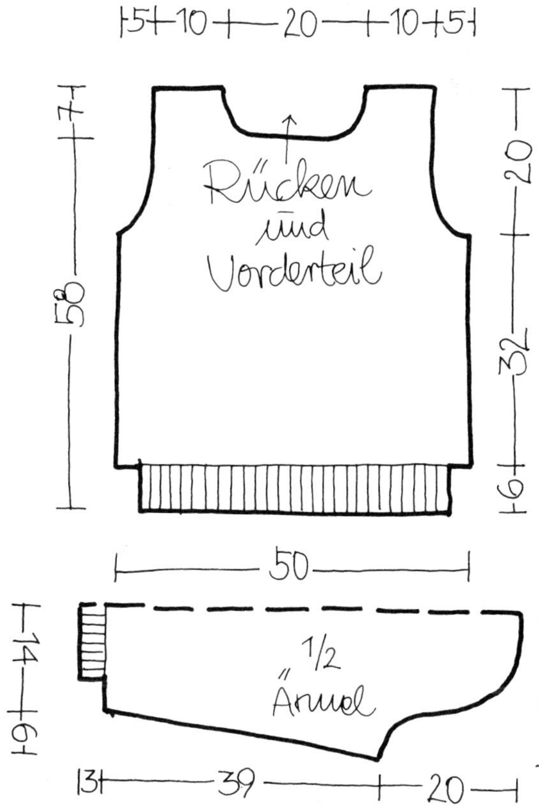

V-Passen

Damenpulli mit spitzem Latz

Größen 38 und 40

Bei unterschiedlichen Angaben: Größe 40 in Klammern.

Material

Lana Grossa Wolle, Qualität Regine, ca. 450 (500) g. 350 g in Dunkelblau Nr. 405, 100 g in Hellblau Nr. 406, Rest für das Liliendiagramm in Rot Nr. 450. Je 1 Paar Schnellstricknadeln Nr. 3½ und 4.

Grundmuster

Glatt rechts = Hinreihe rechte M, Rückreihe linke M.

Lilienmotiv: siehe Diagramm Seite 189.

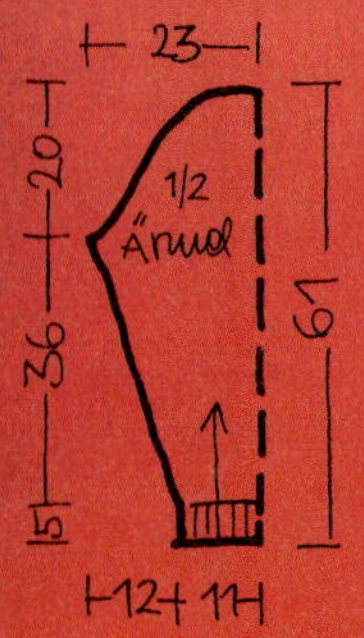

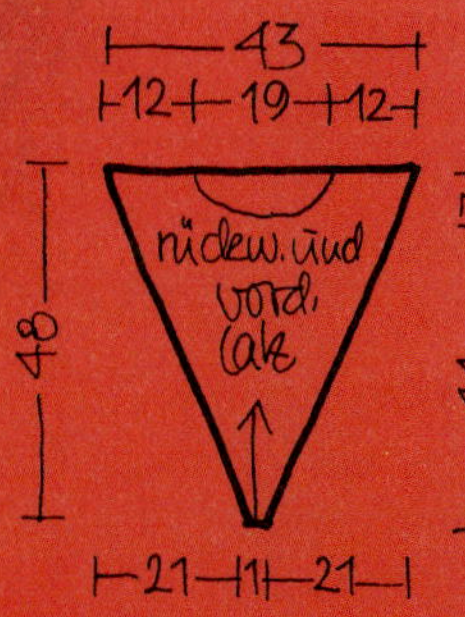

Bündchenmuster

Abwechselnd 1 M rechts, 1 M links.

Maschenprobe

22 M und 32 R = 10 x 10 cm.

Arbeitsanleitung

Rücken

104 (108) M mit Nadeln Nr. 3½ in Dunkelblau anschlagen und 5 cm im Bündchenmuster stricken. Mit Nadeln Nr. 4 im Grundmuster weiterarbeiten, dabei beidseitig in jeder 4. und 6. R abwechselnd 7 x 1 M abnehmen. In 18 cm Gesamtlänge wieder beidseitig in jeder 4. und 6. R abwechselnd 9 x 1 M zunehmen. In 32 cm Gesamtlänge für die Armausschnitte beidseitig in jeder 2. R 1 x 3, 1 x 2, 4 x 1 M abnehmen. Weiterarbeiten wie vorher.
In 57 cm Gesamtlänge alle M gerade abketten.

Vorderteil

Wie Rückenteil stricken, jedoch in 50 cm Gesamtlänge für den vorderen Halsausschnitt die mittleren 18 M gerade abketten. Das Teil getrennt weiterarbeiten, dabei für die vordere Halsrundung in jeder 2. R 1 x 3, 2 x 2, 4 x 1 M abnehmen. In 57 cm Gesamtlänge Schulter-M abketten. 2. Halsausschnitthälfte gegengleich fertigstellen.

Ärmel

48 M mit Nadeln Nr. 3½ in Dunkelblau anschlagen und 5 cm im Bündchenmuster stricken. Mit Nadeln Nr. 4 im Grundmuster weiterarbeiten, dabei beidseitig in jeder 4. R 27 x 1 M zunehmen. In 41 cm Gesamtlänge für die Armkugel beidseitig in jeder 2. R 1 x 3, 4 x 2, 3 x 1, in jeder 4. R 6 x 1, in jeder 2. R 4 x 1, 6 x 2, 2 x 3 M abnehmen. In 61 cm Gesamtlänge die restlichen Maschen abketten.
2. Ärmel gegengleich stricken.

Rückwärtiger Latz

4 M mit Nadeln Nr. 4 in Hellblau anschlagen und fortlaufend im Grundmuster weiterarbeiten, dabei beidseitig 32 x in jeder 4. R, 14 x in jeder 2. R 1 M zunehmen. In 48 cm Gesamtlänge alle M gerade abketten.

Vorderer Latz

Wie rückwärtigen Latz arbeiten, jedoch in 41 cm Gesamtlänge für den vorderen Halsausschnitt die mittleren 18 M gerade abketten. Das

Teil getrennt weiterarbeiten, dabei für die Halsrundung in jeder 2. R 1 x 3, 2 x 2, 4 x 1 M abnehmen. In 48 cm Gesamtlänge Schulter-M gerade abketten. 2. Halsausschnitthälfte gegengleich stricken.

Fertigstellung

Bei Pullover und Latz die Schulternähte zusammennähen. Restliche Nähte schließen. Ärmel einnähen, dabei Armkugel in Falten legen. Den Latz über den Pullover legen. Aus dem Halsausschnitt für das Bündchen ca. 90 M in Hellblau auffassen, dabei Pullover und Latzausschnitt zusammenfassen und 3 cm im Bündchenmuster stricken. M abketten. Latz mit 2 R feste Maschen in Hellblau umhäkeln, dabei Ecken ausarbeiten. Lilie in Rot im Maschenstich nach Diagramm im vorderen Latz einsticken. Den Latz mit Fransen in Dunkelblau einfassen.

Gestreifter Damenpulli aus Alpaca

Größen 38 und 40

Bei unterschiedlichen Angaben: Größe 40 in Klammern.

Material

Lana Grossa Wolle, Qualität Lima, ca. 450 (500) g. 300 g in Blaulila Nr. 337, 150 g in Pink Nr. 330. Je 1 Paar Schnellstricknadeln Nr. 3½ und 4.

Grundmuster

Glatt rechts = Hinreihe rechte M, Rückreihe linke M.

Bündchenmuster

Abwechselnd 1 M rechts, 1 M links.

Streifenfolge

* je 12 R in Pink und Blaulila. Von * bis * fortlaufend wiederholen.

Maschenprobe

22 M und 29 R = 10 x 10 cm.

Arbeitsanleitung

Rücken

104 (108) M mit Nadeln Nr. 3½ in Blaulila anschlagen und 5 cm im Bündchenmuster stricken. Mit Nadeln Nr. 4 im Grundmuster weiterarbeiten, dabei beidseitig in jeder 4. R 7 x 1 M abnehmen. In 18 cm Gesamtlänge wieder beidseitig in jeder 4. R 9 x 1 M zunehmen. In 32 cm Gesamtlänge für die Armausschnitte beidseitig in jeder 2. R 1 x 3, 1 x 2, 4 x 1 M abnehmen. Weiterarbeiten wie vorher. In 55 cm Gesamtlänge für die Schultern beidseitig in jeder 2. R 2 x 8, 1 x 9 (3 x 9) M abketten und gleichzeitig ab 55 cm für den rückwärtigen Halsausschnitt die mittleren 30 M gerade abketten. Das Teil getrennt weiterarbeiten, dabei für die Halsrundung in jeder 2. R 1 x 3, 1 x 2 M abnehmen. In 57 cm Gesamtlänge restliche M abketten. 2. Halsausschnitthälfte gegengleich fertigstellen.

Vorderteil

Wie Rückenteil arbeiten, jedoch in 50 cm Gesamtlänge für den vorderen Halsausschnitt die mittleren 18 M gerade abketten. Das Teil getrennt weiterarbeiten, dabei für die vordere Halsrundung in jeder 2. R 1 x 3, 2 x 2, 4 x 1 M abnehmen.

Rechter Ärmel

82 M mit Nadeln Nr. 4 in Pink anschlagen und fortlaufend im Grundmuster und Streifenfolge weiterarbeiten, dabei an der rechten Seite für die Armkugel in jeder 2. R

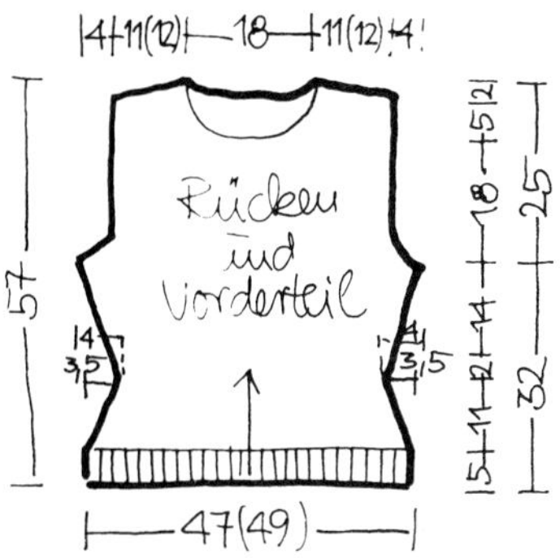

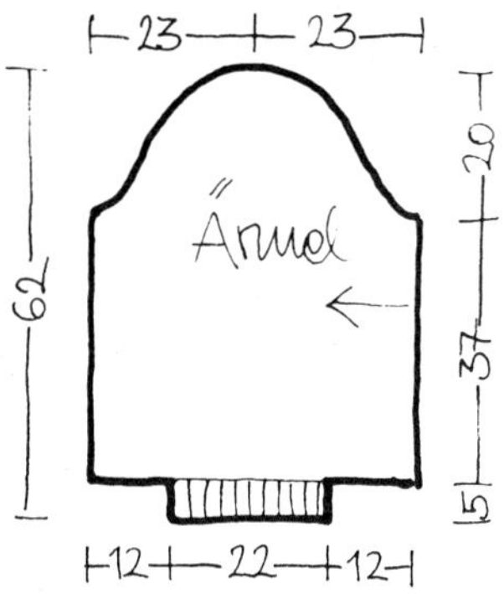

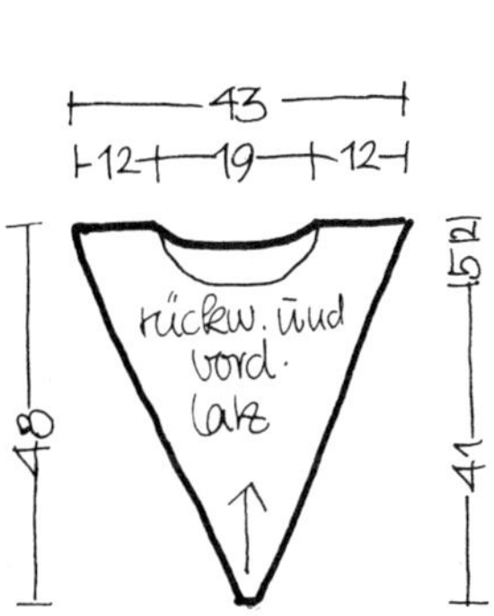

5 x 1, 2 x 2, 3 x 3, 1 x 4, 3 x 2, 1 x 3, 2 x 2, 11 x 1 M zunehmen. In 23 cm Gesamthöhe = Mitte des Ärmels, die Abnahmen entsprechend gegengleich stricken. In 46 cm Gesamthöhe alle M gerade abketten. Linken Ärmel gegengleich stricken.

Rückwärtiger Latz

4 M mit Nadeln Nr. 4 in Pink anschlagen. Fortlaufend im Grundmuster und Streifenfolge weiterarbeiten, dabei beidseitig abwechselnd in jeder 2. und 4. R 46 x 1 M zunehmen.

In 46 cm Gesamtlänge für den rückwärtigen Halsausschnitt die mittleren 30 M gerade abketten. Das Teil getrennt weiterarbeiten, dabei für die rückwärtige Halsrundung in jeder 2. R 1 x 3, 1 x 2 M abnehmen. In 48 cm Gesamtlänge Schulter-M abketten. 2. Halsausschnitthälfte gegengleich fertigstellen.

Vorderer Latz

Wie rückwärtigen Latz arbeiten, jedoch in 41 cm Gesamtlänge die mittleren 18 M gerade abketten. Das Teil getrennt weiterarbeiten, dabei für die vordere Halsrundung in jeder 2. R 1 x 3, 2 x 2, 4 x 1 M abnehmen. In 48 cm Gesamtlänge Schulter-M abketten. 2. Halsausschnitthälfte gegengleich fertigstellen.

Fertigstellung

Bei Pullover und Latz die Schulternähte zusammennähen. Restliche Nähte schließen, Ärmel einnähen, dabei die Armkugel in 2 Falten legen. Für die Ärmelbündchen je ca. 42 M in Blaulila auffassen und 6 cm im Bündchenmuster stricken. M abketten. Den Latz über den Pullover legen. Aus dem Halsausschnitt für das Bündchen ca. 84 M in Blaulila auffassen, dabei Pullover und Latzausschnitt zusammenfassen und 2,5 cm im Bündchenmuster stricken. M abketten. Latz mit 2 R feste M in Blaulila umhäkeln, dabei Ecken ausarbeiten. Den Latz mit Fransen in Pink einfassen.

Effekte mit Grautönen

Damen-Baumwollpulli mit Mohair

Größe 38/40

Material

Dilthey Wolle, Qualitäten Cotton Cablé, Nadine und Phebe Color. 100 g in Weiß Nr. 1366 (Cotton Cablé), 100 g in Grau Nr. 1791 (Nadine), 450 g in Grau Nr. 1687 und 100 g in Rot Nr. 1686 (Phebe Color). 1 Paar Stricknadeln Nr. 3½.

Grundmuster

Glatt rechts = Hinreihe rechte M, Rückreihe linke M.

Bündchenmuster

Abwechselnd 2 M rechts, 2 M links.

Maschenprobe

Mit Nadeln Nr. 3½: 16 M und 24 R im Grundmuster = 10 x 10 cm.

Arbeitsanleitung

Der Pullover wird in einem Teil von Bund zu Bund gestrickt. Es werden 88 M in Cotton Cablé angeschlagen und 19 R im Bündchenmuster gestrickt. In der 20. R nimmt man gleichmäßig verteilt 8 M ab (= 80 M). Es wird im Grundmuster wie folgt weitergearbeitet: 16 M Phebe grau, 23 M Nadine grau, 2 M Phebe rot, 23 M Nadine grau, 16 M Phebe grau. In jeder Hinreihe verbreitert man die rote Spitze am Anfang und Ende um je 1 M. In der 23. R ab Bund wird die rote Spitze in 2 Streifen aufgeteilt, indem man 11 M Phebe rot, 2 M Phebe grau, 11 M Phebe rot strickt. Die 11 M breiten roten Streifen werden in jeder 2. R um 1 M nach rechts bzw. nach links versetzt. In der 31. R ab Beginn der Zunahme für den Ärmel werden zwischen den beiden roten Streifen 12 R Nadine, 12 R Phebe grau, 12 R Nadine, 12 R Phebe grau gestrickt.

In der 49. R ab Bund muß für die Ärmel beidseitig in jeder 2. R folgendermaßen zugenommen werden: 4 x 3, 1 x 2 M, 6 x 3 M, 16 x 2 M (die 5. Zunahme x 2 M ist die oben endende 31. R), 1 x 3 (=210 M). Es wird über 23 R glatt hochgestrickt. In der Mitte der 24. R werden für den Halsausschnitt 38 M abgekettet. In der 25. R werden die M wieder neu angeschlagen. Nun den Pullover gegengleich stricken. Nach der Ärmelabnahme sind dann folgende M auf der Nadel: 16 M Phebe grau, 1 M Nadine, 11 M Phebe rot, 24 M Phebe grau, 11 M Phebe rot, 1 M Nadine, 16 M Phebe grau.

Ausarbeitung

Seitennähte schließen, um den Halsausschnitt mit Cotton Cablé 1 R Krebsstich häkeln. An den Ärmeln je 36 M aufnehmen und mit Cotton Cablé im Bündchenmuster über 19 R stricken. In der 20. R die M lose abketten.

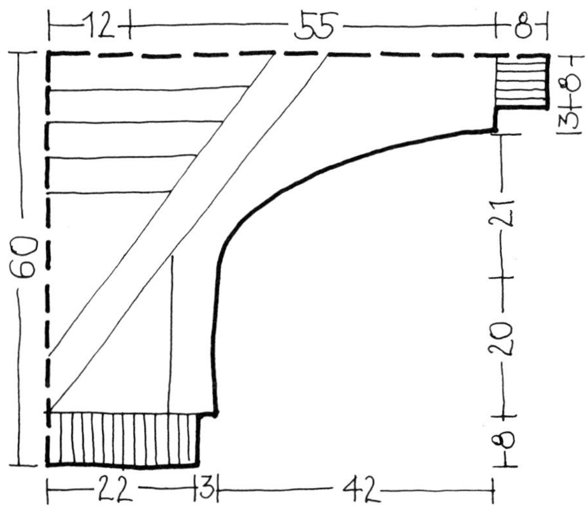

Die Evergreens

So strickt man in Irland

Kinderpulli mit Raglan

Größen 2, 4 und 6 Jahre

Bei unterschiedlichen Angaben: für 4 und 6 Jahre in Klammern.

Material

Pingouin Wolle, Qualität Type Shetland, 250 (250/300) g in Ecru Nr. 18. Je 1 Paar Stricknadeln Nr. 2½ und 3½, 1 Hilfsnadel.

Strickmuster

2 rechts verkreuzte M =: Die 2. M der linken Nadel rechts stricken, dabei die rechte Nadel vor der 1. M vorbeiführen, dann die 1. M rechts abstricken.
2 links verkreuzte M =: Die 2. M der linken Nadel rechts stricken, dabei die rechte Nadel hinter der 1. M vorbeiführen, dann die 1. M rechts stricken.

Wabenmuster:

Maschenzahl teilbar durch 4, plus Rand-M.

1. R: * 2 rechts verkreuzte M, 2 links verkreuzte M *.

2. und alle geraden R: links.

3. R: * 2 links verkreuzte M, 2 rechts verkreuzte M *.

5. R: Muster in der 1. R wieder aufnehmen.

Zopfmuster über 7 M:

1. R: rechts.

2. und 4. R: links.

3. R: 2 M auf eine Hilfsnadel hinter die Arbeit legen, die folgende M rechts stricken, dann die beiden M der Hilfsnadel, 1 M rechts, 1 M auf eine Hilfsnadel vor die Arbeit legen, die beiden folgenden M rechts stricken, dann die M der Hilfsnadel.

5. R: Muster in der 1. R wieder aufnehmen.

Zickzackmuster über 14 M:

1. R: 5 M rechts, 4 M verkreuzen: 2 M auf eine Hilfsnadel vor die Arbeit legen, die beiden folgenden M rechts stricken, dann die beiden M der Hilfsnadel; 5 M rechts.

2. und alle weiteren geraden R: Die M stricken, wie sie erscheinen, und innerhalb des Zickzackmusters im Perlmuster arbeiten.

3. R: 4 M rechts, 3 M nach rechts verkreuzen (1 M auf eine Hilfsnadel hinter die Arbeit legen, 2 M rechts stricken, dann die M der Hilfsnadel rechts stricken). 3 M nach links verkreuzen (2 M auf eine Hilfsnadel vor die Arbeit legen, 1 M links stricken, dann die beiden M der Hilfsnadel rechts stricken), 4 M rechts.

5. R: 3 M rechts, 3 M nach rechts verkreuzen (wie in der 3. R, die M der Hilfsnadel jedoch links stricken); 1 M rechts, 1 M links; 3 M nach links verkreuzen (wie in der 3. R, die 1. M jedoch rechts stricken); 3 M rechts.

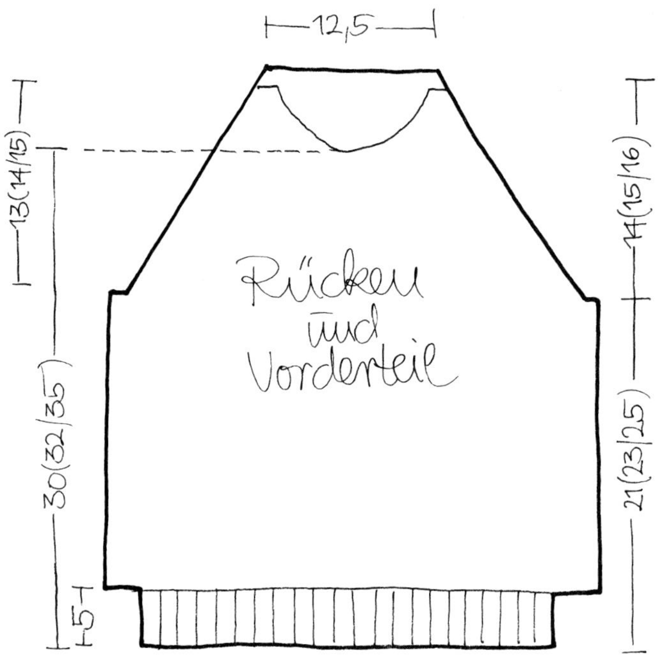
12,5
13(14/15)
14(15/16)
Rücken und Vorderteil
30(32/35)
21(23/25)
5
31(34/36)

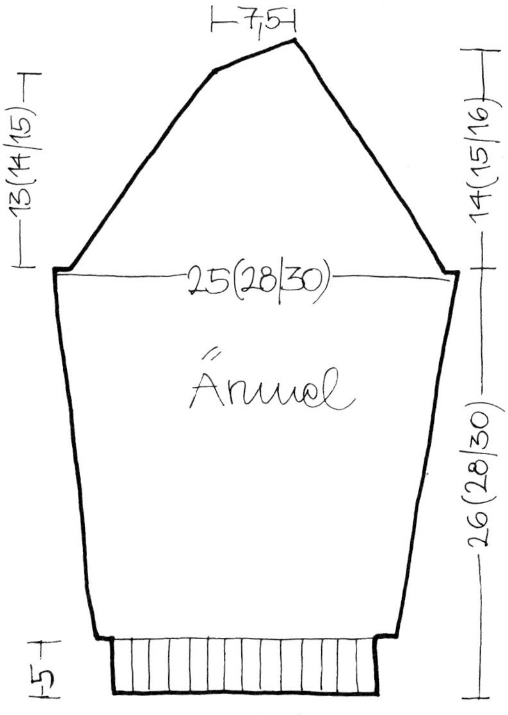
7,5
13(14/15)
14(15/16)
25(28/30)
Ärmel
26(28/30)
5
22(23/24)

7. R: 2 M rechts, 3 M nach rechts verkreuzen (wie in der 3. R), dann 1 M links, 1 M rechts, 1 M links, 1 M rechts, 3 M nach links verkreuzen (wie in der 3. R), 2 M rechts.

9. R: 1 M rechts, 3 M nach rechts verkreuzen (wie in der 5. R), dann 1 M rechts, 1 M links, 1 M rechts, 1 M links, 1 M rechts, 1 M links, 3 M nach links verkreuzen (wie in der 5. R), 1 M rechts.

11. R: Muster in der 1. R wieder aufnehmen.

Bündchenmuster

Abwechselnd 1 M rechts, 1 M links.

Maschenprobe

Mit Nadeln Nr. 3½: 35 M und 25 R = 10 x 10 cm (über die verschiedenen Muster gemessen).

Arbeitsanleitung

Rücken

81 (85/89) M mit Nadeln Nr. 2½ anschlagen und 5 cm im Bündchenmuster stricken, dabei in der letzten R 29 (33/37) M verteilt zunehmen.

Mit Nadeln Nr. 3½ wie folgt weiterarbeiten: 1 Rand-M, 28 (32/36) M Wabenmuster, 2 M links, 2 rechts verkreuzte M, 2 M links, 7 M für das Zopfmuster, 2 M links, 2 rechts verkreuzte M, 2 M links, 14 M für das Zickzackmuster. Diese 14 M liegen in der Arbeitsmitte. Die R beenden, indem man die Musteraufteilung umgekehrt vornimmt.

Nach 21 (23/25) cm Gesamthöhe für die Raglanschrägungen beiderseits alle 2 R abketten: 1 x 3 M, dann 15 (17/19) x 2 M. Die 44 restlichen M auf einmal abketten.

Vorderteil

Wie beim Rückenteil beginnen. Nach 21 (23/25) cm Gesamthöhe für die Raglanschrägungen beiderseits alle 2 R abketten: 1 x 3 M, dann 13 (15/17) x 2 M. Gleichzeitig nach 30 (32/35) cm Gesamthöhe für den Halsausschnitt die 12 mittleren M abketten und jede Seite getrennt beenden, dabei an der Halsausschnittkante alle 2 R abketten: 1 x 6 M, 1 x 5 M, 1 x 4 M, 1 x 2 M und 1 x 1 M.
Die beiden restlichen M abketten. Die andere Seite gegengleich beenden.

Linker Ärmel

40 (42/44) M mit Nadeln Nr. 2½ anschlagen und 5 cm im Bündchenmuster stricken, dabei in der letzten R 37 (39/41) M verteilt zunehmen = 77 (81/85) M. Danach mit Nadeln Nr. 3½ wie folgt arbeiten: 1 Rand-M, 28 (30/32) M im Wabenmuster, 2 M links, 2 rechts verkreuzte M, 2 M links, 7 M für das Zopfmuster, 2 M links, 2 rechts verkreuzte M, 2 M links, 28 (30/32) M im Wabenmuster, 1 Rand-M. Beiderseits alle 8 R 6 x (alle 6 R 8 x/alle 6 R 10 x) je 1 M zunehmen. Über den zugenommenen M im Wabenmuster stricken. Man erhält 89 (97/105) M.

Nach 26 (28/30) cm Gesamthöhe für die Raglanschrägung an der rechten (rückwärtigen) Kante die gleichen Abnahmen wie beim Rückenteil vornehmen, und gleichzeitig an der linken (vorderen) Kante die gleichen Abnahmen wie beim Vorderteil durchführen. An der linken Kante anschließend alle 2 R abketten: 1 x 14 M und 1 x 13 M.

Rechter Ärmel

Gegengleich arbeiten.

Fertigstellung

Raglannähte bis auf eine rückwärtige Raglannaht schließen.

Für die Halsausschnittblende mit Nadeln Nr. 2½ ca. 110 M rund um den Halsausschnitt auffassen, 2,5 cm im Bündchenmuster stricken und abketten. Die noch offene Raglannaht und die Halsausschnittblende schließen.
Die Halsausschnittblende zur Hälfte nach innen umlegen und von links gegennähen. Ärmel- und Seitennähte schließen.

Für grosse und kleine Männer

Teenagerpulli

Größen 152, 164 und 176 (= Herrengröße 44)

Bei unterschiedlichen Angaben: Größen 164 und 176 in Klammern. Oberweite 76 (82/88) cm.

Material

Scheepjeswol, Qualität Adelphi, 300 g in Braun und 100 (150/150) g in Beige. Je 1 Paar Stricknadeln Nr. 3 und 3½.

Grundmuster

1. R (Hinreihe, in Beige): * 1 M rechts, * 1 M links abheben, Faden nach hinten, 2 M rechts, vom * ab wiederholen. 2. R: rechts. 3. R (braun): 1 M rechts, * 2 M rechts, 1 M links abheben, vom * ab wiederholen. 4. R: rechts. Die 1.–4. R stets wiederholen.

Rippen: Hin- und Rückreihe rechts.

Bündchenmuster

Abwechselnd 1 M rechts, 1 M links.

Maschenprobe

Mit Nadeln Nr. 3½ im Grundmuster: 20 M und ca. 42 R = 10 x 10 cm. Genau prüfen, u. U. Nadelstärke wechseln.

Arbeitsanleitung

Rücken

Mit Nadeln Nr. 3 und Braun 84 (90/96) M anschlagen und 7 cm Bündchenmuster stricken, in der letzten R 1 M zunehmen. Mit Nadeln Nr. 3½ im Grundmuster weiterstricken, das Teil muß ca. 42½ (45½/48½) cm breit sein. Bis 30 (34/38) cm Gesamthöhe stricken, dann für die Armausschnitte beiderseits 8 M abketten und auf 69 (75/81) M bis 47 (52/57) cm Höhe stricken. Dann mit Braun noch 2 cm in Rippen stricken, bei 49 (54/59) cm Gesamthöhe alle M in 1 R lose abketten.

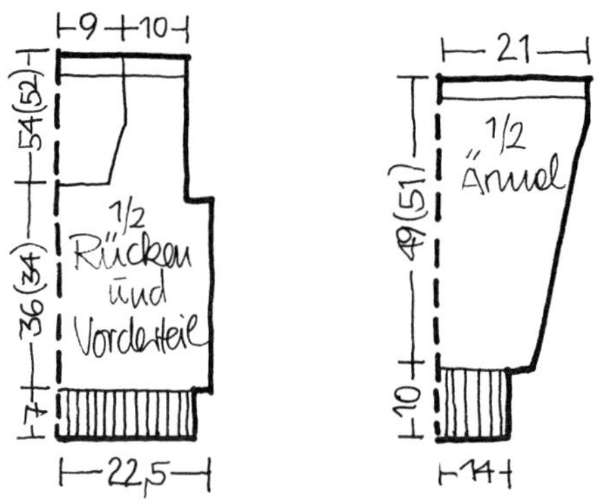

Vorderteil

Bis 32 (36/40) cm Gesamthöhe wie Rückenteil stricken, dann für den Ausschnitt die 31 mittleren M abketten und jede Seite auf 19 (22/25) M gesondert stricken. Am Ausschnitt noch 2 x nach je 5 cm 1 M abnehmen. Auf 17 (20/23) M bis 47 (52/57) cm Gesamthöhe stricken, noch 2 cm Rippen stricken, dann alle M lose abketten.

Ärmel

Mit Nadeln Nr. 3 und Braun 54 (56/58) M anschlagen und 10 cm Bündchenmuster stricken. Mit Nadeln Nr. 3½ im Grundmuster weiterstricken, in der 1. R 1 M zunehmen, dann 12 (13/14) x beiderseits in jeder 8. R 1 M zunehmen. Auf 79 (83/87) M bis 45 (49/53) cm Gesamthöhe stricken, mit Braun noch 2 cm Rippen stricken, dann alle M lose abketten.

Ausarbeitung und Kragen

Schulternähte schließen. Mit Nadeln Nr. 3½ und Braun entlang den beiden schrägen Ausschnittkanten und dem rückwärtigen Halsausschnitt rechts strickend reichlich M aufnehmen (ca. 28 M auf 10 cm), die vordere Mitte frei lassen. Im Bündchenmuster 14 cm stricken, dann beiderseits 6 x 10 M ungestrickt liegenlassen, danach alle M in 1 R lose im Muster abketten. Die Schmalseiten dieses Teils in der vorderen Mitte links über rechts sorgfältig annähen. Die Ärmel ansetzen,

Ärmelmitte gegen die Schulternaht. Seiten- und Ärmelnähte unsichtbar schließen. Den Kragen nach außen umschlagen. Das Modell, in Form gelegt, unter einem feuchten Tuch trocknen lassen.

Herrenpullunder

Größen 44/46, 48/50 und 52/54

Bei unterschiedlichen Angaben: Größen 48/50 und 52/54 in Klammern. Oberweite 88–92 (96–100/104–108) cm.

Material

Scheepjeswol, Qualität Adelphi, 200 (200/250) g in Braun und 150 (150/200) g in Beige. Je 1 Paar Stricknadeln Nr. 3 und 3½.

Grundmuster

1. R (beige): 1 M rechts, * 1 M links abheben, den Faden nach hinten halten, 2 M rechts, vom * ab wiederholen. 2. R (beige): rechts. 3. R (braun): 1 M rechts, * 2 M rechts, 1 M links abheben, den Faden nach hinten halten, vom * ab wiederholen. 4. R (braun): rechts. Diese 4 R wiederholen.

Bündchenmuster

Abwechselnd 1 M rechts, 1 M links.

Maschenprobe

Mit Nadeln Nr. 3½ im Grundmuster: 22 M und 42 R = 10 x 10 cm. Genau prüfen, evtl. Nadelstärke wechseln.

Arbeitsanleitung

Rücken

Mit Nadeln Nr. 3 und Braun 96 (104/112) M anschlagen und 7 cm Bündchenmuster stricken. Mit Nadeln Nr. 3½ im Grundmuster weiterstricken, zuvor verteilt zunehmen auf 105 (113/121) M. Das Teil muß ca 47½ (51/55) cm breit sein. Bei 34 (35/36) cm Gesamthöhe die Armausschnitte beiderseits 6 M abketten. Weiterstricken bis 58 (60/62) cm Gesamthöhe, dann alle M in 1 R lose abketten.

Vorderteil

Wie Rückenteil stricken bis 36 (38/40) cm Gesamthöhe, dann die Arbeit für den V-Ausschnitt teilen. Dafür die mittlere M abketten und jede Seite gesondert stricken. Für den Ausschnitt noch 18 (18/19) x in jeder 4. R 1 M abnehmen. Bei 58 (60/62) cm Höhe die 28 (32/35) Schultermaschen in 1 R abketten.

Ausarbeitung

Schulternähte schließen. Mit Nadeln Nr. 3 und Braun um den Ausschnitt auf der rechten Seite strickend die M aufnehmen, ca. 24 M auf 10 cm, und das Bündchenmuster in hin- und hergehenden R stricken. Nach reichlich 2½ cm die M lose abketten, wie sie erscheinen. Die Schmalseiten der Ausschnittblende vorn links über rechts in die Ausschnittspitze nähen. Entlang dem senkrechten Rand der Armausschnitte mit Nadeln Nr. 3 und Braun die M aufnehmen, eine gleiche Blende wie am Halsausschnitt stricken, dann lose im Muster abketten. Die Schmalseiten an die abgeketteten 6 M am Beginn der Armausschnitte nähen. Die Seitennähte unsichtbar schließen.

Feminin in Baumwolle

Weißer Damenpulli mit Reliefmuster

Größen 36, 38/40 und 42/44

Bei unterschiedlichen Angaben: Größen 38/40 und 42/44 in Klammern.

Material

Pingouin Wolle, Qualität Corrida Nr. 4, 650 (700/750) g in Ecru Nr. 512. Je 1 Paar Stricknadeln Nr. 2½ und 4.

Strickmuster

Glatt links: Vorderreihe links, Rückreihe rechts.

Krausmuster: immer rechts (1 Krausrippe = 2 R).

Phantasiemuster: Strickschrift Seite 190.

Bündchenmuster

Abwechselnd 1 M rechts, 1 M links.

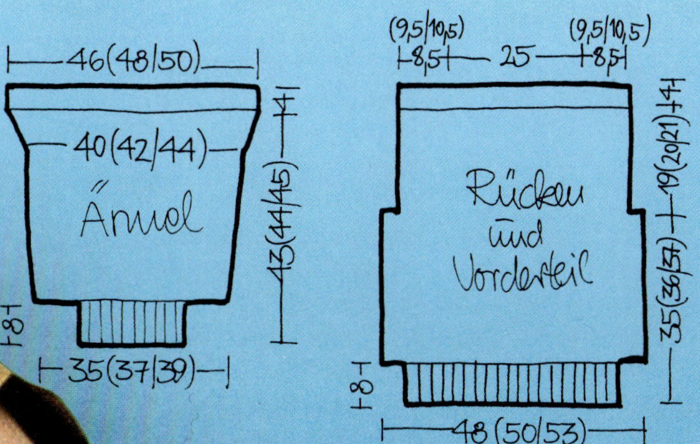

Maschenprobe

Mit Nadeln Nr. 4 im Phantasiemuster: 21 M und 31 R = 10 x 10 cm.

Arbeitsanleitung

Rücken

102 (106/112) M mit Nadeln Nr. 2½ anschlagen und 8 cm im Bündchenmuster stricken. Dann mit Nadeln Nr. 4 im Phantasiemuster nach der Strickschrift weiterarbeiten. Nach 35 (36/37) cm Gesamthöhe für die Armausschnitte beiderseits 1 x 7 (7/8) M abketten. Man erhält 88 (92/96) M. Nach 54 (56/58) cm Gesamthöhe 4 cm im Krausmuster stricken und abketten.

Vorderteil

Wie Rückenteil arbeiten.

Ärmel

48 (48/52) M mit Nadeln Nr. 2½ anschlagen und 8 cm im Bündchenmuster stricken. Danach mit Nadeln Nr. 4 im Phantasiemuster weiterarbeiten, dabei in der 1. R 26 (30/30) Zunahmen verteilt durchführen. Man erhält 74 (78/82) M.

Beiderseits alle 18 R 5 x 1 M zunehmen. Ab 36 (37/38) cm Gesamthöhe beiderseits alle 4 R 5 x 1 M zunehmen. Nach 43 (44/45) cm Gesamthöhe 4 cm im Krausmuster stricken und die 94 (98/102) M abketten.

Fertigstellung

Schulternähte schließen, dabei 25 cm für den Halsausschnitt frei lassen. Ärmel einsetzen. Ärmel- und Seitennähte schließen.

Eine kühle Kombination

Damenpulli mit schwarzer Blende

Größe 38/42

Material

Pingouin Wolle, Qualität Pingostar, 600 g in Cobalt Nr. 527, 50 g in Noir Nr. 533 für die Halsausschnittblende. Je 1 Paar Stricknadeln Nr. 3½ und 4½. 1 Nadelspiel Nr. 3½.

Strickmuster

Glatt rechts: Hinreihe rechte M, Rückreihe linke M.

Glatt links: Hinreihe linke M, Rückreihe rechte M.

Schachbrettmuster: * 12 M glatt rechts, 12 M glatt links *, von * bis * wiederholen.

Das Muster alle 14 R versetzen.

Bündchenmuster

Abwechselnd 1 M rechts, 1 M links.

Maschenprobe

Mit Nadeln Nr. 4½ im Schachbrettmuster: 20 M und 28 R = 10 x 10 cm.

Arbeitsanleitung

Rücken

98 M mit Nadeln Nr. 3½ anschlagen und 7 cm im Bündchenmuster stricken. Dann mit Nadeln Nr. 4½ im Schachbrettmuster weiterarbeiten, dabei beginnen mit 7 M links, dann Muster bei * aufnehmen.

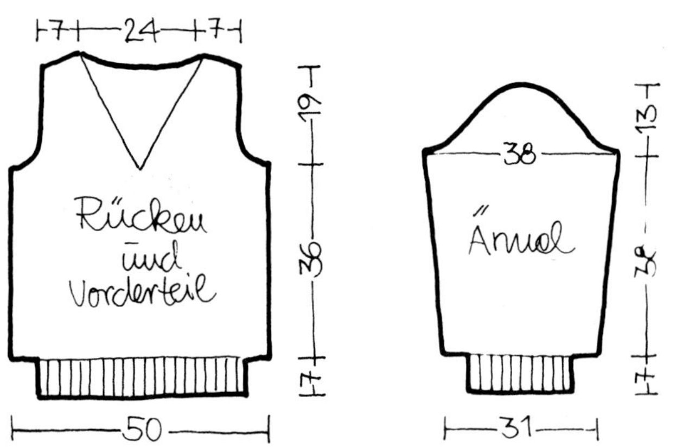

Nach 43 cm Gesamthöhe für die Armausschnitte beiderseits alle 2 R abketten: 1 x 3 M, 1 x 2 M, 6 x 1 M. Man erhält 76 M.

Nach 62 cm Gesamthöhe für die Schulterschrägungen beiderseits alle 2 R abketten: 2 x 5 M, 1 x 4 M. Gleichzeitig für den Halsausschnitt die mittleren 36 M abketten, dann an jeder Halsausschnittkante nach 2 R 1 x 6 M.

Vorderteil

Wie Rückenteil arbeiten. Nach 43 cm Gesamthöhe für die Armausschnitte die gleichen Abnahmen wie beim Rückenteil durchführen. Gleichzeitig für den Halsausschnitt die Arbeit in der Mitte teilen und jede Seite getrennt beenden, dabei an der Halsausschnittkante alle 2 R 24 x 1 M abnehmen. Nach 62 cm Gesamthöhe für die Schulterschrägung wie beim Rückenteil 3 x abketten. Die 2. Seite gegengleich beenden.

Ärmel

48 M mit Nadeln Nr. 3½ anschlagen und 7 cm im Bündchenmuster stricken. Dann mit Nadeln Nr. 4½ im Schachbrettmuster fortfahren, dabei beginnen mit 13 M rechts, dann Muster bei * aufnehmen, und in der 1. R 14 M verteilt zunehmen. Man erhält 62 M. Den 1. Schachbrettstreifen über 6 R anstatt über 14 arbeiten. Beiderseits alle 12 R 4 x 1 M zunehmen, dann alle 14 R 3 x 1 M. Man erhält 76 M.

Nach 45 cm Gesamthöhe für die Armkugel beiderseits alle 2 R abketten: 1 x 3 M, 2 x 2 M, 9 x 1 M, 2 x 2 M, 2 x 3 M, 1 x 4 M. Die 16 restlichen M auf einmal abketten.

Fertigstellung

Schulternähte schließen. Für die Halsausschnittblende mit dem Nadelspiel Nr. 3½ von der Ausschnittspitze aus 62 M über der rechten vorderen Halsausschnittkante auffassen, im Anschluß daran 54 M über der rückwärtigen Halsausschnittkante und 62 M über der linken vorderen Halsausschnittkante. In hin- und hergehenden R 6 cm im Bündchenmuster stricken, dann abketten. Den Beginn der Halsausschnittblende der rechten Seite über die Blende der linken Halsausschnittseite legen und festnähen, das untenliegende Blendenende unter der rechten Blendenseite annähen. Ärmel einsetzen. Ärmel- und Seitennähte schließen.

In Tweed fühlt Er sich wohl

Herrenpulli aus leichter Tweedwolle

Größen 48 und 50/52

Bei unterschiedlichen Angaben: Größe 50/52 in Klammern. Oberweite 104 (110) cm, ganze Länge 70 (72) cm.

Material

Schaffhauser Wolle, Qualität Summer Tweed, 570 (ca. 620) g in Ecru Nr. 11. Je 1 Paar Stricknadeln Nr. 3 und 3½, 1 Nadelspiel Nr. 3.

Strickmuster I

Abwechselnd 2 M rechts, 2 M links.

Strickmuster II

1. und 2. R: Glatt rechts = Vorderseite rechts, Rückseite links. 3., 5. und 7. R: * 6 M rechts, 4 M links, ab * stets wiederholen. 4., 6. und 8. R: Alle M deckend stricken, d.h., wie sie erscheinen. 9. und 10. R: Glatt rechts. 11.–16. R: Wie 3.–8. R, jedoch das Muster versetzen, d.h., die 4 Links-M über den mittleren 4 Rechts-M arbeiten. Die 1.–16. R stets wiederholen.

Maschenprobe

Genau einhalten! (falls nötig, Nadeln wechseln)

Mit Nadeln Nr. 3½: 12 M im Strickmuster II = 5 cm Breite.

Arbeitsanleitung

Rücken

Anschlag 118 (126) M mit Nadeln Nr. 3. Im Strickmuster I stricken. Bei 8 cm ab Anschlag mit Nadeln Nr. 3½ im Strickmuster II weiterarbeiten, dabei in der 1. R verteilt 10 (8) M aufnehmen = 128 (134) M. Die 3. Muster-R so einteilen, daß 6 rechte M in die Mitte zu liegen kommen. Die Seitennähte bleiben gerade. Bei 67 (69) cm ab Anschlag für die Achselschrägung beidseitig stets am Anfang der R 4 x 8, 1 x 9 (1 x 8, 4 x 9) M abketten und gleichzeitig mit der 3. Abschrägung für den Halsausschnitt die mittleren 36 M, dann beidseitig davon noch 3, 2 M abketten.

Vorderteil

Wie Rückenteil arbeiten, jedoch bei 61 (63) cm ab Anschlag für den Halsausschnitt die mittleren 12 M, dann beidseitig davon noch 4, 3, 3, 2, 2, 1, 1, 0, 1 M abketten.

Ärmel

Anschlag 54 (58) M mit Nadeln Nr. 3. Im Strickmuster I stricken. Bei 8 cm ab Anschlag mit Nadeln Nr. 3½ im Strickmuster II weiterarbeiten, dabei in der 1. R verteilt 20 M aufnehmen = 74 (78) M. Die 3. Muster-R so einteilen, daß 6 rechte M in die Mitte zu liegen kommen. Bei 10 cm ab Bündchen beidseitig je 1 M aufnehmen und diese Aufnahme beidseitig 16 x nach 2 cm wiederholen = 108 (112) M. Bei 52 cm ab Anschlag alle M gerade abketten.

Ausarbeitung

Nähte schließen, dabei an den Seitennähten die obersten 22 (23) cm für den Armausschnitt offenlassen. Rings um den Halsausschnitt mit dem Nadelspiel 112 M auffassen = hinten 48 M, vorne 64 M. 6 cm hoch im Strickmuster I stricken, dann locker 2 M rechts, 2 M links abketten und die Hälfte des Bündchens auf die Rückseite nähen. Ärmel einsetzen.

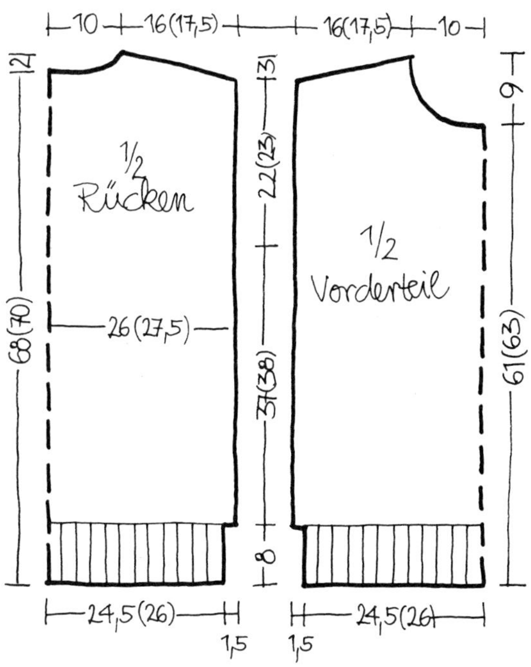

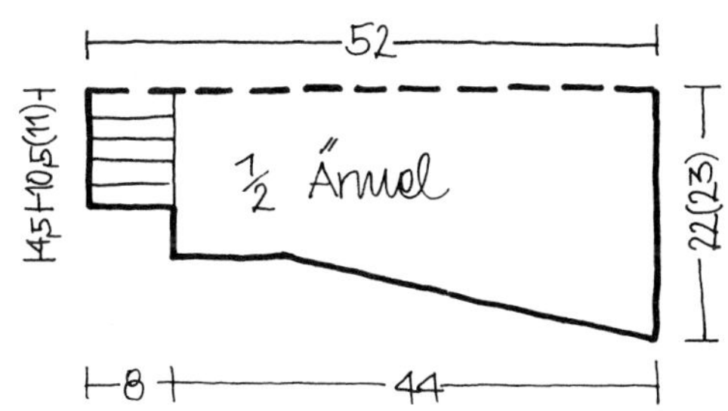

(9/9)
8,5 – 21 (21/22) – 8,5
(9/9)
Rücken und Vorderteil
51 (52/53)
7
20 (21/22)
42 (42/43)
50 (52/54)
Ärmel
37 (38/39)
13 (13,5/14)
38 (39/40)
7
32 (33/34)

Glitzereffekt

Damenpullover im Perlmuster

Größen 38/40, 42/44 und 46

Bei unterschiedlichen Angaben: Größen 42/44 und 46 in Klammern.

Material

Pingouin Wolle, Qualität Confort Irisé, 450 (450/500) g in Amande Nr. 218. Je 1 Paar Stricknadeln Nr. 3 und 4.

Grundmuster

Großes Perlmuster (von * bis * wiederholen):

1. R: * 1 M links, 1 M rechts *.

2. R: die M stricken, wie sie erscheinen.

3. R: * 1 M rechts, 1 M links *.

4. R: wie die 2. R.

Diese 4 Reihen stets wiederholen.

Bündchenmuster

Abwechselnd 1 M rechts, 1 M links.

Maschenprobe

Mit Nadeln Nr. 4 im großen Perlmuster: 22 M und 32 R = 10 x 10 cm.

Arbeitsanleitung

Rücken

110 (114/118) M mit Nadeln Nr. 3 anschlagen und 7 cm im Bündchenmuster stricken.
Danach mit Nadeln Nr. 4 im großen Perlmuster weiterarbeiten.
Nach 42 (42/43) cm Gesamthöhe für die Armausschnitte beiderseits alle 2 R abketten: 1 x 3 (4/5) M, 2 x 2 M und 6 x 1 M. Man erhält 84 (86/88) M. Nach 62 (63/65) cm Gesamthöhe für die Schulterschrägungen beiderseits alle 2 R abketten: 1 x 7 M und 2 x 6 M (2 x 7 M und 1 x 6 M).
Gleichzeitig für den Halsausschnitt mit der 2. Schulterabnahme die mittleren 30 (30/32) M abketten, dann an jeder Halsausschnittkante nach 2 R 1 x 8 M.

Vorderteil

Wie beim Rückenteil arbeiten. Nach 58 (59/60) cm Gesamthöhe für den Halsausschnitt die mittleren 14 (14/16) M abketten und jede Seite getrennt beenden, dabei an der Halsausschnittkante alle 2 R abketten: 1 x 5 M, 1 x 4 M, 1 x 3 M, 1 x 2 M und 2 x 1 M.
Nach 62 (63/65) cm Gesamthöhe für die Schulterschrägung wie beim Rückenteil 3 x abketten. Die 2. Seite gegengleich beenden.

Ärmel

56 (56/58) M mit Nadeln Nr. 3 anschlagen und 7 cm im Bündchenmuster stricken. Danach mit Nadeln Nr. 4 im großen Perlmuster fortfahren, dabei in der 1. R 14 (16/16) M verteilt zunehmen. Man erhält 70 (72/74) M. Beiderseits alle 16 R 6 x 1 M zunehmen. Man erhält 82 (84/86) M. Nach 45 (46/47) cm Gesamthöhe für die Armkugel beiderseits alle 2 R abketten: 1 x 3 M, 3 x 2 M, 13 (14/15) x 1 M, dann 2 x 2 M, 1 x 3 M, 1 x 4 M. Die 16 restlichen M auf einmal abketten.

Fertigstellung

Die rechte Schulternaht schließen. Für die Halsausschnittblende mit Nadeln Nr. 3 ca. 56 (56/62) M über der vorderen Halsausschnittkante auffassen, im Anschluß daran 52 (52/54) M über der rückwärtigen Halsausschnittkante. 1,5 cm im Bündchenmuster stricken. Danach abketten. Die 2. Schulternaht und die Halsausschnittblende schließen. Seiten- und Ärmelnähte schließen, Ärmel einsetzen.

Ob für Büro oder Uni...

Herrenpulli aus Lambswool

Größen 48 und 50/52

Bei unterschiedlichen Angaben: Größe 50/52 in Klammern. Oberweite 104 (110) cm, Länge 70 (72) cm.

Material

Schaffhauser Wolle, Qualität Cresta, 560 (ca. 610) g in Mittelblau Nr. 49, je 30 (ca. 40) g Qualität Lambswool in Hellblau Nr. 42 und Olive Nr. 41. Je 1 Paar Stricknadeln Nr. 3 und 3½, 1 Nadelspiel Nr. 3. Ersatzqualität: Soirée (etwas weniger im Verbrauch).

Strickmuster I

Abwechselnd 1 M rechts, 1 M links.

Strickmuster II

Glatt rechts = Hinreihe rechte M, Rückreihe linke M.

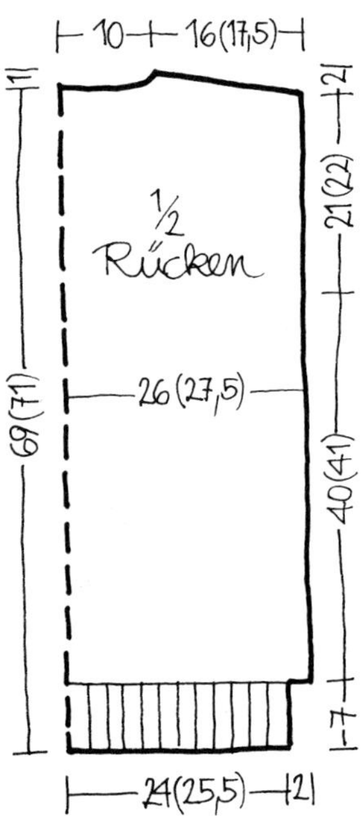

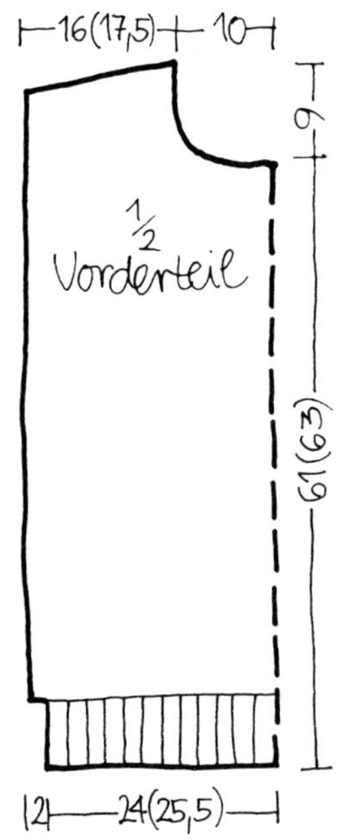

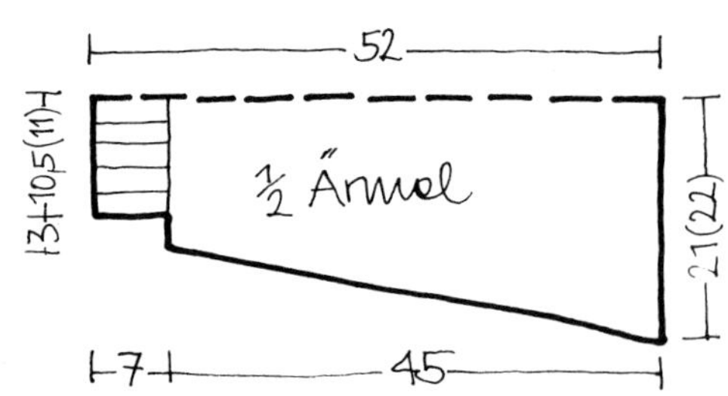

Strickmuster III

Versatzmuster. 1.–10. R: Rand-M, fortlaufend 6 M rechts, 6 M links = auf der Rückseite die M deckend stricken. 11.–20. R: Rand-M, fortlaufend 6 M links, 6 M rechts = versetzt zum unteren Muster. Die 1.–20. R stets wiederholen, dabei die Farben wie folgt wechseln: je 1 Mustersatz = * 10 R hellblau, olive, mittelblau, ab * stets wiederholen.

Maschenprobe

Genau einhalten! (falls nötig, Nadeln wechseln)

Mit Nadeln Nr. 3½: 13½ M im Strickmuster II = 5 cm Breite.

Arbeitsanleitung

Rücken

146 (152) M in Mittelblau mit Nadeln Nr. 3 anschlagen. 7 cm hoch im Strickmuster I stricken, dann mit Nadeln Nr. 3½ glatt rechts weiterarbeiten. Die Seitennähte bleiben gerade. Bei 68 (70) cm ab Anschlag für die Achselschrägung beidseitig stets am Anfang der R 1 x 11, 3 x 12 (2 x 12, 2 x 13) M abketten und gleichzeitig mit der 3. Abschrägung für den Halsausschnitt die mittleren 46 M, dann beidseitig davon noch 1 x 3 M abketten.

Vorderteil

Wie Rückenteil arbeiten, jedoch bei 47 (48) cm ab Anschlag für die Göllerpartie im Strickmuster III weiterfahren. Bei 61 (63) cm ab Anschlag für den Halsausschnitt die mittleren 12 M, dann beidseitig davon noch 5, 4, 3, 2, 2, 1, 1, 1, 0, 1 M abketten.

Ärmel

60 (64) M in Mittelblau mit Nadeln Nr. 3 anschlagen. 7 cm hoch im Strickmuster I stricken, dann mit Nadeln Nr. 3½ glatt rechts weiterarbeiten, dabei in der 1. R verteilt 14 M aufnehmen = 74 (78) M. Beidseitig 21 x alle 2 cm je 1 M aufnehmen = 116 (120) M. Bei 52 cm ab Anschlag alle M abketten.

Ausarbeitung

Nähte schließen, dabei bei den Seitennähten die obersten 21 (22) cm = beim Vorderteil ab dem Göller, für den Armausschnitt offenlassen. Rings um den Halsausschnitt in Hellblau und dem Nadelspiel 150 M auffassen = hinten 56 M, vorne 94 M. Im Muster I stricken, dabei 5 Rd hellblau und 6 Rd olive arbeiten, dann in Mittelblau weiterfahren. Bei 9 cm Bündchenhöhe die M locker abketten und die Hälfte des Bündchens auf die Rückseite säumen. Ärmel einsetzen.

Ganz im Trend: Der Leinenlook

Damenpulli mit Phantasiemuster

Größen 42, 44/46 und 38/40

Bei unterschiedlichen Angaben: Größen 44/46 und 38/40 in Klammern.

Material

Berger du Nord-Wolle, Qualität Maxi-Classique, ca. 600 g in Ecru. Je 1 Paar Stricknadeln Nr. 4½ und 5.

Grundmuster

Nadeln Nr. 5 im Phantasiemuster: s. Strickschrift S. 190.

Bündchenmuster

Nadeln Nr. 4½: Abwechselnd 2 M rechts, 2 M links.

Maschenprobe

Mit Nadeln Nr. 5: 16 M und 22 R = 10 x 10 cm.

Arbeitsanleitung

Rücken

74 (80/68) M aufnehmen und 6 cm lang 2 M rechts, 2 M links stricken, dann laut Strickschrift weiterarbeiten und dabei in der 1. R 8 x verteilt zunehmen = 82 (88/76) M. Bei Erreichen einer Strickhöhe von 40 cm an jeder Seite für die Armlöcher 5 (6/4) M abnehmen = 72 (76/68) M. Nach einer Arbeitshöhe von 61 (62/60) cm die Schultern abschrägen und dafür an jeder Seite alle 2 R 2 x 8 und 1 x 7 M (2 x 8 und 1 x 9 M/3 x 7 M) abnehmen. Gleichzeitig die 20 mittleren M abketten und jede Seite getrennt fertigstellen, dabei am Halsausschnitt 3 M abnehmen.

Vorderteil

Die gleiche Anzahl M wie am Rückenteil aufnehmen und genauso stricken. Halsausschnitt: Nach einer Arbeitshöhe von 57 (58/56) cm die mittleren 8 M abketten, jede Seite getrennt fertigstellen und dabei am Halsausschnitt 3 M, 2 x 2 M und 2 x 1 M abnehmen.

Ärmel

36 (36/34) M aufnehmen und 6 cm lang 2 M rechts, 2 M links stricken, dann laut Strickschrift weiterarbeiten und dabei in der 1. R 6 x verteilt zunehmen = 42 (42/40) M. Danach an jeder Seite abwechselnd alle 6 und 8 R 13 x 1 M (alle 6 R 14 x 1 M/abwechselnd alle 6 und 8 R 12 x 1 M) zunehmen = 68 (70/64) M. Bei Erreichen einer Strickhöhe von 51 cm alle M locker abketten.

Fertigstellung

Vorder- und Rückenteil durch Ziehen einer Schulternaht verbinden. Um den Halsausschnitt herum wieder 66 M aufnehmen und 3 cm lang 2 M rechts, 2 M links stricken, dann abketten. Die zweite Schulternaht ziehen. Die Ärmel ganz gerade in die Armlöcher setzen, dann die Unterarm- und die Seitennähte schließen.

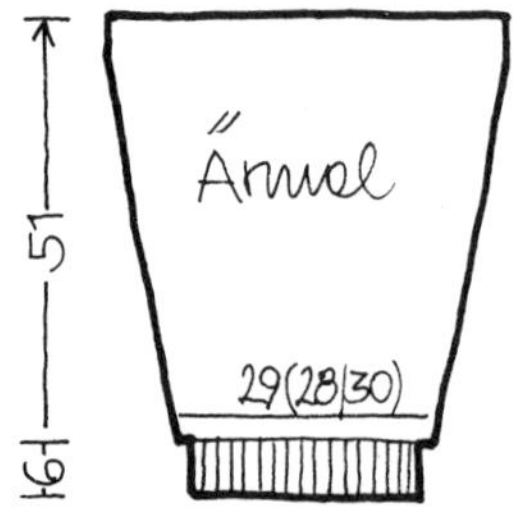

Fair-Isle-Muster ...natürlich in Weiss

Irischer Damenpullover

Größen 38/40 und 42/44

Bei unterschiedlichen Angaben: Größe 42/44 in Klammern.

Material

Pingouin Wolle, Qualität Confort, 550 (600) g in Ecru Nr. 131. Je 1 Paar Stricknadeln Nr. 2½ und 3½, 1 Hilfsnadel.

Grundmuster

Bündchenmuster: 1 M rechts, 1 M links.

Persianermuster (von * bis * wiederholen):

1. R und alle weiteren ungeraden R (Vorderseite der Arbeit): links stricken.

2. R: 1 Rand-M, * 3 M links zusammenstricken, aus der folgenden M 3 M herausstricken: 1 M rechts, 1 M links und 1 M rechts *; 1 Rand-M.

4. R: 1 Rand-M, * aus der folgenden M 3 M herausstricken: 1 M rechts, 1 M links und 1 M rechts; 3 M links zusammenstricken *; 1 Rand-M. Diese 4 R stets wiederholen.

Mittleres Motiv (über 15 M):

1. R: 6 M links, 1 M rechts, 1 M links, 1 M rechts, 6 M links.

2. R und alle weiteren geraden R: die M stricken, wie sie erscheinen.

3. R: wie die 1. R.

5. R: 5 M links, 2 M rechts zusammenstricken, 1 Umschlag, 1 M links, 1 Umschlag, 1 einfacher Überzug (1 M abheben, die folgende M rechts stricken und die abgehobene über die gestrickte M ziehen). 5 M links.

7. R: 4 M links, 2 M rechts zusammenstricken, 1 Umschlag, 3 M links, 1 Umschlag, 1 einfacher Überzug, 4 M links.

9. R: 3 M links, 2 M rechts zusammenstricken, 1 Umschlag, 5 M links, 1 Umschlag, 1 einfacher Überzug, 3 M links.

11. R: 2 M links, 2 M rechts zusammenstricken, 1 Umschlag, 2 M links, 1 M rechts, 1 M links, 1 M rechts, 2 M links, 1 Umschlag, 1 einfacher Überzug, 2 M links.

13. R: 2 M links, 1 Noppe (aus 1 M 4 M herausstricken, dabei abwechselnd 1 x rechts und 1 x links stricken; Arbeit wenden und diese 4 M rechts stricken, wenden und die 4 M links abstricken, wenden und jeweils 2 M rechts zusammenstricken, wenden und die 1. M abheben, die 2. M links stricken und die abgehobene über die gestrickte M ziehen); 3 M links, 1 M rechts, 1 M links, 1 M rechts, 3 M links, 1 Noppe, 2 M links.

15. R: Muster in der 5. R wieder aufnehmen.

Fantasiezopf über 12 M:

1. R: 1 rechts verkreuzte M (die rechte Nadel vor der 1. M vorbeiführen, die 2. M rechts stricken, dann die 1. M und beide M zusammen von der linken Nadel gleiten lassen); 2 M links, 4 M rechts, 2 M links, 1 rechts verkreuzte M.

2. und alle weiteren geraden R: 2 M links, 2 M rechts, 4 M links, 2 M rechts, 2 M links.

3. R: 1 rechts verkreuzte M, 2 M links; 1 M auf eine Hilfsnadel vor die Arbeit legen, die folgende M rechts strik-

ken, dann die M der Hilfsnadel; 1 M auf eine Hilfsnadel hinter die Arbeit legen, die folgende M rechts stricken, dann die M der Hilfsnadel; 2 M links, 1 rechts verkreuzte M.

5. R: 1 rechts verkreuzte M, 2 M links, 4 M rechts, 2 M links, 1 rechts verkreuzte M.

7. R: 1 rechts verkreuzte M, 2 M links, 1 M auf eine Hilfsnadel hinter die Arbeit legen, die folgende M rechts stricken, dann die M der Hilfsnadel; 1 M auf eine Hilfsnadel vor die Arbeit legen, die folgende M rechts stricken, dann die M der Hilfsnadel; 2 M links, 1 rechts verkreuzte M.

9. R: Muster in der 1. R wieder aufnehmen.

Maschenprobe

Mit Nadeln Nr. 3½ im Persianermuster: 29 M und 16 R = 10 x 10 cm.

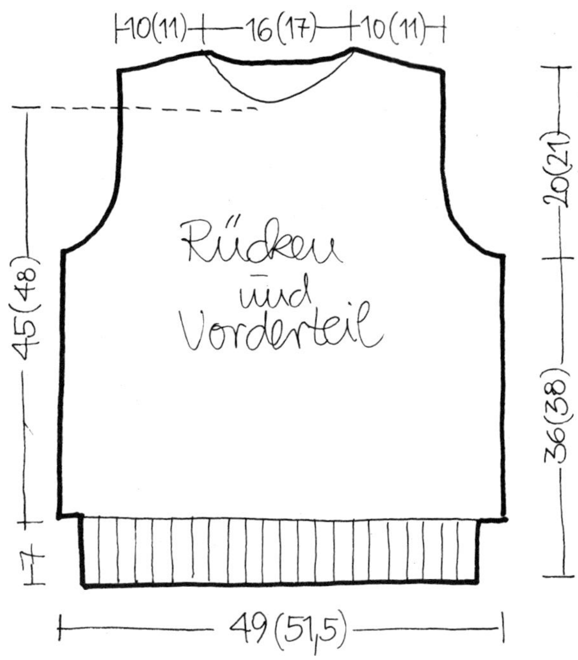

Arbeitsanleitung

Rücken

110 (118) M mit Nadeln Nr. 2½ anschlagen und 7 cm im Bündchenmuster stricken, dabei in der letzten R 31 M verteilt zunehmen. Man erhält 141 (149) M. Mit Nadeln Nr. 3½ wie folgt weiterarbeiten: 50 (54) M Persianermuster, 1 M links, 1 Fantasiezopf, das mittlere Motiv, 1 Fantasiezopf, 1 M links und 50 (54) M Persianermuster. Nach 36 (38) cm Gesamthöhe für die Armausschnitte beiderseits alle 2 R abketten: 2 x 4 M, 1 x 3 M, 2 (3) x 2 M und 3 x 1 M. Man erhält 105 (109) M. Nach 56 (59) cm Gesamthöhe für die Schulterschrägungen beiderseits alle 2 R abketten: 1 x 11 M, 1 x 10 M und 1 x 8 M (1 x 11 M,

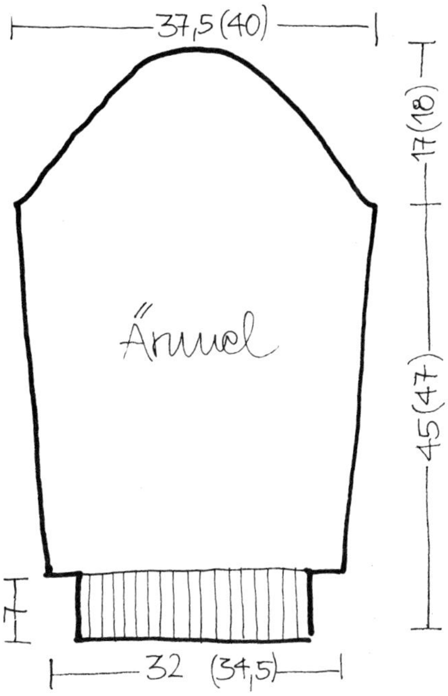

1 x 10 M und 1 x 9 M). Gleichzeitig für den Halsausschnitt mit der 1. Schulterabnahme die mittleren 27 (29) M abketten, dann an jeder Halsausschnittkante nach 2 R 1 x 10 M.

Vorderteil

Wie beim Rückenteil stricken. Nach 52 (55) cm Gesamthöhe für den Halsausschnitt die mittleren 17 (19) M abketten und jede Seite getrennt beenden, dabei an der Halsausschnittkante alle 2 R abketten: 2 x 4 M, 2 x 2 M und 3 x 1 M. Nach 56 (59) cm Gesamthöhe für die Schulterschrägung wie am Rückenteil 3 x abketten. Die andere Seite gegengleich beenden.

Ärmel

59 (65) M mit Nadeln Nr. 2½ anschlagen und 7 cm im Bündchenmuster stricken, dabei in der letzten R 34 (36) M verteilt zunehmen. Man erhält 93 (101) M. Mit Nadeln Nr. 3½ wie folgt weiterarbeiten: 26 (30) M Persianermuster, 1 M links, 1 Fantasiezopf, das mittlere Motiv, 1 Fantasiezopf, das mittlere Motiv, 1 Fantasiezopf, 1 M links, 26 (30) M Persianermuster. Beiderseits alle 6 R 8 x 1 M zunehmen. Man erhält 109 (117) M. Nach 45 (47) cm Gesamthöhe für die Armkugel beiderseits alle 2 R abketten: 2 x 4 M, 2 x 3 M, 6 (7) x 2 M, 1 x 3 M und 3 x 4 M. Die 27 (31) restlichen M auf einmal abketten.

Fertigstellung

Die rechte Schulternaht schließen. Für die Halsausschnittblende mit Nadeln Nr. 2½ über der vorderen Halsausschnittkante 66 (68) M auffassen, im Anschluß daran über der rückwärtigen Halsausschnittkante 48 (50) M. 1,5 cm im Bündchenmuster stricken und abketten. Die linke Schulternaht und die Halsausschnittblende schließen. Seitennähte schließen. Ärmelnähte schließen und Ärmel einsetzen.

Der Zeitlos-Klassische

Herrenpulli im Patentmuster

Größen 15–16 Jahre, 18 Jahre, kleine, mittlere und große Herrengröße. Bei unterschiedlichen Angaben: für 18 Jahre und die verschiedenen Herrengrößen in Klammern.

Material

Pingouin Wolle, Qualität Confort, 500 (550/600/650/700) g in Véronèse Nr. 142. Je 1 Paar Stricknadeln Nr. 3 und 3½, 1 Nadelspiel Nr. 3.

Patentmuster

1. und alle weiteren ungeraden R: (Vorderseite der Arbeit) rechts.

2. und alle weiteren geraden R: 1 Rand-M, *1 M links, 1 M rechts in die Vor-M, d.h. unter der normal abzustricken-den M der Vorderreihe einstechen *, 1 Rand-M.

Doppelte Raglanabnahmen: 4 M von jeder Kante entfernt.

Am Reihenbeginn: 4 M stricken, dann die 3 folgenden M zusammenstricken.

Am Reihenende: Wenn noch 7 M auf der linken Nadel verbleiben, 1 M abheben, die beiden folgenden M zusammenstricken und die abgehobene über die gestrickte M ziehen; die 4 letzten M abstricken.

Bündchenmuster

Abwechselnd 1 M rechts, 1 M links.

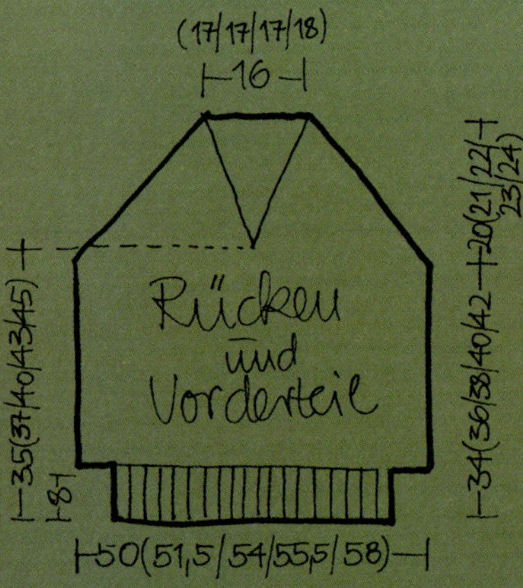

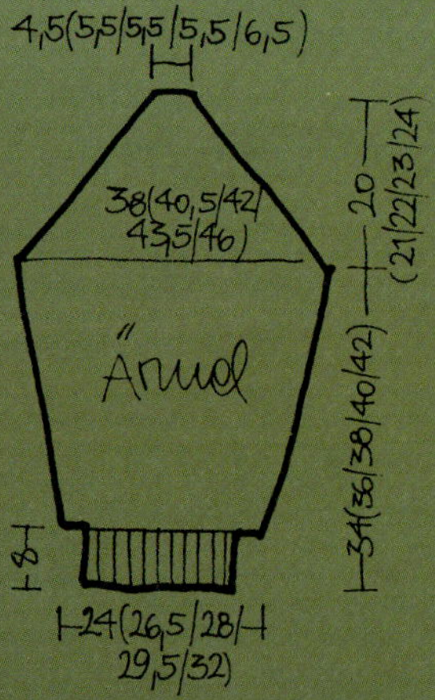

Maschenprobe

Mit Nadeln Nr. 3½ im Patentmuster: 24 M und 42 R = 10 x 10 cm.

Arbeitsanleitung

Rücken

119 (125/129/133/139) M mit Nadeln Nr. 3 anschlagen und 8 cm im Bündchenmuster stricken. Dann mit Nadeln Nr. 3½ im Patentmuster weiterarbeiten. Nach 34 (36/38/40/42) cm Gesamthöhe für die Raglanschrägungen – 4 M von jeder Kante entfernt – alle 4 R 20 (21/22/23/24) x 2 M abnehmen. Nach der letzten Abnahme noch 4 R gerade hocharbeiten, dann für den Halsausschnitt die restlichen 39 (41/41/41/43) M auf einmal abketten.

Vorderteil

Wie beim Rückenteil arbeiten. Nach 34 (36/38/40/42) cm Gesamthöhe für die Raglanschrägungen die gleichen Abnahmen wie beim Rückenteil durchführen, dann 4 R gerade hocharbeiten. Gleichzeitig nach 35 (37/40/43/45) cm Gesamthöhe für den Halsausschnitt die Arbeit in der Mitte teilen, dabei die mittlere M abketten. Jede Seite getrennt beenden, dabei an der Halsausschnittkante alle 4 R 19 (20/20/20/21) x 1 M abnehmen.

Ärmel

57 (63/ 67/71/77) M mit Nadeln Nr. 3 anschlagen und 8 cm im Bündchenmuster stricken. Dann mit Nadeln Nr. 3½ im Patentmuster weiterarbeiten. Beiderseits zunehmen: * 1 M alle 6 R, 1 M alle 8 R *: 8 (7/6/5/4) x, dann 1 M alle 10 R: 1 (3/5/7/9) x. Man erhält 91 (97/101/105/111) M. Nach 38 (40/42/44/46) cm Gesamthöhe die gleichen Raglanabnahmen wie beim Rückenteil vornehmen. 4 R gerade hocharbeiten, dann die restlichen 11 (13/13/13/15) M auf einmal abketten.

Fertigstellung

Raglannähte schließen. Für die Halsausschnittblende mit dem Nadelspiel Nr. 3 von der Ausschnittspitze aus ca. 148 (158/158/158/168) M auffassen und in hin- und hergehenden R im Bündchenmuster stricken, dabei beidseitig alle 2 R 1 M abnehmen. Nach 2 cm Strickhöhe beidseitig alle 2 R 1 M zunehmen. Nach 4 cm Strickhöhe abketten. Ärmel- und Seitennähe schließen. Die Halsausschnittblende in der Ausschnittspitze schließen. Die Blende zur Hälfte nach innen umlegen und von links gegennähen.

Die kühlen Leichten

Frühling auf der Passe

Damenpulli mit Häkelblüten

Größe 38/40

Material

Dilthey Wolle, Qualitäten Cotton Nielli und Lady. 500 g in Weiß Nr. 498 (Cotton Nielli), 200 g in Weiß Nr. 1617, 50 g in Blau Nr. 1639 (Lady). Je 1 Paar Stricknadeln Nr. 3 und 3½, 1 Häkelnadel Nr. 4.

Grundmuster

Cotton Nielli: glatt links = Hinreihe linke M, Rückreihe rechte M. Lady: glatt rechts.

Mausezähnchen

* 2 M rechts zusammenstricken, 1 Umschlag * wiederholen.

Bündchenmuster

Abwechselnd 2 M rechts, 2 M links = Hinreihe rechte M, Rückreihe linke M.

Maschenprobe

Mit Nadeln Nr. 3½: 18 M und 30 R = 10 x 10 cm.

Arbeitsanleitung

Rücken

72 M mit Nadeln Nr. 3 anschlagen und mit Cotton Nielli 12 cm im Bündchenmuster stricken.
Weiter im Grundmuster glatt links mit Nadeln Nr. 3½ arbeiten.
Dabei in der 1. R gleichmäßig verteilt 30 M zunehmen (= 102 M). In einer Gesamthöhe von 38 cm für den

Armausschnitt in jeder 2. R beidseitig 1 x 4, 1 x 2, 2 x 2 und 2 x 1 M abnehmen. Gleichzeitig mit dem Einarbeiten der Passe in Lady Weiß glatt rechts beginnen. Dafür die mittleren 2 M weiß stricken und weiterhin in jeder R beidseitig 1 M mehr in Weiß arbeiten. In 62 cm Gesamthöhe alle M gerade abketten.

Vorderteil

Wie Rückenteil arbeiten.

Ärmel

Für den Ärmel 40 M aufschlagen und mit Nadeln Nr. 3 8 cm im Bündchenmuster stricken. Danach mit Nadeln Nr. 3½ glatt links weiterarbeiten. In der 1. R jede 2 M verdoppeln (= 60 M). Danach in jeder 4. R beidseitig 1 M zunehmen. In 25 cm Gesamthöhe mit dem Armausschnitt beginnen. Dafür beidseitig 1 x 3, 1 x 2 und 5 x 1 M abnehmen. 4 R gerade stricken. Dann wieder beidseitig in jeder R 1 M zunehmen, bis 80 M auf der Nadel sind. In 45 cm Gesamthöhe den Arm gerade abketten. Die Passe glatt rechts stricken, wie beim Rükkenteil beschrieben, gleichzeitig mit der Armabnahme beginnen.

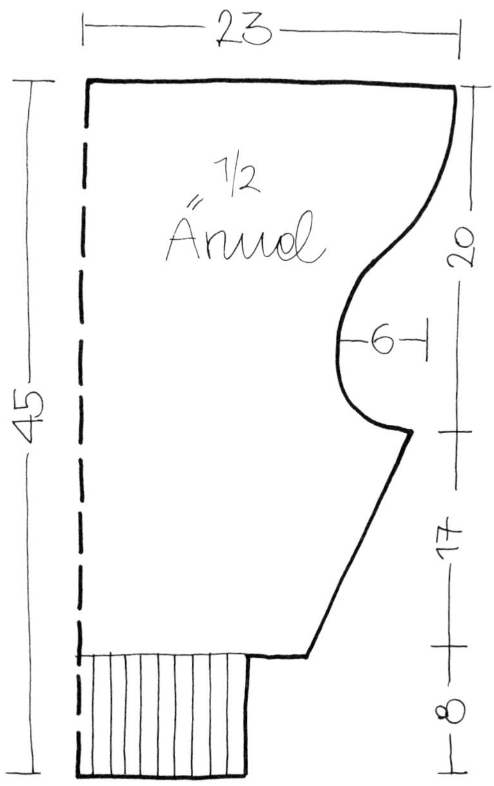

Ausarbeitung

Nähte schließen, Ärmel angekraust einsetzen. Aus der Passe M herausstricken, 3 R rechts in Weiß stricken, die 4. R mit Blau als Mausezähnchen stricken. 5. R links in Blau, dann noch 2 R in Weiß. Die Kante am Mausezähnchen umschlagen und von links anheften.

Rosetten

14 Stäbchen in einen Mittelkreis von 3 Luft-M häkeln. 20 Rosetten auf die Passe heften. Zur weiteren Verzierung kann man noch Perlen, Blättchen oder sonstiges aufnähen.

Luftiges mit Luftmaschen

Damenpulli mit Häkelärmeln

Größen 38 und 40/42

Bei unterschiedlichen Angaben: Größe 40/42 in Klammern.

Material

Lana Grossa Wolle, Qualitäten Holly und Benissimo, ca. 650 (700) g. 350 g in Weiß Nr. 51 (Holly) und 400 g in Weiß Nr. 7 (Benissimo). 1 Paar Schnellstricknadeln Nr. 3½ und 5. 1 Häkelnadel Nr. 5.

Grundmuster 1

Nadeln Nr. 5: Glatt rechts = Hinreihe rechte M, Rückreihe linke M.

Grundmuster 2

Nadeln Nr. 5: Mit 3 Luftm für das 1. Stb beginnen, *mit 1 Luftm 1 M übergehen, 1 Stb auf das Stb der Vorr. Ab * wiederholen, am Ende 1 Stb in die 3. Luftm der Vorreihe.

Bündchenmuster

Nadeln Nr. 3½: Abwechselnd 1 M rechts, 1 M links.

Maschenprobe

Mit Nadeln Nr. 5: 11 M und 20 R = 10 x 10 cm.

Arbeitsanleitung

Rücken

78 (81/84) M mit Nadeln Nr. 3½ in Benissimo anschlagen und im Bündchenmuster 10 cm stricken. Weiter mit Nadeln Nr. 5 in Holly 1 Rückreihe linke M stricken, dabei jede 2. und 3. M zusammenstricken = 52 (54/56) M. Weiter im Grundmuster 1 gerade hochstricken. In 23 cm Höhe beidseitig 1 x 1 M, in jeder 2. R noch 11 x 1, 1 x 2 M zunehmen = 80 (82/84) M. Weiter gerade hochstricken, dabei beidseitig mit Kettrand-M arbeiten! In 50 cm Höhe alle M in 1 Rückreihe locker abketten.

Vorderteil

Gegengleich arbeiten. Danach weiter mit Häkelnadel Nr. 5 in Benissimo mit der letzten Abkettschlinge beginnend 3 Luftm für das 1. Stb weiter 33 x (34 x/35 x) abwechselnd 1 Luftm, 1 Stb in eine Abkett-M häkeln. Darüber nun 2 R im Grundmuster 2 gerade hochhäkeln. Für den Ausschnitt die mittleren 14 Stb stehenlassen. Die Arbeit hier teilen und 10 cm gerade hochhäkeln. Die 2. Pulloverhälfte gegengleich häkeln und den rückwärtigen Halsausschnitt wie den vorderen arbeiten. Nach den 2 R im Grundmuster 2 die Schulterpasse an das Rückenteil anhäkeln. Aus der folgenden M 3 Luft-M häkeln und die linke Hälfte wie die rechte arbeiten.

Fertigstellung

Die hinteren Schulternähte schließen. Für die Ärmel die Seitenkanten wie folgt behäkeln: Mit Häkelnadel Nr. 5 in Benissimo 3 Luftm aus der 1. Kettrand-M arbeiten, weiter abwechselnd 1 Luftm, 1 Stb in die folgende Kettrand-M – auf dem Häkelgitter 1 Stb in den folgenden Stb-Kopf. Weiter im Grundmuster 2 gerade hochhäkeln. In 20 cm Höhe mit Nadeln Nr. 3½ in Benissimo ca. 64 M, aus 2 Kästchen 3 M herausstricken und im Bündchenmuster 8 cm stricken. Den anderen Ärmel genauso häkeln. Die Seitennähte schließen.

10
27(28/29)
28
6
10
10
50
13
13
10
18(19/20)
6
13
20
8

... wie mit dem Lineal gezogen

Damenpulli mit Farbflächen

Größen 36 und 38/40
Bei unterschiedlichen Angaben: Größe 38/40 in Klammern. Oberweite 92 (98) cm, Länge 58 (60) cm.

Material

Schaffhauser Wolle, Qualität Lambswool, 200 (ca. 230) g in Blaugrau Nr. 58, je 50 (ca. 60) g in Hellblau Nr. 54, Dunkelblau Nr. 280 und Grün Nr. 282. Je 1 Paar Stricknadeln Nr. 2½ und 3.

Grundmuster

Glatt rechts = Hinreihe rechte M, Rückreihe linke M. Werden Farbflächen gestrickt, jede Fläche mit einem separaten Knäuel arbeiten, und beim Farbwechsel die beiden Fäden jeweils miteinander verkreuzen. Die M auf der Rückseite in der Farbe abstricken, wie sie erscheinen.

Bündchenmuster

Abwechselnd 2 M rechts, 2 M links.

Maschenprobe

Genau einhalten! (falls nötig, Nadeln wechseln)

Mit Nadeln Nr. 3: 15 M im Grundmuster = 5 cm Breite.

Arbeitsanleitung

Rücken

122 (130) M mit Nadeln Nr. 2½ in Blaugrau anschlagen. Im Bündchenmuster stricken. Bei 7 cm ab Anschlag mit Nadeln Nr. 3 im Grundmuster weiterarbeiten, dabei in der 1. R verteilt 18 (20) M aufnehmen = 140 (150) M.

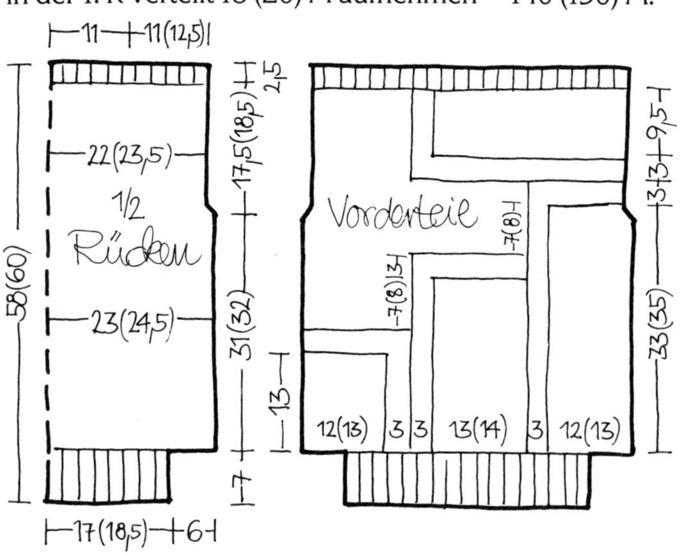

Die Seitennähte bleiben gerade. Bei 38 (39) cm ab Anschlag für den Armausschnitt beidseitig am Anfang der R 2, 1 M abketten = 134 (144) M. Bei 17,5 (18,5) cm ab Armausschnittbeginn auf der Vorderseite verteilt 10 (12) M aufnehmen = 144 (156) M. Auf der Rückseite mit Nadeln Nr. 2½ im Bündchenmuster weiterarbeiten, dabei das Muster mit Rand-M, 2 M links beginnen. Bei 20 (21) cm ab Armausschnittbeginn alle M 2 rechts, 2 links abketten.

Vorderteil

Wie Rückenteil arbeiten, jedoch die Farben nach dem Bündchen wie folgt einteilen = (immer inklusive Rand-M): 13 cm hoch 37 (40) M hellblau, 9 M dunkelblau, 39 (43) M blaugrau, 9 M hellblau, 9 M dunkelblau, 37 (40) M grün stricken. 3 cm hoch wie bisher arbeiten, jedoch über die letzten 37 (40) M = grüne M, dunkelblau stricken. 7 (8) cm wie bisher arbeiten, jedoch die letzten 46 (49) M = dunkelblaue M, blaugrau stricken. 3 cm hoch 37 (40) M hellblau, 9 M dunkelblau, 48 (52) M hellblau, die restlichen M blaugrau stricken. 7 (8) cm hoch 37 (40) M hellblau, 8 M dunkelblau, die restlichen M blaugrau stricken. Achtung: Bei 38 (39) cm ab Anschlag den Armausschnitt wie beim Rückenteil arbeiten. 3 cm hoch 43 (46) M dunkelblau, die restlichen M blaugrau stricken. 3 cm hoch 91 (98) M grün, die restlichen M blaugrau stricken. 9,5 cm hoch 82 (91) M dunkelblau, 9 M grün, die restlichen M blaugrau stricken. 1 R blaugrau rechts stricken, dabei die Aufnahme und das obere Bündchen wie beim Rückenteil stricken.

Rechter Ärmel

94 (98) M mit Nadeln Nr. 2½ in Blaugrau anschlagen. Im Bündchenmuster stricken. Bei 2,5 cm ab Anschlag mit Nadeln Nr. 3 im Grundmuster weiterarbeiten, dabei in der 1. R verteilt 13 (15) M aufnehmen = 107 (113) M. Bei 3,5 cm ab Bündchen beidseitig je 1 M aufnehmen und diese Aufnahme 7 x nach 2 cm wiederholen = 123 (129) M. Bei 23 cm ab Anschlag beidseitig stets am Anfang der R 3 x 10 (11) M abketten, die restlichen 63 M gerade abketten.

Linker Ärmel

Wie rechten Ärmel arbeiten, jedoch bei 6 cm ab Anschlag mit Dunkelblau weiterarbeiten. Bei 6 cm ab Bündchen die Farben wie folgt einteilen = (inklusive Rand-M): Die mittleren 9 M grün, beidseitig davon je 40 (43) M hellblau, 9 M dunkelblau und 2 M graublau. Bei 21 cm ab Anschlag über alle M mit Graublau weiterarbeiten.

Ausarbeitung

Seiten- und Ärmelnähte schließen. Für die Achseln beidseitig je 11 (12,5) cm gegeneinandernähen. Ärmel einsetzen.

20(21)
24,5
Ärmel
21,5
12,5
6
2,5
15(15,5)
2,5

Trickreiches Muster

Weißer Herrenpulli mit Rundausschnitt

Größen 48/50 und 52

Bei unterschiedlichen Angaben: Größe 52 in Klammern.

Material

Staufen Wolle, Qualität Skate, 400 (450) g in Weiß Nr. 01. Je 1 Paar Stricknadeln Nr. 2½ und 3, 1 Rundstricknadel Nr. 2½, 50 cm lang.

Grundmuster

1. R: Rand-M, * 2 M rechts, 2 M links abheben, Faden liegt vor der Arbeit *, von * bis * wiederholen, Rand-M. 2. R: linke M. 3. R: wie 1. R. 4. R: linke M. 5. R: rechte M. 6. R: linke M. 7. R: Rand-M, * 2 M links abheben. Faden liegt vor der Arbeit, 2 M rechts *, von * bis * wiederholen, Rand-M. 8. R: linke M. 9. R: wie 7. R. 10. R: linke M. 11. R: rechte M. 12. R: linke M. 1.–12. R fortlaufend stricken!

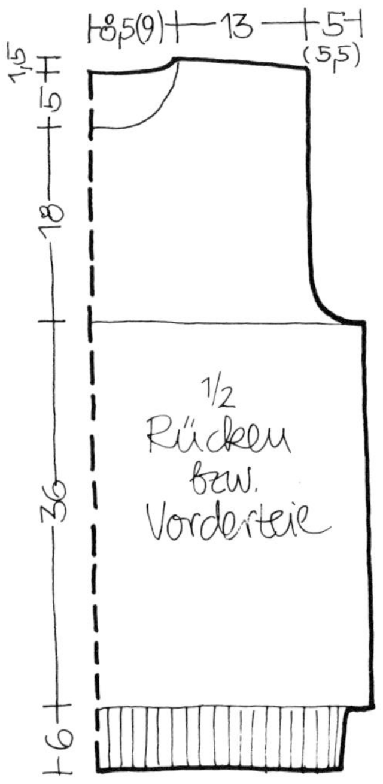

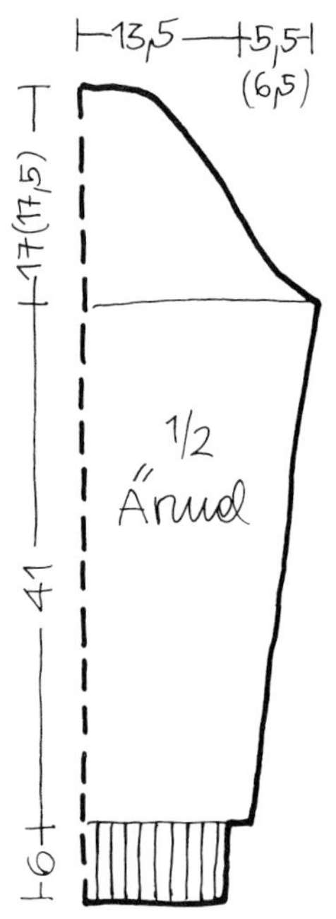

Einstrickmuster

s. Strickschrift Seite 189.

Bündchenmuster

Abwechselnd 1 M rechts, 1 M links.

Maschenprobe

Im Grundmuster mit Nadeln Nr. 3: 23 M und 36 R = 10 x 10 cm. Im Einstrickmuster mit Nadeln Nr. 2: 23 M und 30 R = 10 x 10 cm.

Arbeitsanleitung

Rücken

122 (128) M mit Nadeln Nr. 2½ anschlagen und im Bündchenmuster 6 cm stricken. Weiter im Grundmuster mit Nadeln Nr. 3. Nach 36 cm ab Bund weiter im Einstrickmuster, dabei gleichzeitig beidseitig für die Armausschnitte je 1 x 4, 1 x 3, 1 (2) x 2 und 2 x 1 M abketten. Nach 59 cm ab Bund für den Halsausschnitt die mittleren 30 (32) M und beidseitig davon 1 x 3 und 1 x 2 M abketten. Gleichzeitig für die Schultern 2 x 10 M abketten.

Vorderteil

Bis 54 cm ab Bund wie Rücken stricken, dann für den Halsausschnitt die mittleren 22 (24) M abketten und beidseitig davon je 3 x 2 und 3 x 1 M abketten. Gleichzeitig nach 59 cm ab Bund für die Schultern beidseitig je 3 x 10 M abketten.

Ärmel

Für die Ärmel je 50 M mit Nadeln Nr. 2½ anschlagen und im Bündchenmuster 6 cm stricken. Weiter im Grundmuster mit Nadeln Nr. 3, dabei in der 1. R verteilt 12 M zunehmen und beidseitig 13 (15) x 1 M jede 10. (8.) R zunehmen. Nach 41 cm ab Bund weiter im Einstrickmuster, gleichzeitig die Armkugel beginnen. Beidseitig 2 x 3, 2 x 2, 18 x 1, 2 (3) x 2 und 1 x 3 M abketten, dann die restlichen 18 M abketten.

Fertigstellung

Nähte schließen, Ärmel einsetzen. Aus dem Halsausschnitt mit der Rundstricknadel 128 M aufnehmen und in 2 M rechts, 2 M links 12 Rd stricken, M im M-Rhythmus abketten.

Gestrickt & bestickt

Kinderpullover mit Streifen

Größen 116, 128, 140 und 152

Bei unterschiedlichen Angaben: Größen 128, 140 und 152 in Klammern. Oberweite 64 (68/72/76) cm. Das Modell hat zusätzliche Weite.

Material

Scheepjeswol, Qualitäten Mayflower Cotton Helarsgarn oder Luzern und Mayflower Cotton 8 oder Invicta Extra. 200 (200/250/300) g in Weiß, 50 g in Blau (Mayflower Cotton Helarsgarn oder Luzern), 100 (100/150/150) g in Rot, 100 (100/150/150) g in Rosa (Mayflower Cotton 8 oder Invicta Extra). Je 1 Paar Stricknadeln Nr. 3½ und 4.

Grundmuster

Glatt rechts = Hinreihe rechte M, Rückreihe linke M. Farbenfolge: 2 R mit Cotton 8 doppelfädig = 12 (13/14/15) x 2 Fäden rot, 3 (4/5/6) x 1 Faden rot und 1 Faden rosa, danach 2 Fäden rosa) und 2 R mit Helarsgarn in Weiß stets im Wechsel.

Bündchenmuster

1. R: 1 M rechts, 1 M links, im Wechsel. 2. und alle folgenden R: M stricken, wie sie erscheinen.

Maschenprobe

Mit Nadeln Nr. 4 in glatt rechts: 21 M und 30 R = 10 x 10 cm.

Arbeitsanleitung

Rücken

66 (70/74/78) M mit Nadeln Nr. 3½ in Weiß anschlagen und 4 cm im Bündchenmuster stricken, mit Nadeln Nr. 4 in glatt rechts weiterarbeiten, dabei in der ersten R auf das Bündchen verteilt 6 M aus dem Querdraht rechts verschränkt herausstrikken = 72 (76/80/84) M. Nach 104 (116/128/140) R ab Bund mit Nadeln Nr. 3½ in Weiß noch 2 cm im Bündchenmuster stricken, M auf einmal locker abketten. Die Gesamtlänge beträgt 41 (45/49/53) cm.

Vorderteil

Wie Rückenteil arbeiten.

Ärmel

36 (40/44/48) M mit Nadeln Nr. 3½ in Weiß anschlagen und 4 cm im Bündchenmuster stricken, mit Nadeln Nr. 4 in glatt rechts weiterarbeiten, dabei in der ersten R auf das Bündchen verteilt 6 M aus den Querdraht rechts verschränkt herausstricken = 42 (46/50/54) M. Für die Ärmelschräge 11 x in jeder 6. (7./8./9.) R beidseitig je 1 M zunehmen, nach 80 (92/104/116) R ab Bund alle 64 (68/72/76) M auf einmal locker abketten. Die Gesamtlänge beträgt 31 (35/39/43) cm.

Ausarbeitung

Auf die rot-weiß gestreiften Felder des Vorder- und Rückenteils (unten) sowie auf das rosa-weiß gestreifte Feld des Vorderteils (oben) mit Blau kleine Vierecke (= 4 M x 2 R) im M-Stich, unten in einem Abstand von jeweils 4, oben in einem Abstand von jeweils 10 M, in stets wechselnde Höhen aufsticken. Die auf den rot-weiß gestreiften Feldern befindlichen Vierecke nach unten mit doppelfädigem rosa Garn und die auf dem rosa-weiß gestreiften Feld befindlichen Vierecke nach oben mit doppelfädigem roten Garn im Steppstich von der Mitte eines jeden Vierecks aus mit dem jeweiligen Bündchen verbinden. Schulternähte auf eine Länge von jeweils 8½ (9/9½/10) cm schließen. Ärmel annähen, Seiten- und Ärmelnähte schließen.

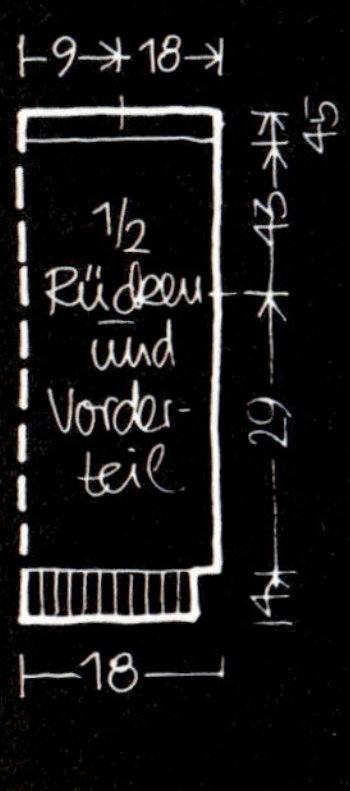

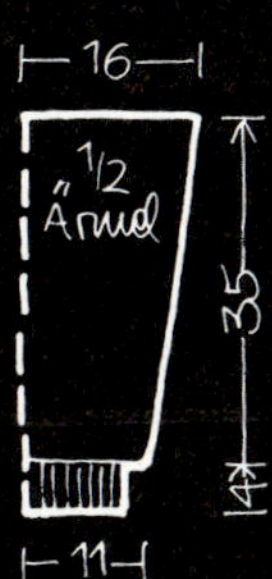

Kinderpullover mit Röschen

Größen 104, 116 und 128

Bei unterschiedlichen Angaben: Größen 116 und 128 in Klammern. Oberweite 60 (64/68) cm.

Material

Scheepjeswol, Qualität Mayflower Cotton 8 oder Invicta Extra. 200 (200/250) g in Weiß, je 50 g in Rosa und Rot. Je 1 Paar Stricknadeln Nr. 2½ und 3.

Grundmuster

Glatt rechts = Hinreihe rechte M, Rückreihe linke M. Einstickmuster: Nach Zählmuster im Maschenstich aufsticken.

Bündchenmuster

1. R: 2 M rechts, 2 M links, im Wechsel. 2. und alle folgenden R: M stricken, wie sie erscheinen.

Maschenprobe

Mit Nadeln Nr. 3 in glatt rechts: 28 M und 40 R = 10 x 10 cm.

Arbeitsanleitung

Rücken

80 (86/90) M mit Nadeln Nr. 2½ anschlagen und 3 cm im Bündchenmuster stricken, mit Nadeln Nr. 3 in glatt rechts weiterarbeiten, dabei in der ersten R auf das Bündchen verteilt 12 M aus dem Querdraht rechts verschränkt herausstricken = 92 (98/102) M. Nach 112 (128/144) R ab Bund mit Nadeln Nr. 2½ noch 2 cm im Bündchenmuster stricken, alle M auf einmal locker abketten. Die Gesamtlänge beträgt 33 (37/41) cm.

Vorderteil

Wie Rückenteil arbeiten.

Ärmel

60 (66/72) M mit Nadeln Nr. 2½ anschlagen und 3 cm im Bündchenmuster stricken, mit Nadeln Nr. 3 in glatt rechts weiterarbeiten, dabei in der ersten R auf das Bündchen verteilt 6 M aus dem Querdraht rechts verschränkt herausstricken = 66 (72/78) M. Für die Ärmelschräge 6 x in jeder 8. (9./10.) R beidseitig je 1 M zunehmen, nach 56 (68/80) R ab Bund alle 78 (84/90) M auf einmal locker abketten. Die Gesamtlänge beträgt 17 (20/23) cm.

Ausarbeitung

Mit einem bunten Faden die Mitte in Höhe und Breite des Vorderteils markieren (diese Linienmarkierung ist auch im Zählmuster eingezeichnet und dient als Orientierungshilfe), dann nach Zählmuster sticken. Um für Größe 128 eine bessere Verteilung der Röschen zu erzielen, sollen die jeweils 11 M zwischen den Röschen auf 14 M und die 24 R zwischen den Röschenreihen auf 30 R erhöht werden. Schulternähte auf eine Länge von 7½ (8/8½) cm schließen, Ärmel annähen, Seiten- und Ärmelnähte schließen.

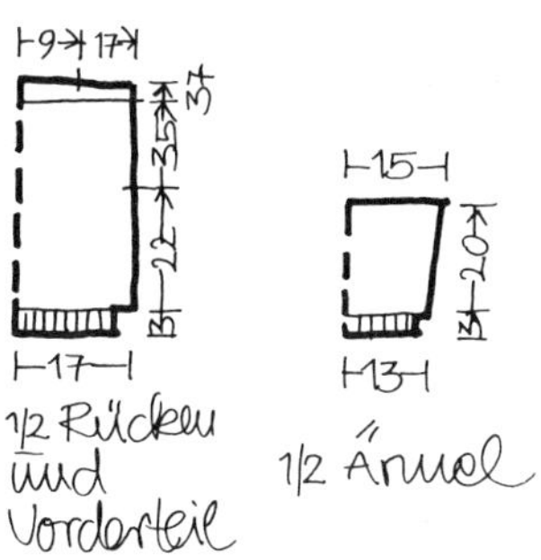

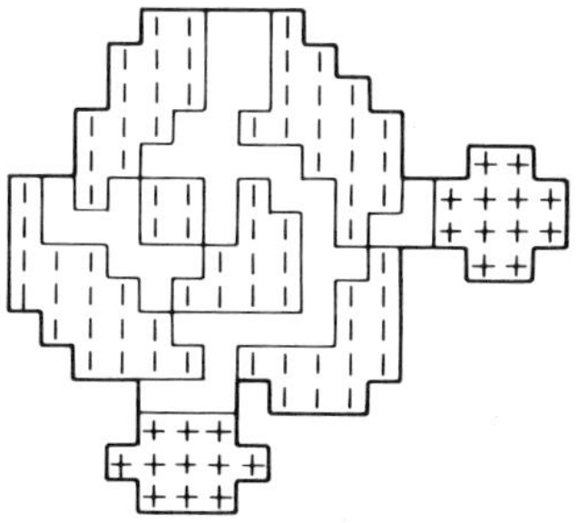

- ☐ mit I: Rosa
- ☐ mit +: Rot
- ☐ nicht besticken

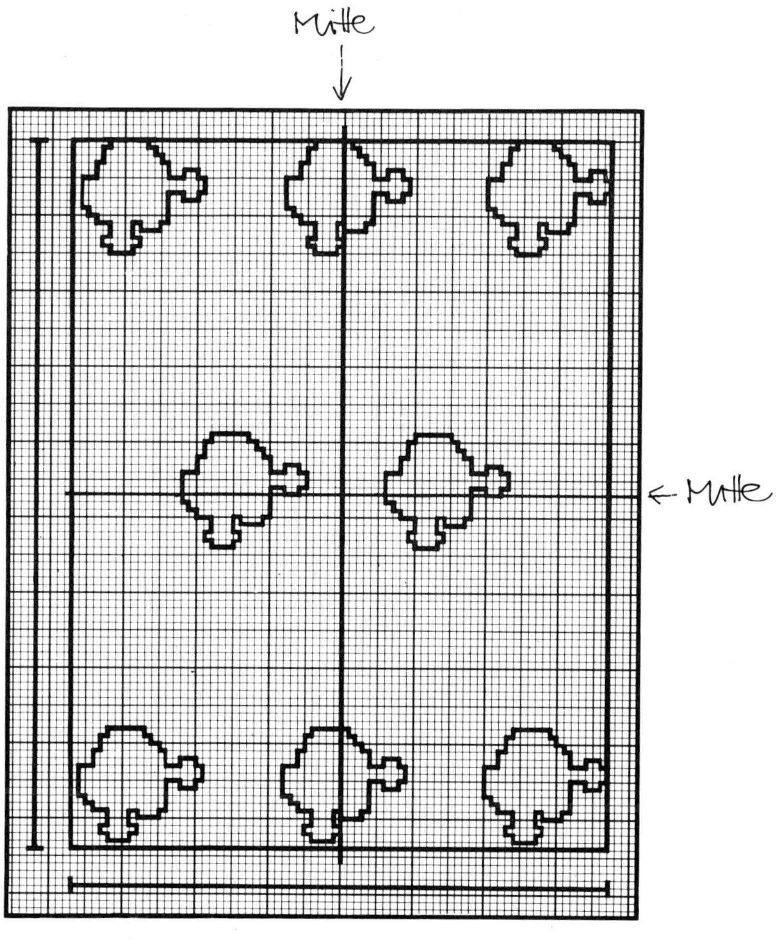

Oben Ringel, unten Rauten

Damenpulli aus Baumwolle

Größe 38/40

Material

Dilthey Wolle, Qualitäten Desiré und Karola. 200 g in Blau Nr. 1878, 100 g in Weiß Nr. 1874 (Desiré), 300 g in Weiß Nr. 201 und 200 g in Pink Nr. 190 (Karola). Je 1 Paar Stricknadeln Nr. 4 und 4½.

Grundmuster

Glatt rechts: Hinreihe rechte M, Rückreihe linke M; mit Einstrickmuster.

Streifenmuster

Kraus rechts in folgender Farbfolge: Je 6 R * weiß, pink, weiß, blau, weiß, blau *.

Bündchenmuster

Abwechselnd 2 M rechts, 2 M links.

Maschenprobe

Mit Nadeln Nr. 4½: 17 M und 20 R = 10 x 10 cm.

Arbeitsanleitung

Vorderteil

Mit Nadeln Nr. 4 in Weiß (Karola) 64 M anschlagen und 12 cm im Bündchenmuster stricken. Dann weiter mit Nadeln Nr. 4½ im Grundmuster arbeiten. In der 1. R gleichmäßig verteilt 17 M zunehmen (= 81 M) und mit dem Einarbeiten der Rauten beginnen: 8 M in Pink, 1 M in Blau, 15 M in Pink, 1 M in Weiß (Desiré), 15 M in Pink, 1 M Blau (= Mittel-M), 15 M in Pink, 1 M in Weiß (Desiré), 15 M in Pink, 1 M in Blau, 8 M in Pink.

In jeder 4. R für die Rauten beidseitig 1 M mehr in der betreffenden Farbe stricken, bis 15 M erreicht sind. Dann wieder gegengleich abnehmen, dabei die Ecken, die in Pink gestrickt wurden, jetzt in Weiß (Karola) stricken.

Wenn die Rauten beendet sind, mit dem Streifenmuster beginnen. Dabei für den Arm gleichzeitig und beidseitig 1 x 3, 1 x 2 und 3 x 1 M abketten (= 65 M). Die Streifenpasse nach 20 cm beenden, alle M lose abketten. Jeweils 18 M bilden die Schultern.

Rücken

Wie Vorderteil arbeiten.

Ärmel

Für den Arm 56 M anschlagen und 20 cm in angegebener Streifenfolge stricken. Dann für die Armkugel beidseitig wie folgt abnehmen: 1 x 2 und 9 x 1 M in jeder 4. R (= 34 M), 2 x 1 und 3 x 2 M in jeder 2. R. Die restlichen 18 M gerade abketten.

Ausarbeitung

Nähte schließen und Ärmel einsetzen.

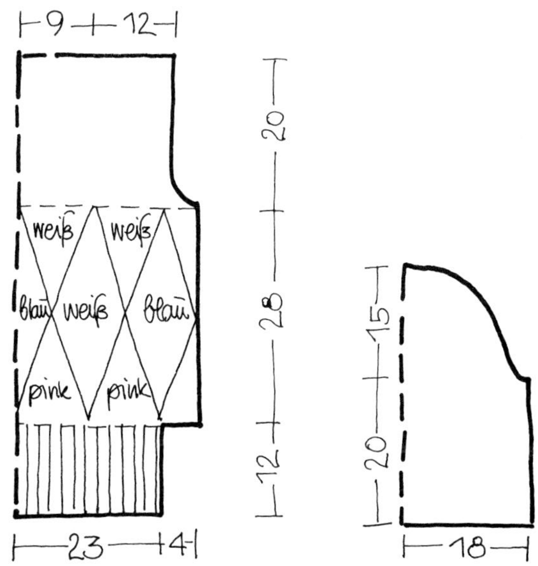

Ein Sommerhit

Damen-Baumwollhemd mit Wüstenmotiv

Größe 36/40

Material

Esslinger Wolle, Qualität „baumwolle flammé", 350 g in Weiß Nr. 01; Qualität „gold und silber", 20 g in Gold Nr. 02.
1 Paar Schnellstricknadeln Nr. 3 und 1 Rundstricknadel Nr. 2½, 50 cm lang.

Grundmuster

Glatt rechts = Hinreihe rechte M, Rückreihe linke M.

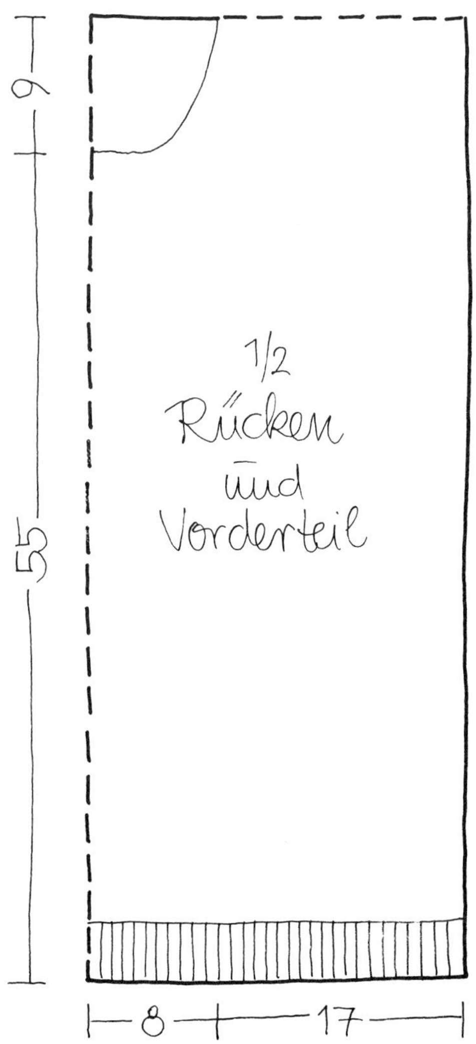

Im Maschenstich aufgesticktes Kamel: siehe Werkzeichnung Seite 191.

Maschenprobe

Mit Nadeln Nr. 3: 25 M und 32 R = 10 x 10 cm.

Arbeitsanleitung

Für das Vorderteil 124 M in Weiß anschlagen und 55 cm im Grundmuster stricken.
Nun für den vorderen Halsausschnitt die mittlere 16 M abketten und über die seitlich übriggebliebenen M getrennt weiterarbeiten, dabei an der Halsausschnittkante in jeder 2. R 1 x 3, 2 x 2 und 5 x 1 M abnehmen. Nach 64 cm ab Anschlag ist die Schulterhöhe erreicht. Die beiden Schulterteile mit 40 neu angeschlagenen Maschen wieder verbinden und den Rücken gleich anstricken. Nach weiteren 64 cm alle M abketten. Für die Ärmel je 68 M anschlagen und im Grundmuster 30 cm stricken, dabei beiderseits 13 x 1 M in jeder 6. R zunehmen, dann alle M abketten.

Fertigstellung

Das Vorderteil nach Werkzeichnung ca. 10 cm ab Anschlag beginnend besticken. Ärmel einsetzen, Seiten- und Ärmelnähte schließen. Die untere Kante und die Ärmelkanten ca. 3 cm nach innen schlagen und anheften. Auf die Nahtkanten 1 R Maschenstiche in Gold sticken (s. Abb.). Aus dem Halsausschnitt 112 M mit Nadel 2½ in Weiß aufnehmen und 10 Rd in 1 M rechts, 1 M links stricken, Maschen im Maschenrhythmus abketten. Zuletzt die Halsausschnittblende noch mit 1 Rd feste Maschen in Gold behäkeln.

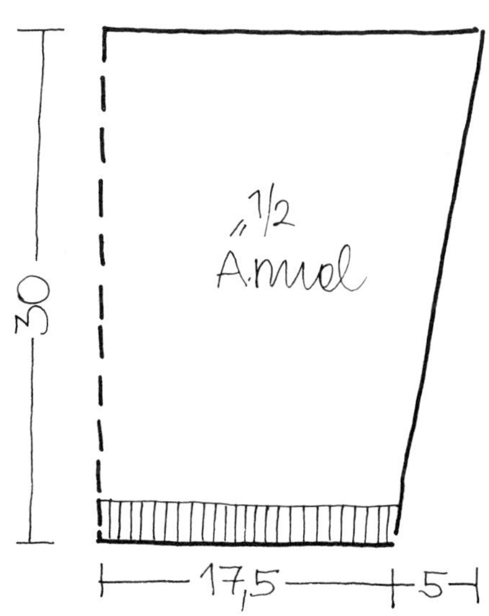

Geometrisch das Muster – zart die Farben

Kleiner Damenpulli

Größen 38 und 40/42

Bei unterschiedlichen Angaben: Größe 40/42 in Klammern.

Oberweite 92 (98) cm, Länge 56 (58) cm.

Material

Schaffhauser Wolle, Qualität Blenda, 130 (ca. 160) g in Blau Nr. 32, 90 (ca. 110) g in Türkis Nr. 206, je 20 (ca. 25) g in Gelb Nr. 34 und Lila Nr. 219. Je 1 Paar Stricknadeln Nr. 2½ und 3. (Ersatzqualität: Jeunesse S – etwas weniger im Verbrauch)

Grundmuster

Farbflächen glatt rechts = Hinreihe rechts, Rückreihe links stricken, dabei jede Fläche mit einem separaten Knäuel arbeiten, und beim Farbwechsel die beiden Fäden jeweils miteinander verkreuzen.

Bündchenmuster

Abwechselnd 1 M rechts, 1 M links.

Maschenprobe

Genau einhalten! (falls nötig, Nadeln wechseln)
Mit Nadeln Nr. 3: Grundmuster 14½ M im Grundmuster II = 5 cm Breite.

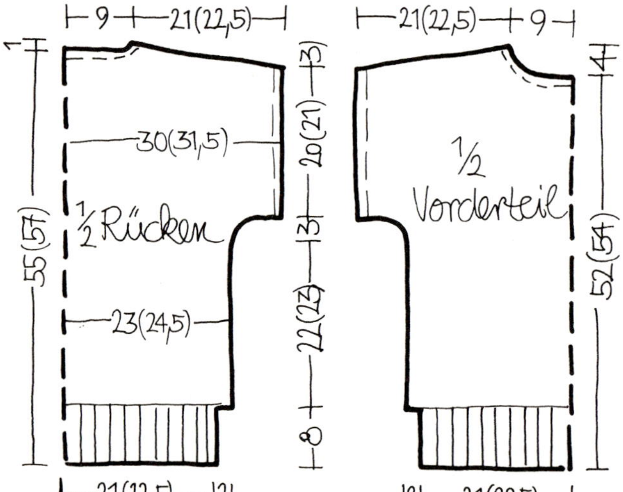

Arbeitsanleitung

Rücken

124 (132) M in Blau mit Nadeln Nr. 2½ und 8 cm hoch im Bündchenmuster stricken, dabei in der letzten R = Rückreihe, verteilt 12 M aufnehmen = 136 (144) M. Mit Nadeln Nr. 3 im Grundmuster glatt rechts weiterarbeiten, dabei die ersten 68 (72) M blau und die restlichen 68 (72) M türkis arbeiten. Die Seitennähte bleiben gerade. Bei 30 (31) cm ab Anschlag für die Ärmel beidseitig stets am Ende der R 1, 1, 2, 2, 4 und 1 x 10 M hinzu anschlagen. Über die erreichten 176 (184) M gerade weiterstricken. Bei 53 (55) cm ab Anschlag für die Achselschrägung beidseitig stets am Anfang der R 1 x 12, 5 x 10 (6 x 11) M abketten und gleichzeitig mit der 5. Abschrägung für den Halsausschnitt die mittleren 46 M, dann beidseitig davon noch 1 x 3 M, abketten.

Vorderteil

Das Bündchen wie beim Rückenteil arbeiten, dann mit Nadeln Nr. 3 im Grundmuster glatt rechts wie folgt gerade weiterfahren: 54 (58) M türkis, 14 M lila, 14 M gelb und 54 (58) M blau. Bei 30 (31) cm ab Anschlag für die Ärmel in gleicher Weise wie beim Rückenteil die M hinzu anschlagen und gleichzeitig 32 (34) cm ab Anschlag für den Zacken wie folgt arbeiten: Am Anfang der R 1 M weniger mit Türkis stricken als bisher, dann 14 M lila, 14 M gelb und die restlichen M blau abstricken. Auf der Rückseite die M deckend in den Farben arbeiten. Nun weiter stets auf der Vorderseite den lila und den gelben Streifen um 1 M nach rechts versetzen, diese beiden Streifen bleiben immer 14 M breit, die türkisfarbene Fläche verschmälert sich stets um 1 M, und die blaue Fläche verbreitert sich stets um 1 M. Wenn die Flächen 14 x nach rechts verschoben sind (= 28 R hoch), den Zacken wieder 14 x nach links versetzen. Somit verbreitert sich die türkisfarbene Fläche wieder stets um 1 M. Nach dem Zacken laufen der lila und der gelbe Streifen zu den unteren Streifen vor dem Zacken fortlaufend weiter. Bei 52 (54) cm ab Anschlag für den Halsausschnitt die mittleren 18 M, dann beidseitig davon noch 6, 4, 2, 2, 1, 1, 1 M abketten. Beidseitig die Achselschrägungen wie beim Rückenteil ausführen.

Ausarbeitung

Nähte schließen. Vorne bei den Ärmeln und rings um den Halsausschnitt 1 cm auf die Rückseite säumen.

Fröhliche Streifen auf strahlendem Weiss

Weißer Damenpulli mit Streifenpasse

Größen 36 und 42

Bei unterschiedlichen Angaben: Größe 42 in Klammern.

Material

Busse Wolle, Qualität Platin Art. 330, 550 (650) g in Weiß Nr. 1103, 100 g in Grau Nr. 7107, je 50 g in Hellblau Nr. 5108, Türkis Nr. 6114, Oliv Nr. 6105. 1 Paar Stricknadeln Nr. 5.

Grundmuster

Glatt rechts = Hinreihe rechte M, Rückreihe linke M.

Bündchen und Passe

Abwechselnd 1 M rechts, 1 M links.

Farbfolge: 4 R grau, 4 R oliv, 4 R hellblau, 4 R türkis.

Maschenprobe

15 M und 22 R = 10 x 10 cm.

Arbeitsanleitung

Rücken

Anschlag 56 (64) M, im Bündchenmuster 2 x die Farbfolge stricken = 14 cm hoch, weiter glatt rechts in Weiß. In der 1. R 6 M verteilt zunehmen = 62 (70) M. Für die Seitenschräge beidseitig jede 4. R 6 x 1 M zunehmen = 74 (82) M.
Nach 11 (12) cm ab Bund für den Armausschnitt 10 M abketten. Nach 32 (34) cm ab Bund die Passe im Bündchenmuster stricken. 1 x die Farbfolge stricken, nach weiteren 4 R grau für den Halsausschnitt die mittleren 30 M abketten und die Schultern beidseitig noch 6 cm hoch 1 M rechts, 1 M links in Grau weiterführen, abketten.

Vorderteil

Wie Rückenteil arbeiten, jedoch für die Passe 1 x die Farbfolge stricken und danach gleich alle M abketten.

Ärmel

Anschlag 32 (36) M, im Bündchenmuster 3 x die Farbfolge stricken = 21 cm hoch, weiter glatt rechts in Weiß. In der 1. R 16 M verteilt zunehmen = 48 (52) M. Dann für die Ärmelschräge beidseitig jede 2. R 26 x 1 M zunehmen = 100 (104) M, weiter gerade hochstricken bis 56 (58) cm Gesamtlänge. Alle M abketten.

Ausarbeitung

Teile schnittgemäß spannen und leicht dämpfen. Seitennähte schließen, rückwärtige Schulter zeichengemäß an die vordere Passe nähen.
Ärmelnähte schließen und den Ärmel einsetzen (siehe Schnittzeichnung).

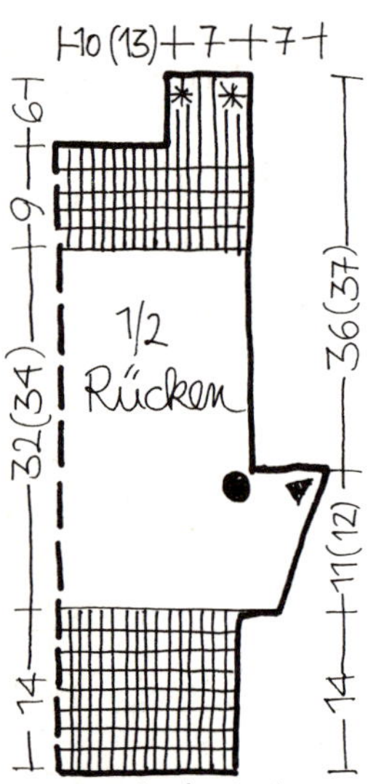

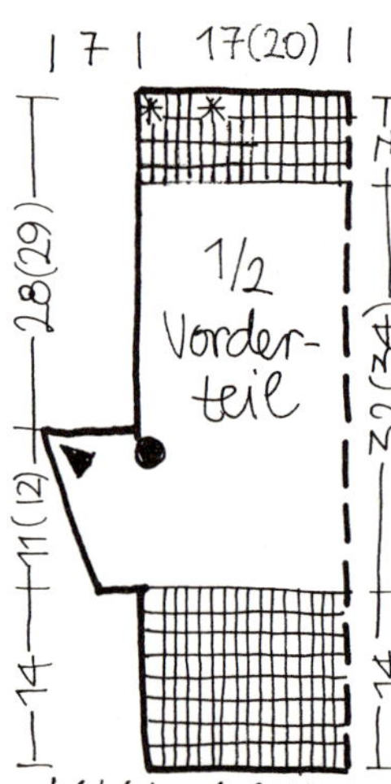

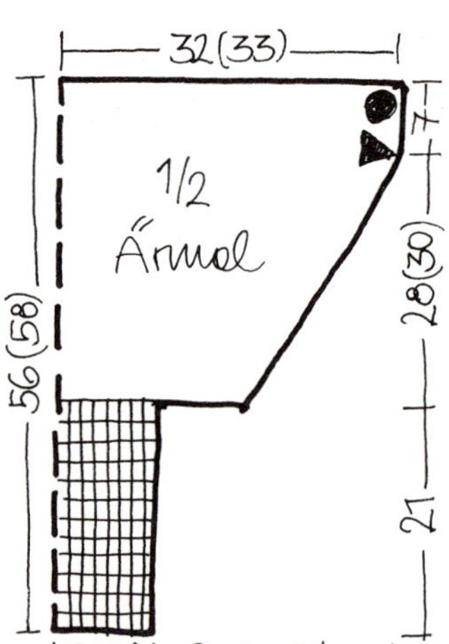

Schon fast ein Pullunder

Damenpulli mit Kurzarm

Größen 38, 40 und 42

Bei unterschiedlichen Angaben: Größen 40 und 42 in Klammern.

Material

H. E. C. Wolle, Qualität aarlan cotonova, 350 (380/420) g in Marine Nr. 4535 und 300 (330/360) g in Türkis Nr. 4585. Je ein Paar Stricknadeln Nr. 2½–3, Nr. 3–3½ und Nr. 3½–4. Ein Nadelspiel Nr. 2½–3.

Grundmuster

Nadeln Nr. 3½–4: Glatt rechts = Hinreihe rechte M, Rückreihe linke M. An den Ärmeln teilweise mit Nadeln Nr. 3–3½ und teilweise mit Nadeln Nr. 2½–3 arbeiten.

Bündchenmuster

Nadeln Nr. 2½–3 in Marine: Abwechselnd 2 M rechts, 2 M links.

Maschenprobe

Glatt rechts mit Nadeln Nr. 3½–4: 11 M und 15 R, mit Nadeln Nr. 3–3½: 11½ M und 16 R = 5 x 5 cm. Je nach Ergebnis feinere oder gröbere Nadeln verwenden.

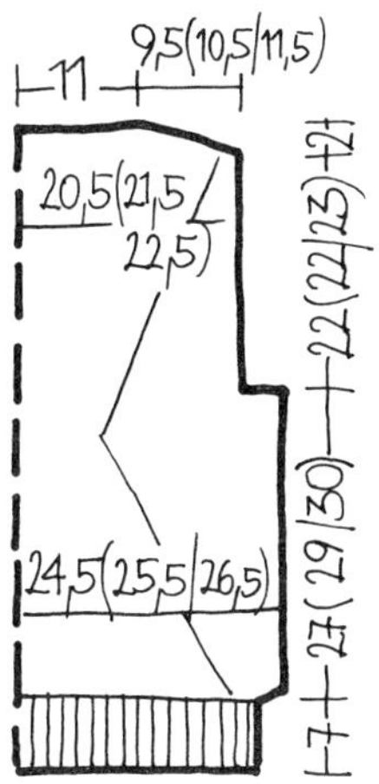

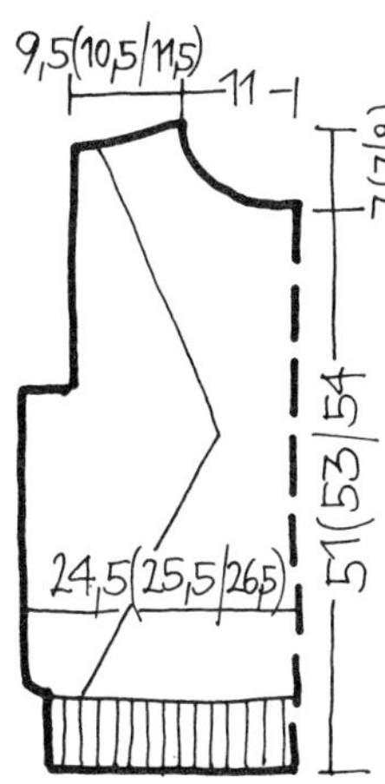

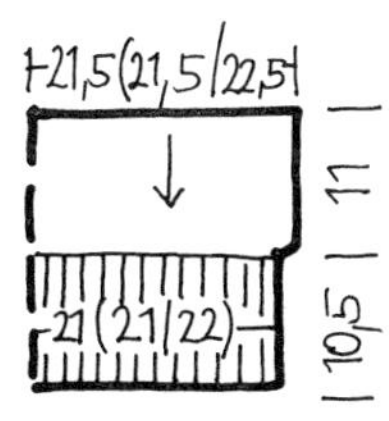

Arbeitsanleitung

Rücken

Anschlag 86 (90/98) M. Im Bündchenmuster arbeiten, dasselbe auf der Rückseite mit Rand-M, 2 M rechts beginnen. Nach 7 cm im Grundmuster weiterfahren, dabei verteilt in der 1. R 22 (22/18) M aufnehmen und gleichzeitig wie folgt einteilen: Die ersten und letzten 12 (13/14) M marine arbeiten, die mittleren 84 (86/88) M türkis. Beim Farbwechsel die beiden Fäden kreuzen. Stets nach 3 R je 1 weitere M marine arbeiten und dafür beidseitig je 1 M weniger türkis. Wenn noch 34 M türkis sind, weiter stets nach 3 R gegen beide Seiten zu je 1 weitere M türkis stricken und dafür je 1 M weniger marine. Armausschnitt: 34 (36/37) cm ab Anschlag beidseitig 1 x 9 M abketten = 90 (94/98) M. Achsel: 22 (22/23) cm ab Armausschnitt beidseitig 3 x 7 (1 x 7 und 2 x 8/2 x 8 und 1 x 9) M abketten. Die restlichen 48 M locker abketten.

Vorderteil

Wie Rückenteil anfertigen, jedoch 17 cm ab Armausschnitt die mittleren 20 M locker abketten und beidseitig davon 1 x 4, 1 x 3, 2 x 2 und 2 x 1 M abketten, dann in der 4. folgenden R nochmals 1 M abnehmen.

Ärmel

An der oberen Kante mit Nadeln Nr. 3–3½ in Marine 98 (98/103) M aufnehmen. Im Grundmuster arbeiten, dabei auf der Rückseite mit links beginnen. Nach 11 cm mit Nadeln Nr. 2½–3 in Türkis fortfahren. Nach 10½ cm türkis locker abketten.

Ausarbeitung

Auf die Maße aufstecken, ein feuchtes Tuch darüberlegen und trocknen lassen. Die Nähte schließen, dabei an den Ärmeln die ersten und letzten 4 cm offenlassen. Mit dem Nadelspiel und in Marine am Ausschnitt des Rückenteils 46 M auffassen und am Vorderteil 56 (56/60) M. In Rd rechts stricken. Mit der 17. Rd locker abketten und die Hälfte nach innen säumen. Die Ärmel mit dem Anschlag in den Armausschnitt nähen, dabei je den offenen marinefarbenen Rand an die abgeketteten M am Armausschnitt annähen. Die türkisfarbene Fläche und 1 R marine nach innen einbiegen. Den Abkettrand an den Armausschnitt ansäumen, und den offenen türkisfarbenen Rand auf der Innenseite an die abgeketteten M am Armausschnitt annähen.

Anziehen – wohlfühlen!

Damenpulli mit Streifenplastron

Größen 38/40 und 42/44

Bei unterschiedlichen Angaben: Größe 42/44 in Klammern.

Material

Wolle Anny Blatt, Qualität Flirt'Anny, 350 (400) g in Ecru Nr. 670 und 50 (100) g in Eau Nr. 1681. Je 1 Paar Stricknadeln Nr. 4½ und 5½.

Grundmuster

Nadeln Nr. 5½: Glatt rechts = Hinreihe rechte M, Rückreihe linke M.

Phantasiemuster für Plastron Nadeln Nr. 5½: * 6 R glatt rechts in Eau, 2 R krausgerippt in Ecru* (krausgerippt = alle R rechts).

Bündchenmuster

Nadeln Nr. 4½: Abwechselnd 1 M rechts, 1 M links.

Maschenprobe

Mit Nadeln Nr. 4½: 16½ M und 22 R in glatt rechts = 10 x 10 cm.

Arbeitsanleitung

Rücken

Anschlag 65 (70) M in Ecru. Im Bündchenmuster stricken.

Nach 6 cm glatt rechts weiterarbeiten, in der 1. R 16 M gleichmäßig verteilt zunehmen. Über die 81 (87) M gerade weiterarbeiten.

Bei einer Gesamthöhe von 40 cm beidseitig für die Armausschnitte in jeder 2. R 1 x 3 und 1 x 2 (1 x 3, 1 x 2 und 1 x 1) M abketten. Über die restlichen 71 (75) M gerade weiterarbeiten.

Bei einer Gesamthöhe von 60 (61) cm alle M gerade abketten.

Vorderteil

Zunächst wie beim Rückenteil stricken, jedoch bei einer Gesamthöhe von 10 cm die mittleren M in Eau stricken, im Phantasiemuster weiterarbeiten, an beiden Seiten der mittleren M jeweils entsprechend mehr

M im Phantasiemuster und weniger M glatt rechts stricken: * in jeder 2. R 2 x 1 M, in der folgenden 4. R 1 x 1 M *, von * bis * wiederholen.

Gleichzeitig bei einer Gesamthöhe von 40 cm für die Armausschnitte wie beim Rückenteil abnehmen.

Bei einer Gesamthöhe von 52 (53) cm für den Halsausschnitt die mittleren 25 M abketten und jede Seite getrennt beenden. Am Halsausschnittrand in jeder 2. R noch 6 x 1 M abketten.

Bei einer Gesamthöhe von 60 (61) cm die 17 (19) M für die Schulter gerade abketten.

Ärmel

Anschlag 47 (51) M in Écru. Im Bündchenmuster stricken. Nach 4 cm glatt rechts weiterarbeiten und beidseitig alle 4,5 cm 8 x 1 M zunehmen.

Bei einer Gesamthöhe von 46 cm – Maschenzahl 63 (67) M – beidseitig für die Armkugel in jeder 2. R 1 x 3, 1 x 2, 11 (12) x 1 und 2 x 3 M abketten. Die restlichen 19 (21) M gerade abketten.

Fertigstellung

Eine Schulternaht schließen. Um den Halsausschnitt in Ecru 92 M auffassen, 1 R rechts auf der Rückseite der Arbeit stricken, im Bündchenmuster weiterarbeiten.
Nach 2,5 cm alle M abketten. Die 2. Schulternaht und die Seitennähte schließen. Ärmelnähte schließen, Ärmel einsetzen.

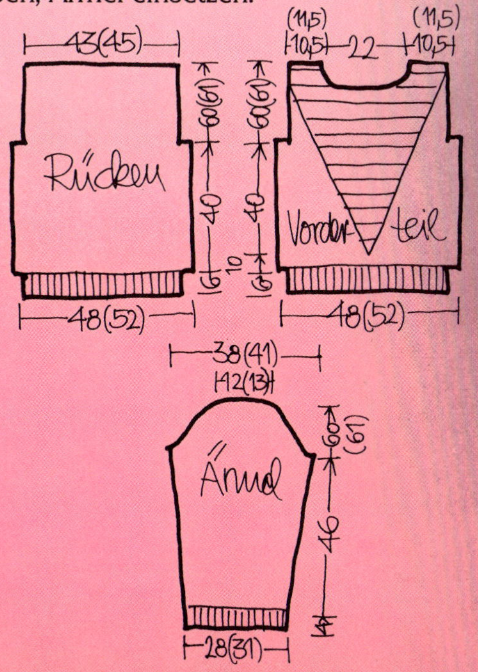

Damenpulli mit Durchziehband

Größen 38/40 und 42/44

Bei unterschiedlichen Angaben: Größe 42/44 in Klammern. Oberweite 88/90 (92/96) cm.

Material

Wolle Anny Blatt, Qualität Écoss'Anny, 650 (700) g in Blanc Nr. 949, 1 Rolle Serpentine, Or Blanc Nr. 1407. Je 1 Paar Stricknadeln Nr. 3½ und 4½.

Grundmuster

Nadeln Nr. 4½: Glatt rechts = Hinreihe rechte M, Rückreihe linke M.

Bündchenmuster

Nadeln Nr. 3½: Abwechselnd 1 M rechts, 1 M links.

Maschenprobe

21 M und 28 R in glatt rechts = 10 x 10 cm.

Arbeitsanleitung

Rücken

Anschlag 100 (108) M in Écoss' Blanc. 8 cm im Bündchenmuster stricken. Glatt links gerade weiterarbeiten.

Bei einer Gesamthöhe von 38 (40) cm beidseitig für die Armausschnitte in jeder 2. R 1 x 4, 2 und 3 x 1 (1 x 5, 2 x 2 und 3 x 1) M abketten = 78 (84) M. Gerade weiterarbeiten.

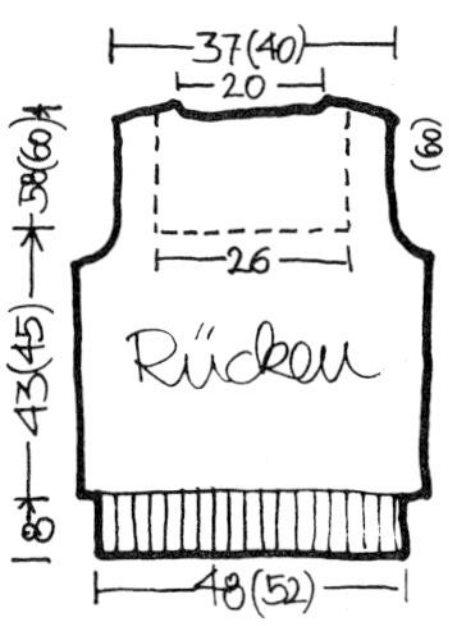

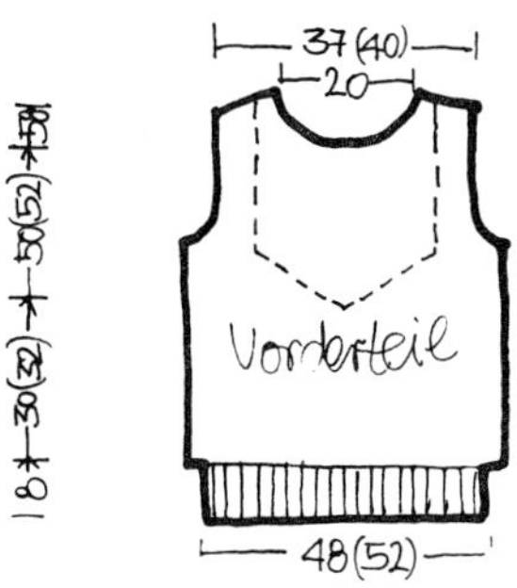

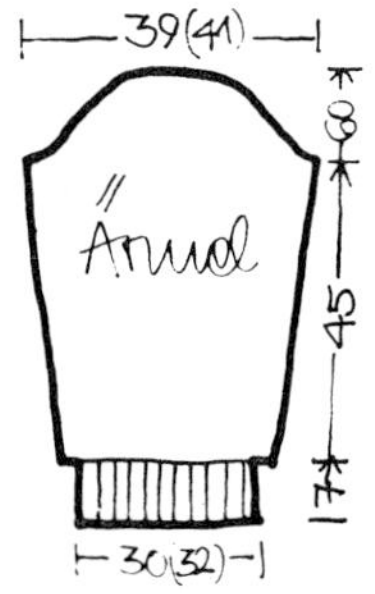

Bei einer Gesamthöhe von 43 (45) cm die ersten 12 (15) M glatt links stricken, über die folgenden 54 M im Ajourmuster stricken wie folgt: * 1 Umschlag, 2 M rechts zusammenstricken, 1 M rechts *, von * bis * wiederholen = 19 Löcher, die R enden mit 12 (15) M links. Von der folgenden R ab die mittleren 54 M glatt rechts stricken. In jeder 4. R über dem ersten und letzten Lochmotiv wieder 1 Lochmotiv arbeiten, so daß eine Begrenzung der Passe geformt wird. Auf diese Weise weiterarbeiten.

Bei einer Gesamthöhe von 58 (59) cm gleichzeitig für den Halsausschnitt und die Schultern abnehmen. Für den Halsausschnitt die mittleren 22 M abketten, danach beidseitig noch 1 x 10 M abketten. Für die Schulter am seitlichen Rand in jeder 2. R 2 x 9 (1 x 10 und 1 x 11) M abketten.

Vorderteil

Wie beim Rückenteil stricken, jedoch nach dem Rippenbündchen 1 M zunehmen = 101 (109) M. Bei einer Gesamthöhe von 30 (32) cm am rechten und am linken Rand der mittleren M 1 Lochmotiv arbeiten, danach das Ajourmuster in jeder 2. R um 1 Loch von der Spitze ausgehend verschieben. Der mittlere Teil wird glatt rechts wie beim Rückenteil gestrickt. Wenn 55 M glatt rechts vorhanden sind, wie beim Rückenteil weiterarbeiten.

Bei einer Gesamthöhe von 50 (52) cm für den Halsausschnitt die mittleren 15 M abketten und jede Seite getrennt beenden. Am Halsausschnitt in jeder 2. R 1 x 4, 1 x 3, 2 x 2 und 3 x 1 M abketten. Die Schulter wie beim Rückenteil schrägen.

Ärmel

Anschlag 48 (52) M in Blanc. 7 cm im Bündchenmuster stricken. Glatt links weiterarbeiten, in der 1. R 14 M gleichmäßig verteilt zunehmen = 62 (66) M. Anschließend beidseitig alle 3,5 cm 10 x 1 M zunehmen.

Bei einer Gesamthöhe von 45 cm für die Armkugel beidseitig in jeder 2. R 3 x 2, 13 x 1, 5 x 2, 1 x 3 und 1 x 4 M abketten.
Die restlichen M gerade abketten.

Fertigstellung

Eine Schulternaht schließen. Um den Halsausschnitt in Blanc 128 M auffassen. 1,5 cm im Bündchenmuster stricken, die M abketten. Die zweite Schulternaht schließen. Seiten- und Ärmelnähte schließen, Ärmel einsetzen. Mit 3 Fäden in Serpentine Or Blanc einen Zopf flechten, den Zopf durch die Löcher um die Passe ziehen.

Leicht wie T-Shirts

Weißer Damen-Sommerpulli

Größen 38, 40, 42 und 44

Bei unterschiedlichen Angaben: Größen 40, 42 und 44 in Klammern.

Material

Wolle Anny Blatt, Qualität Pearl'Blanc Nr. 1444, 450 (500/500/550) g. Je 1 Paar Stricknadeln Nr. 2½ und 3½.

Grundmuster

Nadeln Nr. 2½: Glatt rechts = Hinreihe rechte M, Rückreihe linke M.

Phantasiemuster

Nadeln Nr. 3½: 1. R: 1 Rand-M, * 2 M rechts kreuzen (die rechte Nadel hinter der 1. M in den vorderen Faden der 2. M einstechen und die M rechts stricken, danach die 1. M rechts stricken, beide M zusammen von der linken Nadel gleiten lassen), 2 M links *, von * bis * wiederholen. 2. R: 1 Rand-M, * 2 M rechts, 2 M links *, von * bis * wiederholen. Diese 2 R fortlaufend wiederholen.

Bündchenmuster

Nadeln Nr. 2½: Abwechselnd 1 M rechts, 1 M links.

Arbeitsanleitung

Rücken

Anschlag 124 (128/134/140) M mit Nadeln Nr. 2½ im Bündchenmuster 9 cm stricken. Mit Nadeln Nr. 3½ im Phantasiemuster gerade weiterarbeiten. Bei einer Gesamthöhe von 38 (39/40/41) cm beidseitig für die Armausschnitte in jeder 2. R 1 x 3 und 2 x 1 (1 x 3, 1 x 2 und 1 x 1/1 x 3, 1 x 2 und 2 x 1/1 x 3, 2 x 2 und 1 x 1) M abketten = 114 (116/120/124) M.

Bei einer Armausschnitthöhe von 20 (21/22/23) cm für den Halsausschnitt die mittleren 44 (46/48/50) M abketten und jede Seite getrennt beenden. Am seitlichen Rand für die Schulter in jeder 2. R 2 x 16 (2 x 16/1 x 16 und 1 x 17/2 x 17) M abketten, gleichzeitig am Halsausschnittrand für alle Größen 1 x 2 und 1 x 1 M abketten.

Vorderteil

Wie Rückenteil stricken, jedoch bei einer Gesamthöhe von 50 (52/54/56) cm für den Halsausschnitt die mittleren 18 (20/22/24) M abketten und jede Seite getrennt beenden. Am Halsausschnittrand in jeder 2. R noch 1 x 4, 1 x 3, 1 x 2 und 7 x 1 M abketten.

Bei einer Armausschnitthöhe von 20 (21/22/23) cm am seitlichen Rand für die Schulter in jeder 2. R 2 x 16 (2 x 16/1 x 16 und 2 x 17/2 x 17) M abketten.

Ärmel

Anschlag 132 (136/140/144) M mit Nadeln Nr. 2½. 6,5 cm glatt rechts stricken. Mit Nadeln Nr. 3½ im Phantasiemuster weiterarbeiten, in der 1. R für alle Größen 22 M gleichmäßig verteilt abnehmen = 110 (114/118/122) M.

Bei einer Höhe des Phantasiemusters von 11 (11,5/12/12,5) cm für die Armkugel beidseitig in jeder 2. R 7 x 3 und 1 x 1 (8 x 3/8 x 3 und 1 x 2/8 x 3 und 2 x 2) M abketten.

Bei einer Gesamthöhe von 22,5 (23,5/24,5/25,5) cm die restlichen 66 M gerade abketten.

Fertigstellung

Schulter- und Seitennähte schließen. Ärmelnähte schließen, Ärmel einsetzen. Um den Halsausschnitt 125 (129/133/137) M mit Nadeln Nr. 2½ auffassen und 7 cm glatt rechts stricken. Die M abketten. Den Kragen umrollen, ebenso die Ärmelbündchen.

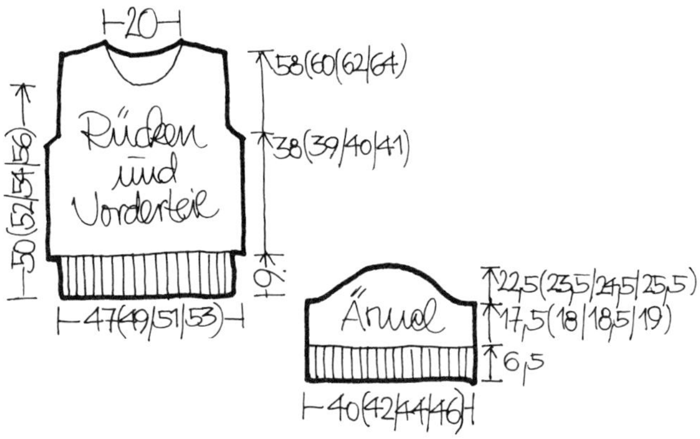

Blauweißer Damen-Sommerpulli

Größen 38, 40, 42 und 44

Bei unterschiedlichen Angaben:
Größen 40, 42 und 44 in Klammern.

Material

Wolle Anny Blatt, Qualität Écoss'Anny, 400 (400/450/450) g in Blanc Nr. 949, Qualität Love'Anny: 150 g in Océan Nr. 1553, Qualität Pearl'Anny: 100 g in Océan Nr.1450 (mit dem doppelten Faden arbeiten). Je 1 Paar Stricknadeln Nr. 3½ und 5½.

Grundmuster

Nadeln Nr. 5½: Hinreihe rechte M, Rückreihe linke M.

Phantasiemuster

Nadeln Nr. 5½:
1. R: In Écoss' rechts.
2. R: In Écoss' links.
3. R: In Love rechts.
4. R: Links * 1 M in Love, 1 M in Pearl *.
5. und 6. R: In Écoss', 1 R rechts, 1 R links.
7. R: Rechts * 1 M in Écoss', 3 M in Pearl *.
8. R: Links * 1 M in Écoss', 1 M in Pearl, 2 M in Écoss' *.
9. und 10. R: In Écoss', 1 R rechts, 1 R links.
11. und 12. R: In Love 1 R rechts, 1 R links.
13. R: Rechts, * 1 M in Écoss', 2 M in Pearl *.
14. und 15. R: In Écoss' 1 R links, 1 R rechts.
16. R: * in Écoss' 1 M links, in Pearl 2 M rechts *.
17. und 18. R: In Écoss' 1 R rechts, 1 R links.
19. und 20. R: In Love 1 R rechts, 1 R links.
21. R: Rechts, * 1 M in Love, 1 M in Pearl *.
22. R: Links, * 3 M in Pearl, 1 M in Love *.
23. R: Wie 21. R.
24. R: Links, in Love.

Das Muster von der 1. R ab wiederholen.

Bündchenmuster

Nadeln Nr. 3½: Abwechselnd 1 M rechts, 1 M links.

Maschenprobe

Mit Nadeln Nr. 5½: 16 M und 21 R in glatt rechts = 10 x 10 cm.

Arbeitsanleitung

Rücken

In Pearl' (mit dem doppelten Faden) 93 (98/101/104) M anschlagen und in Écoss' 8 cm im Bündchenmuster stricken. Im Phantasiemuster weiterarbeiten, in der 1. R 16 (18/18/18) M gleichmäßig verteilt abnehmen = 77 (80/83/86) M. Die 24 R des Phantasiemusters 2 x stricken. Danach das Muster bis zur 21. R stricken, in Écoss' glatt rechts weiterarbeiten.

Bei einer Gesamthöhe von 56 (56/57/57) cm beidseitig für die Schultern in jeder 2. R 1 x 11 und 1 x 12 (2 x 12/1 x 12 und 1 x 13/2 x 13) M abketten.

Gleichzeitig für den Halsausschnitt die mittleren 19 (20/21/22) M abketten. Am Halsausschnittrand noch 1 x 6 M abketten.

Vorderteil

Wie Rückenteil stricken.

Bei einer Gesamthöhe von 47 (47/48/48) cm für den Halsausschnitt die mittleren 9 (10/11/12) M abketten. Am Halsausschnittrand in jeder 2. R noch 1 x 4, 2 x 2 und 3 x 1 M abketten.

Bei einer Gesamthöhe von 56 (56/57/57) cm die Schulter wie beim Rückenteil schrägen.

Ärmel

In Pearl' (mit dem doppelten Faden) 78 (78/80/80) M anschlagen und in Écoss' im Bündchenmuster stricken.

Bei einer Gesamthöhe von 2,5 cm im Phantasiemuster weiterarbeiten, in der 1. R 12 (12/12/12) M gleichmäßig verteilt abnehmen = 66 (66/68/68) M. Anschließend beidseitig in jeder 8. R 3 x 1 M zunehmen = 72 (72/74/74) M.

In der 15. R des zweiten Motivs alle M gerade abketten.

Fertigstellung

Rechte Schulternaht schließen. Um den Halsausschnitt in Écoss' 106 (106/110/110) M auffassen und 3 cm im Bündchenmuster stricken. Die M im Rippenmuster abketten.

Linke Schulternaht schließen. Seitennähte in einer Höhe von 34 cm schließen. Ärmelnähte schließen, Ärmel einsetzen.

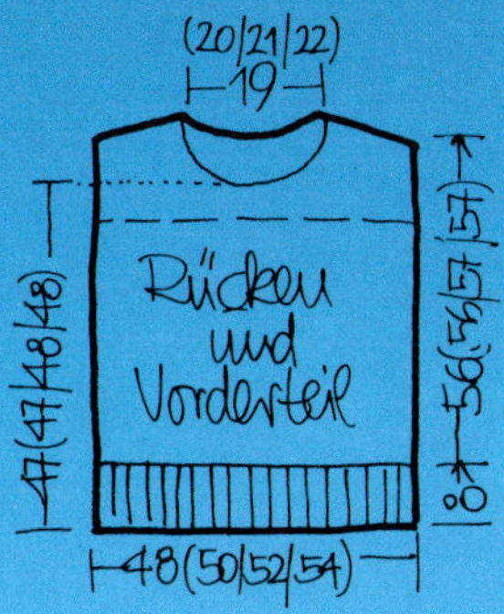

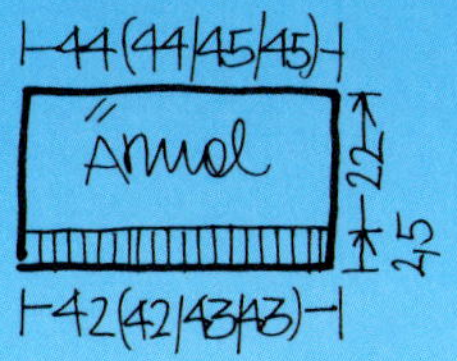

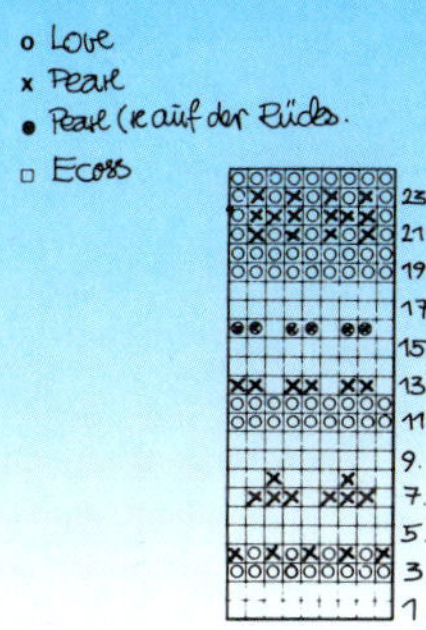

Strickschriften

Modell Seite 10

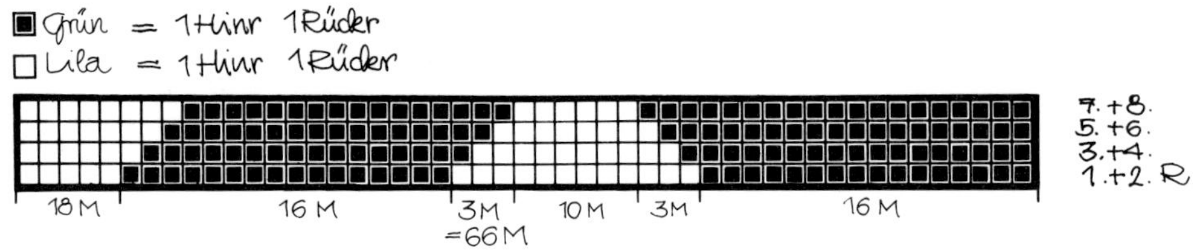

Modell Seite 11

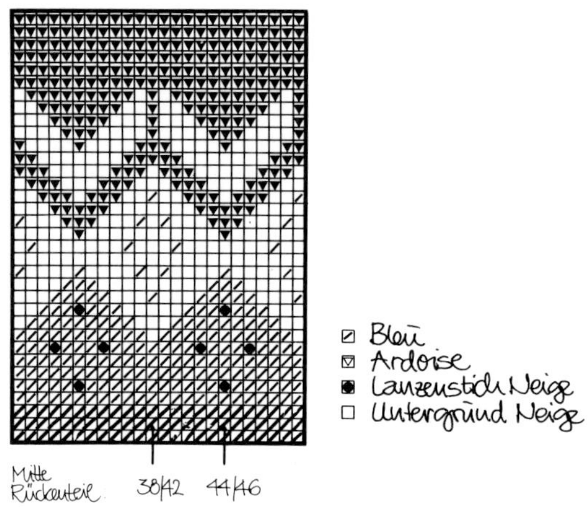

Modell Seite 21

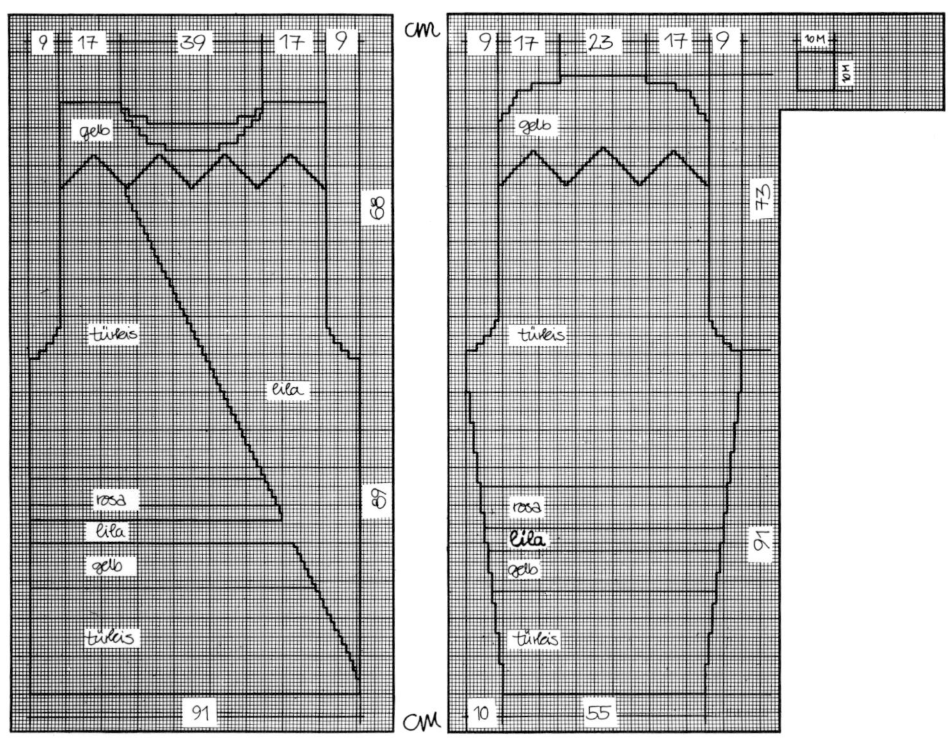

Modell Seite 27

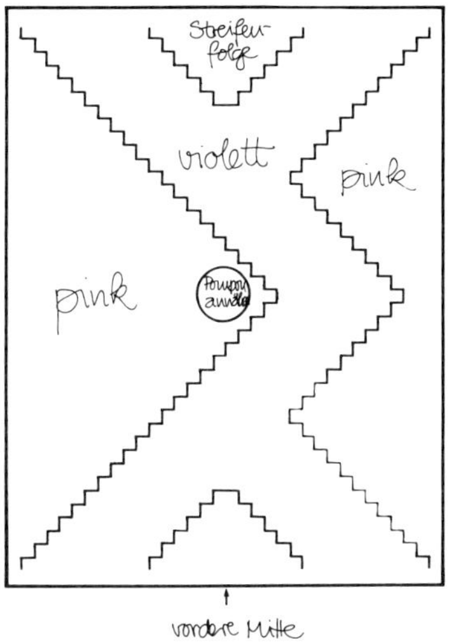

Modell Seite 50

Rhombenmuster
Alle R auf der Rückseite li str.
Die 1.–28. R stets wdh.

- I = 1 M re
- ⁄ = Die 2. M vor der 1. M re str, dann die 2. M li str
- ∖ = Die 2. M hinter der 1. M li str, dann die 1. M re str
- – = 1 M li
- ∧ = 2 M li zus. str
- ○ = 1 U, dabei diesen auf der Rückseite 1× re und 1× li abstr = wieder 2 M
- ∖ = Die 2. M hinter der 1. M re str, dann die 1. M re str
- / – Die 2. M vor der 1. M re str, dann die 2. M re str

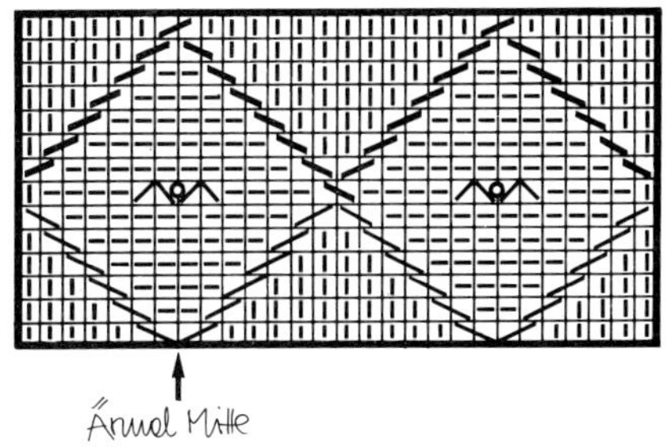

Zopfstreifen = 16 M breit
Alle R auf der Rückseite deckend str, d. h. die M str, wie sie erscheinen.

- – = 1 M li
- I = 1 M re
- ∖ = 7 M auf 1 Hilfsn nach vorne legen, 7 M re str, dann die 7 M der Hilfsn re str

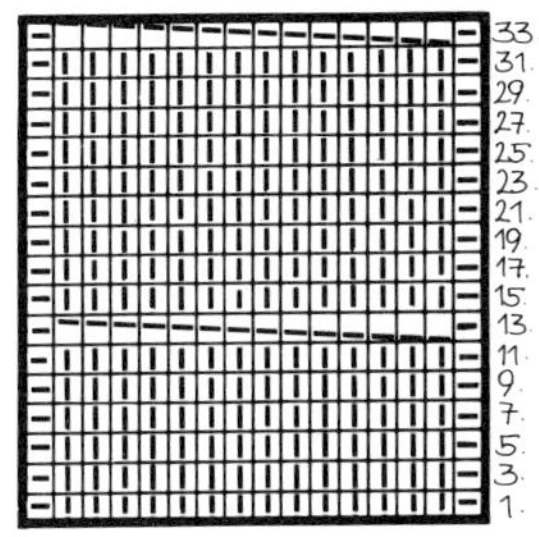

Modell Seite 44

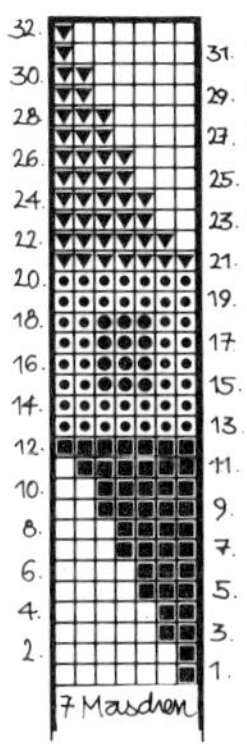

- □ Hellgrün
- ◙ Khaki
- ■ Muster I Rot
  Muster II Blau
  Muster III, Petrol
- ◙ Muster I Gelb
  Muster II Türkis
  Muster III Rot
- ▼ Muster I Türkis
  Muster II Rosa
  Muster III Gelb

Modell Seite 51

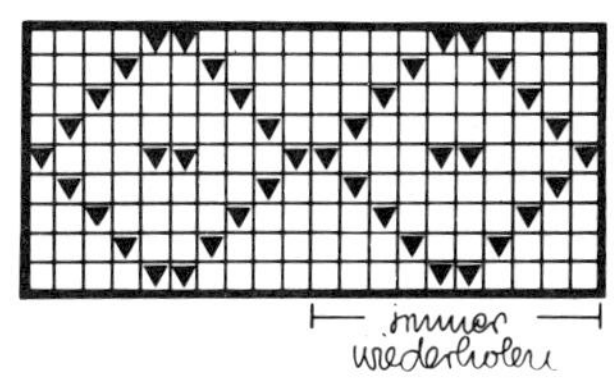

Strickschema:
1 Mustersatz = 10 M breit

- □ = 1 gestr weiße M
- ▼ = 1 M-Stich mit Gold

Modell Seite 46

Farbige Felder glatt stricken
Grundfarbe weiter im Perlmuster stricken

- □ Grundfarbe
- ■ Rot
- ◙ Gelb
- ▲ Türkis

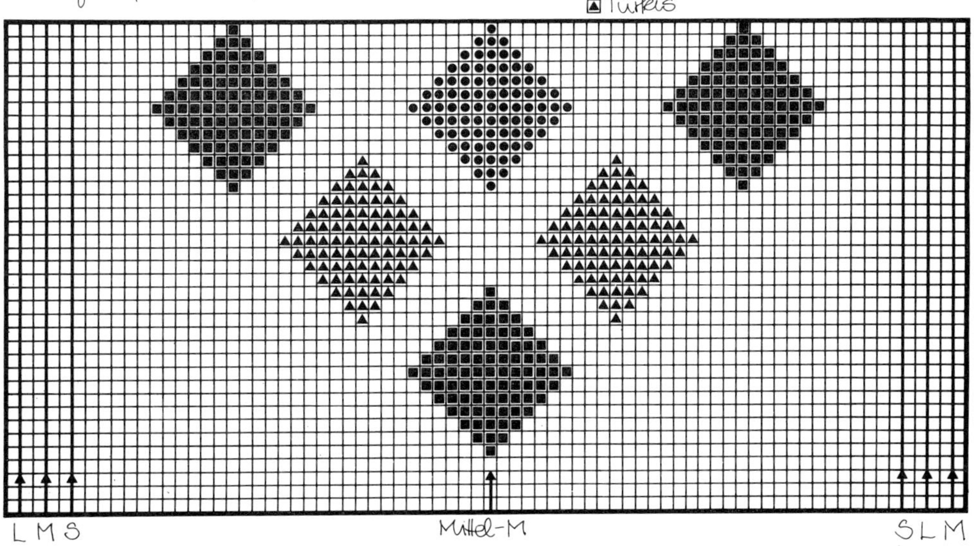

Modell Seite 54

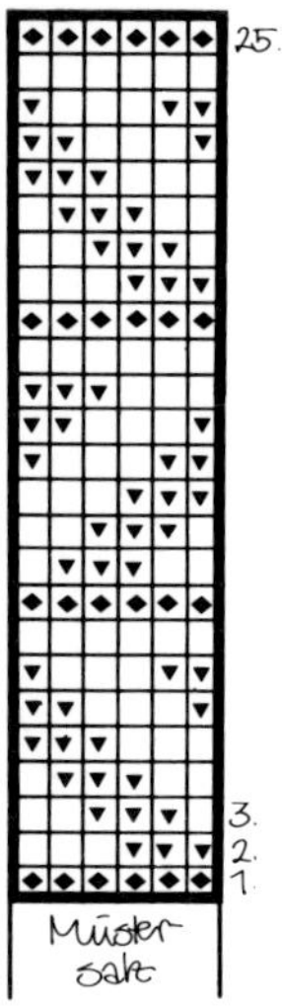

□ 1 M r grau

◆ 1 M l grau

▼ 1 M r dunkelgrau

Modell Seite 57

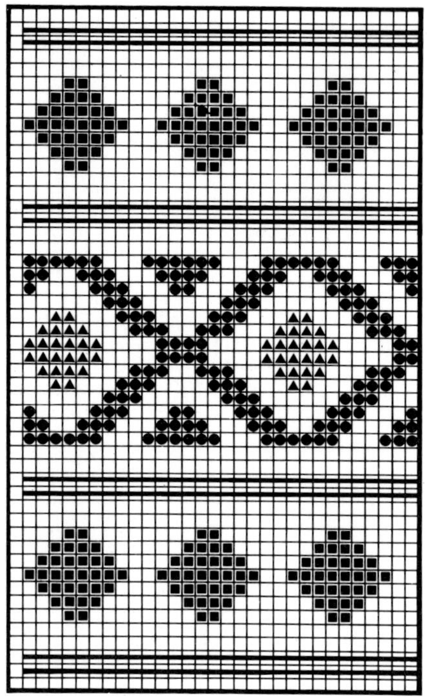

▲ Angora petrol

● Angora rosa

■ Sport lila

leere Felder = Sport grau

Streifen = 2 R Lamé Soft

Modell Seite 58

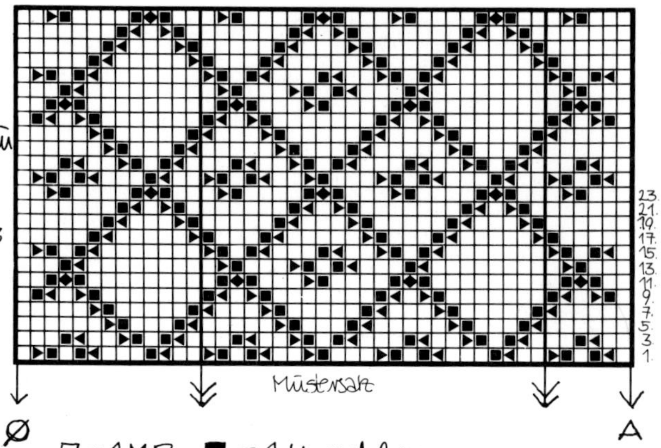

□ = 1 M R ■ = 1 Umschlag

◣ = 2 M r verdr. zus. str.

◢ = 2 M r zus. str.

◼ = 1 M abh., 2 M r zus. str. und die abgeh. M überzieh.

Modell Seite 91

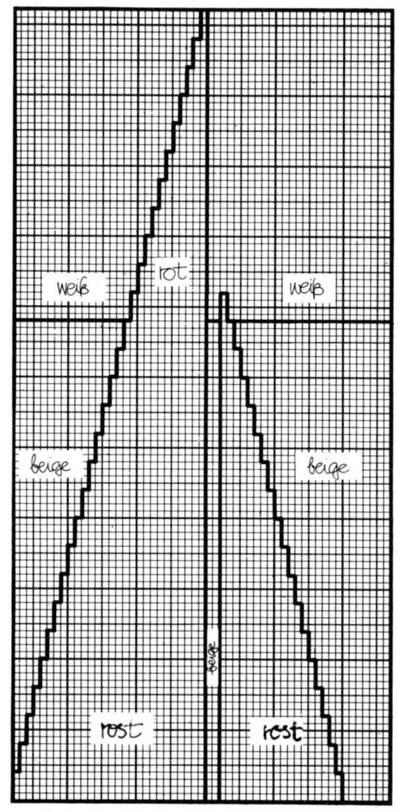

1 Kästchen = 1 M bzw. 1 R in der jeweiligen Farbe

Modell Seite 88

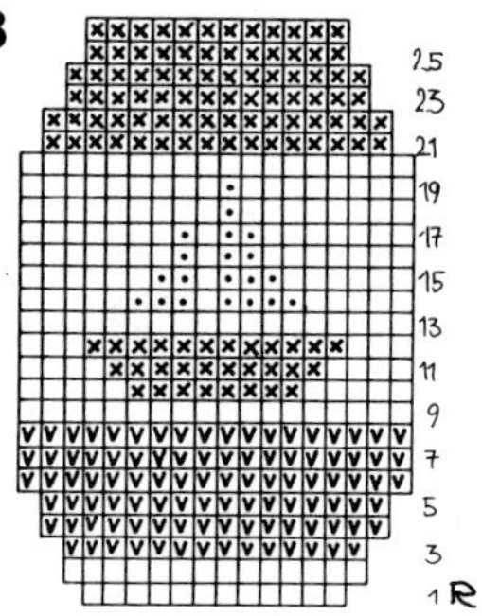

Motiv: Ellenbogenschoner

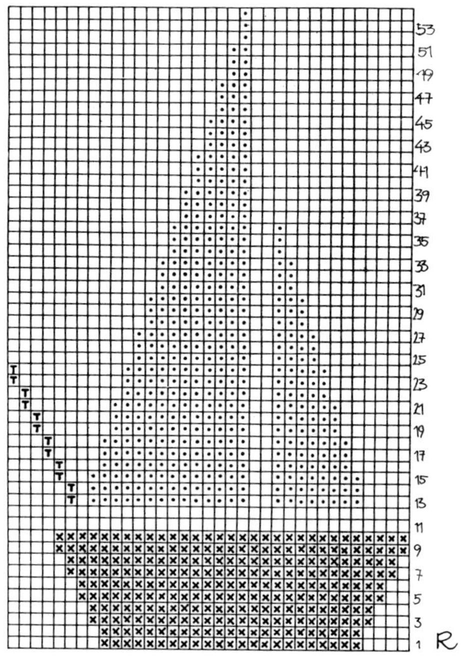

Motiv 1: Pullover

T dunkelblauer M-Stich

□ weiß

· rost

☒ türkis

V dunkelblau

Modell Seite 62

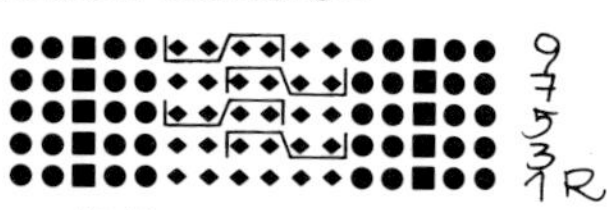

◆ rechte M

● linke M

■ 1 M rechts abheben, in der RR links stricken (bei Rd.: 1 Rd. rechts abheben, 2. Rd. rechts stricken

2 M auf Hilfsnadel vor die Arbeit legen, dann die nächsten beiden M rechts und dann die M der Hilfsnadel rechts stricken

2 M auf Hilfsnadel hinter die Arbeit legen, dann die nächsten beiden M rechts und dann die M der Hilfsnadel rechts stricken

In der RR M stricken, wie sie erscheinen. 3.–5. R ständig wiederholen.

Modell Seite 71

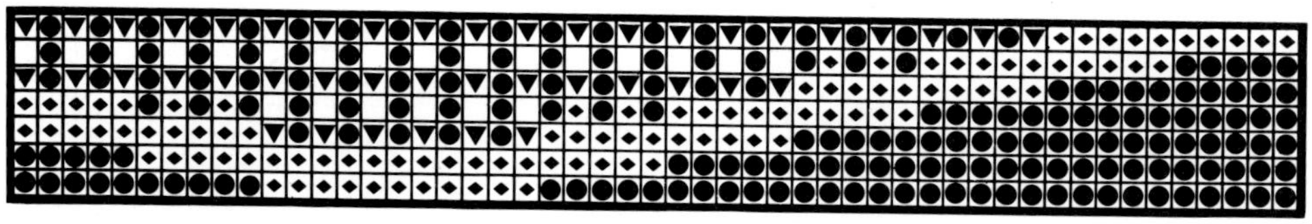

● 1 M Vorderseite re, Rückseite li

◆ 1 M Vorderseite li, Rückseite re

▼ auf der Vorderseite 1 M li abheben, dabei den Faden als Umschlag über die Nadel legen

□ die M mit dem darüberliegenden Umschlag re zusammenstricken

Modell Seite 98

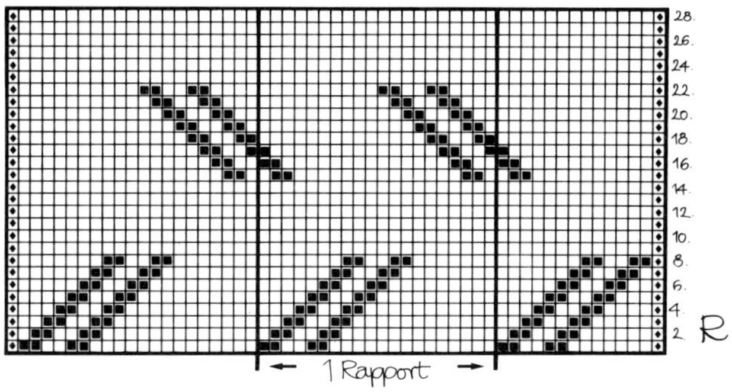

▣ 1 Rand-M
■ 1 M farbig
□ 1 M Grundfarbe

Modell Seite 116

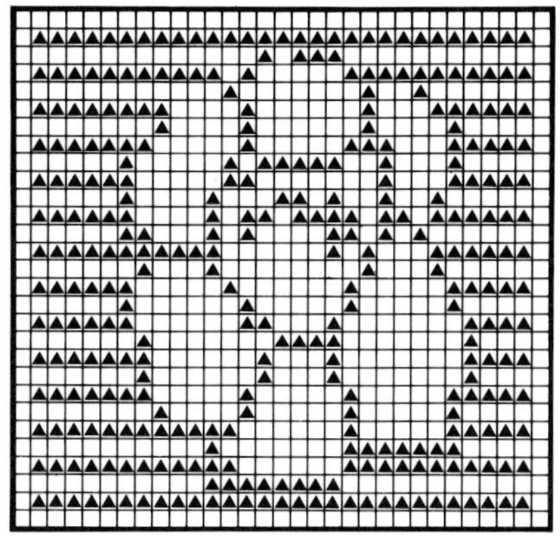

Modell Seite 124

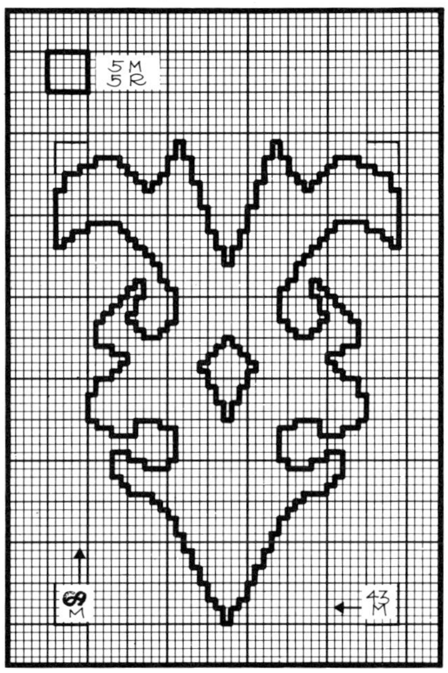

Modell Seite 164

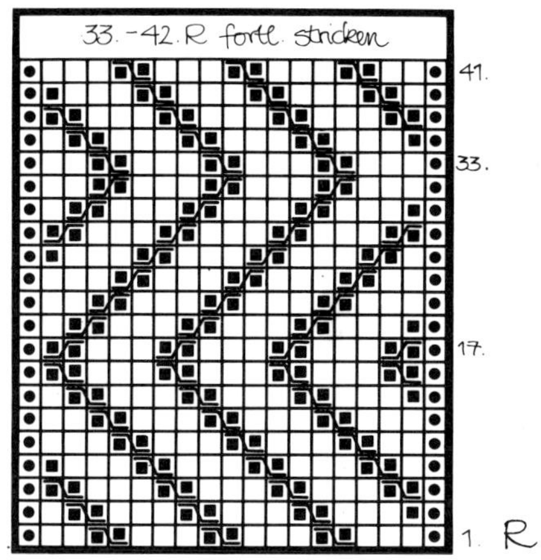

▣ Rand-M ▣ rechte M

□ linke M

1 M auf 1 Hilfsnadel vor die Arbeit legen, 1 M r stricken, M der Hilfsnadel r stricken

1 M auf 1 Hilfsnadel hinter die Arbeit legen, 1 M r stricken, M der Hilfsnadel r stricken

Es sind nur die Hin-R gezeichnet. In den Rück-R alle M stricken, wie sie erscheinen.

Modell Seite 110

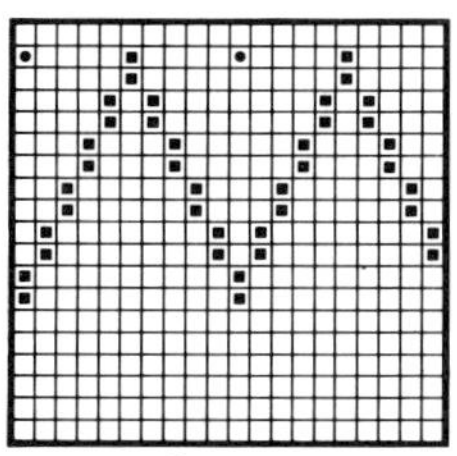

▣ Muster in Argent

▣ Kästchen im Lanzenstich in Argent

□ 1 M und 1 R in Neige

Unten am Pullover und an den Ärmeln: das 1. Zickzackmuster 2. R (anstelle von 6. R) oberhalb des 1 re, 1 li beginnen

Modell Seite 113

Farbnummern siehe Materialangaben S. 113

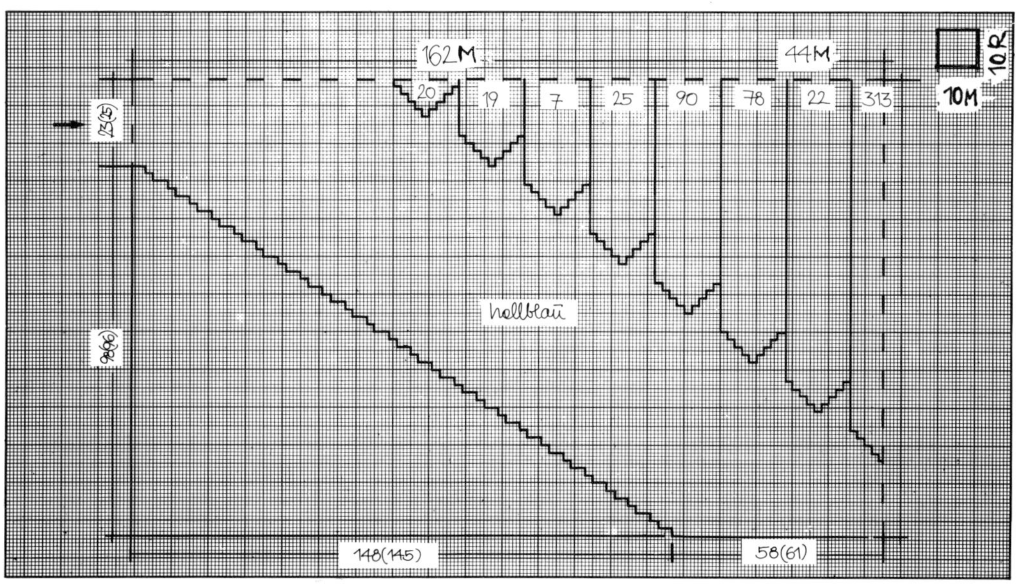

Modell Seite 139

▲ Größe 36
● Größe 38/40
■ Größe 42/44

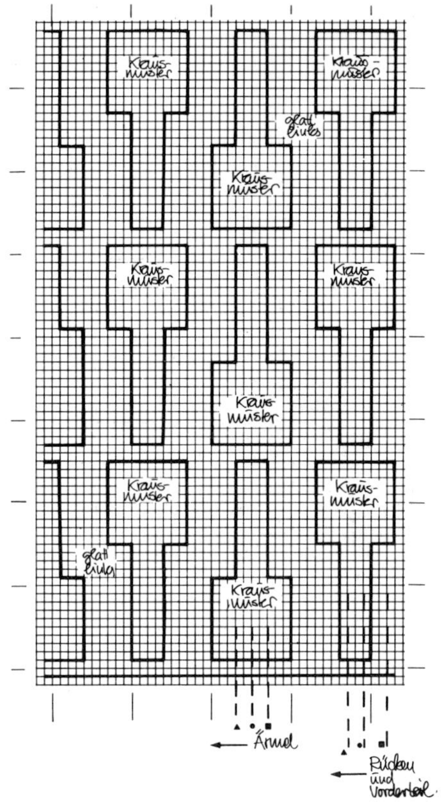

Modell Seite 148

Modell Seite 173

Fotonachweis

Besonderen Dank sagen wir folgenden Firmen für Bildvorlagen und Beratung bei den Strickanleitungen:

Afra GmbH, Hamburg (Pingouin Wolle) 29, 30, 75, 80, 82, 101, 114, 117, 130/131, 138, 141, 144, 151, 155; Max Austermann GmbH & Co., Wuppertal 104/105, 119; Laines Berger du Nord Deutschland GmbH, Düsseldorf 13, 16, 17, 33, 111, 149; Laines Anny Blatt GmbH, Düsseldorf 43, 77, 121, 180, 181, 184, 185; Dilthey Wolle, Mönchengladbach 128, 156/157, 170; Garnimport H. Ernst GmbH, Renningen (H.E.C. Wolle) 64/65, 70, 107, 178; Württemberg. Wollgarnfabrik Finckh, Süssen (Staufen Wolle) 165; Naturwolle Fritzsch GmbH, Oberursel 34/35, 108/109; Junghans Wollversand GmbH & Co. KG, Aachen 89, 92; Lana Grossa GmbH, Ingolstadt 8/9, 20, 26, 112, 124, 125, 161; Kammgarnspinnerei Schachenmayr, Mann & Cie. GmbH, Salach 58/59; Carl Schewe, Hamburg 78, 96/97; Schoeller Albers AG, Schaffhausen/Schweiz (Schaffhauser Wolle) 38, 52/53, 94, 95, 102, 142, 147, 163, 175; Schoeller Eitorf AG, Eitorf/Sieg (Eßlinger Wolle) 23, 172; N.V. Koninklijke D.S. van Schuppen, Veenendaal/Niederlande (Scheepjeswol) 72, 84, 85, 136, 166, 167; Wagenfelder Spinnereien, Wagenfeld/Bez. Bremen 14, 63; Wollscheune GmbH, Bramsche 47; Woll-Service Dr. Tschöpe GmbH, Geisenfeld 45, 49, 56, 122; Jacquardweberei Zweigart & Sawitzki, Sindelfingen (Busse Wolle) 55, 177.